아술

실학의 태두 왕정상

아술

雅述

왕정상 지음
권오향 옮김

學古房

『아술』은 명대 중기 왕정상이 지은 철학서이며 '아술雅述' 두 글자는 바르고 아름다운 글이라는 뜻이다. 그의 철학서는 『신언』과 『아술』이 대표 저서이다. 『신언』이 우주의 은미한 변화를 깊이 탐구하고 현묘한 뜻을 펼친 글이라면 『아술』에서는 육경六經의 중정中正하고 순아淳雅한 도를 바로 세우고 그 바르고 한결같은 도로써 세상을 다스릴 수 있는 방도를 진술하였다. 그는 『아술』을 지어 후세의 배우는 사람들이 실증을 거치지 않은 이단의 학술에 미혹되는 것을 슬퍼하며, 학자라면 실행해야 할 넓은 길을 제시하고 자신을 수양하고 나라를 다스리는 방도를 갖추어 단계에 따라 실천하도록 하였다.

왕정상은 『아술』 서문에서 직접 이 글을 지은 이유를 설명하면서 "하·은·주 삼대三代가 차례로 일어나서 중화中和를 무성하게 세우니 빈빈彬彬한 문질文質이 백세百世에 퍼져서 뒤섞여 행해졌다. 공자가 이를 보고 이에 제왕의 인·의·예·락의 도道를 저술하여 후세에 헌장을 드리우니, 그것을 경經이라 한다. 경은 상도常道이니, 항상 세상에 모범이 될 수 있기에 그것으로 말미암으면 다스려지고, 그것을 미혹하면 위험해지고, 그것을 제거하면 혼란해진다."라고 하였다.

공자는 춘추(春秋, BC770~BC403) 이전에서 춘추까지의 학술사상을 수집하여 『시경』을 정리하고 『춘추』를 지었으며 『주역』에 계사전 등 10익翼을 붙였다. 공자는 자기 수양[修己]과 사회·국가에 기여[治人]의 두 명제를 제시하는 유학을 창시하였는데 그의 제자 증자가 다른 제자들과 함께 공자의 사상을 적어 『논어』를 제작하였다. 공자의 손자 자사가 그 뒤를 이어 『중용』을 지었으며 맹자가 자사를 사숙하여 공자의 유학을 이은 『맹자』를 펴냈다. 그들에 의해 저술된 유학서는 경전으로 불리며 사람들이 살아가는 데 필요한 상도常道가 되었다. 하지만 후대에 경전의 위서들이 난립하여 사서오경의 도가 점점 황폐해져 갔다. 비록 송宋나라 유학자들이 그것을 비난하고 변론하여 공자의 학풍을 만회하려 했지만, 유속流俗을 뿌리까지 뽑아낼 수는 없었다. 왕정상은 이러한 점을 가장 안타깝게 여겼던 것이고 그로 인해 『아술』을 지어 민중의 계몽과 정치와 학술의 개혁에 힘썼다.

왕정상은 명나라 정치의 핵심에 자리하고 있으면서 백성들의 어려움과 국가가 처한 문제점을 계몽과 개혁을 통하여 고쳐나가며 실제로 행한 것을 바탕으로 실질을 숭상하는 철학사상을 이루었고 그 사상을 담아 철학서를 펴냈다. 그는 이전의 성현과 유학자들이 표현하지 못한 내용으로서 후대를 위한 실증과 실천의 유학을 다시 세운 것이다. 그 학문이 바로 경세치용의 실학이다. 그는 학문 전반에 이론보다 실질을 중시하는 실학의 기틀을 마련하면서 현실적이고 실질적인 사회 질서를 마련하였다. 그의 글은 당대 학자들도 높이 평가했으며 누구나 읽고 암송하기를 원했다.

오늘날 정신문명은 빠르게 질주하는 물질문명을 따를 수 없고 과학의 발달로 인공지능과의 전쟁이 서막을 열었으니 그 어느 때보다 유학의 부흥이 절실해졌다. 인공지능은 우리에게 많은 혜택도 주지만 파괴적 혁신을 가져올 미래의 주역이기도 하다. 당장 필요한 것이 정신교육이다. 이 때문에 여러 곳에서 유학의 부흥을 소리높이고 있다. 이러한 시대의 요구에 따라 많은 학자가 현대화에 최적화할 수 있는 유학을 연구하고 있다. 그를 이해하고 그를 연구하는 일은 이 시대 현대 유학이 나아가야 할 길이라고 여겨진다.

필자가 왕정상의 철학서 『아술』을 번역하고 '주'를 붙여 내놓는 것은 유학의 현대화에 조금이나마 기여하고자 함이다. 필자는 이미 2019년 『신언』을 번역하여 출간하였고 2022년 왕정상의 철학 이론 전반을 서술한 『실학의 태두 왕정상』을 저술하였는데 이 책이 2023년에 교육부 우수

학술 도서에 선정되었다. 이번에 출간하는 『아술』과 함께 후학들을 위하여 왕정상 철학을 거의 소개할 수 있게 되었으니 정치 사회, 철학, 예술을 연구하는 학자들에게 도움이 되었으면 한다.

과거에는 책을 손에 들고 다니며 대학 교정에서 버스나 지하철에서 혹은 커피 마시면서 책 읽는 모습을 적지 않게 볼 수 있었다. 또 읽은 책을 장서하는 것이 지식인들의 고매한 풍류였다. 안타깝게도 이제는 그런 모습은 다 사라지고 남녀노소를 불문하고 눈떠서 잠드는 시간까지 핸드폰을 손에 부여잡고 있다. 밤잠을 미루어 가며 글을 쓰는데 과연 몇 사람이 읽어줄까 비관할 때가 있다. 그런데도 꾸준히 인문학 서적을 출간해 주시는 학고방 하운근 사장님께 진심으로 감사드린다.

락지재樂知齋에서

옮긴이 해여海餘 권오향

왕정상王廷相의 생애

왕정상(王廷相, 1474~1543)은 명대 정치가이고 문학가이며 사상가였다. 그는 어려서부터 총명하고 기민했으며 시 짓기를 좋아했고 경서와 역사 공부를 좋아했다. 명 효종 때 이몽양李夢陽, 하경명何景明 등과 함께 고문을 제창하고 대각체臺閣體를 반대하며 당시 문인들과 함께 칠자七子로 불렸다. 그는 정치 일선에 있으면서도 폭넓게 공부하여 박식했고 장재張載의 기철학보다 한층 발전한 기일원론의 이론을 편 대학자였다. 그는 청렴하였고 늘 백성을 생각하는 관리였다. 후에 병조판서와 태자소부에 올랐으며 세종(1522~1567 재위)이 그를 가까이 두고 아꼈다.

그의 자는 자형子衡이고 호는 준천浚川이고 별호는 평신平臣이다. 성화 7년(1474)에 하남성 의봉(儀封, 지금의 난고현)에서 태어났으며, 가정 23년(1544)에 죽었다. 22세에 거인擧人이 되었고 홍치 15년(1502)에 진사가 된 후 한림원 서길사庶吉士, 병부 급사중給事中을 지냈다. 정덕 3년(1508) 35세 때에 당시 막강한 권력을 휘두르던 환관 유근에 맞서다 유배되어 호주판관亳州判官으로 있다가, 1510년에 다시 감찰어사監察御史가 되었다.

왕정상은 어사가 되어 섬서성의 포정사사布政使司와 안찰사사按察使司 등의 관원과 유근의 무리인 우조웅羽曹雄의 가산을 조사하여 압수했다. 그리고 '그들의 가산과 집을 팔아서 순도의 은으로 만들어서 군대에서 쓰는 양식과 사료를 사라.'고 마을마다 지시했다. 또 권력에 붙어 부를 취해 가산을 일으킨 세력가들의 장전과 토지는 부근 마을의 밭이 없는 빈민들에게 나누어 주어 계속 농사를 짓게 하고 양식을 세금으로 바치도록 했다. 이에 그치지 않고 세력가, 부호, 간사하고 교활한 사람들이 토지를 점령하는 것을 금지하도록 했다. 이 일이 태감 유근에게 보고되자 그는 옥에 갇히게 된다. 이부상서 양일청 등이 구원해 줄 것을 청하여, 풀려났으나

1514년에 다시 환관의 모함으로 감유현승으로 좌천되었다.

그의 좌천은 백성들과 더 가까이서 실천 정치를 할 기회가 되었고, 그로 인해 과감하게 개혁을 추진할 수 있었다. 예를 들면, 가호의 수를 줄이고 세금을 줄여주고 그 늙은이와 어린이를 우대하고 농사에 필요한 시기를 알려주니 백성들이 더욱 열심히 일에 종사했다. 또 버려진 논밭을 구획하여 개간하게 하니 국가에서나 개인에게나 모두 넉넉해졌다. 그의 치적은 백성들의 사랑을 받게 되었고, 또 백성들과 함께 소통하며 그의 사상을 정립하는 계기가 되었다. 그는 지방에 머물면서도 문교文敎를 계속 제창하고 학풍을 전환하며 교육과 과학 제도를 개혁하였다.

그는 좌천된 곳에서 백성들에게 펼친 어진 정치가 소문이 나서 2년 후 승진하게 된다. 후에 산동의 제학부사提學副使, 호광의 안찰사, 산동의 우포정사, 병부 좌우시랑左右侍郎, 남경 병부상서, 도찰원都察院 좌도어사左都御史 등을 지냈으며 태자소부에 올랐다. 68세에 낙향하기를 청하여 71세에 병사했다. 그가 54세 되던 해 철학서 『신언愼言』을 지었고, 65세 때 또 다른 철학서 『아술雅述』을 지었다. 『신언』과 『아술』 두 편은 청대 실학자들에게 많은 영향을 끼쳤다.

왕정상의 사상

문학에서는 이몽양李夢陽·하경명何景明·서정경徐禎卿·변공邊貢·강해康海·왕구사王九思등과 함께 고문사설古文辭說을 주창하였는데, 이 7명의 문인들을 명의 '전칠자前七者'라고 부른다. 그는 이몽양과 하경명과 친밀하게 지냈으며, 이몽양의『공동집空同集』과 하경명의『대부전집大復全集』등에 서문을 썼고, 그들이 죽은 후에도 직접 묘지명을 썼다. 그들은 사상적으로도 서로 접촉하였으며, 왕정상의『준천집浚川集』에도 그들의 시와 글을 남겼다. 그의 문학적 활동과 정치참여에서 일어난 일들이 바탕이 되어『준천집』이 나오게 되었다.

그가 유학에 끼친 영향 또한 대단히 크다. 고대 공·맹·순 사상을 바탕으로 한 선진유학은 송대 신유학이 생겨나면서 장재와 정이천, 정명도의 사상에 의해 솥[鼎]의 세 다리처럼 기학, 이학, 심학으로 갈라지게 되었다. 정이천의 이학은 남송의 주희가 집대성하였고, 정명도의 심학은 명 중기 왕수인이, 장재의 기학은 명 중기 왕정상이 기일원론氣一元論으로 재확립하였다. 그의 기일원론은 실학의 태두가 되었고 청나라 왕부지와 대진이 그 사상을 잇게 되어 청대 실학이 흥성하게 되었다. 이는 송·명·청을 계승한 유학의 연결 고리이다.

그의 철학의 핵심은 기일원론이다. 원기元氣 상에는 물物·도道·이理 어느 것도 없고 오로지 원기만이 있었으며 물질이 본래 원기였음을 주장하였고, 인식론에서 그는 사물[物]⟹ 감각[感]⟹ 사고[思]의 노선을 견지하고 견見⟹ 사思⟹ 행行의 인식 공식을 제안하였으며 인식 과정에서 실천의 위치와 역할을 자세히 시연했다. 천인 관계에서는 인간이 반드시 하늘을 따르기만 하는 것이 아니고 하늘의 움직임을 변화하게 할 수도 있다고 주장한 천인교승론天人交勝論을, 지행의 관계에서는 앎과 행동함에서 어느 것이 먼저이고 또 나중이지 않고 둘을 겸해서 해야 한다는 지행겸거설知行兼擧說을 내세웠다.

　역사관에서는 역사도 사회처럼 진화한다는 역사진화론을 주장하였다. 정치면에서, 법도 오래되면 폐해야 하고 당한 때에 알맞은 것으로 바꾸어야 하며, 사람이 잘하는 것을 알아서 어진 인재를 등용해야 한다고 주장하는 등 반드시 백성을 이롭게 하는 많은 정책을 상소로 올려 직접 안민安民의 정치를 펼쳤다.

　그가 평생 정치적 역량을 발휘하며 세운 문학관, 철학관, 경세관, 과학관, 역사관, 악론까지 이론은 『준천집』에 실려 있고 그 중 『신언』, 『아술』, 『내태집內台集』 등에는 철학 이론이 실려있다. 특히 『아술』에는 기본氣本과 기화氣化를 결합하여 유물론적 우주관을 포괄적이고 체계적으로 서술하였고, 불로佛老의 이단을 과감히 비판하며 리理 중심의 정주程朱 유학을 심도있게 비판했다. 왕정상은 주희, 왕양명과 함께 신유학 확립의 선두 주자이며, 청대에 붐을 일으킨 실학의 태두로서 철학사에 있어 중요한 인물이다.

　명 후기에 유종주 등 몇몇 학자들이 그의 사상을 따랐고 청대 실학자들이 그의 뒤를 이었으나 그가 늙어 사직을 청했을 때까지 국정을 돌보느라 안타깝게도 제자를 양성할 수 없었고 더 많은 저서를 남기지 못했다. 이 때문에 그의 기 철학은 당대에는 널리 보급되지 못했고 안타깝게도 그가 이룬 업적에 비해 그의 이름은 같은 시기 심학을 논한 왕수인에 비해 철학사에 덜 알려졌다. 그가 남긴 저서에는 『왕씨가장집王氏家藏集』, 『신언愼言』, 『아술雅述』, 『내태집內台集』, 「답설군채론성서答薛君采論性書」, 「석룡서원학변石龍書院學辯」, 「답하백재조화론答何柏齋造化論」, 「태극변」, 「성변」 등이 있다.

일러두기

1. 이 책은 왕정상의 철학서인 『아술』을 번역하며 직역直譯을 원칙으로 삼았다. 의역意譯은 독자들이 쉽게 읽어 이해할 수 있지만 원전의 의미를 살리는 데에는 어려움이 있어 대부분을 직역하였다.

2. 전체적 흐름에 대한 이해를 돕기 위해서 왕정상의 견해를 요약하여 적었다.

3. 왕정상이 전고를 가지고 설명한 부분은 문헌에서 출처를 찾고 그 원문을 적은 다음 번역도 함께 적었다. 그리고 번역은 [ ] 안에 넣었다.

4. 번역문에는 단원마다 처음 나오거나 혹은 한글이 한자어라서 독자가 이해하기 어려운 경우, 적은 글자로 한자를 명기하였다.
   또 사람의 이름과 지명은 적은 글자로 한자를 표기하였다.

목차

雅述序

浚川先生王公嘗作慎言十三篇, 深探隱化, 暢發玄旨, 學者莫不諷
誦之. 先生又出其雅述二篇, 悼後人之襲迷, 示行者之廣塗, 修身理
國之具, 循級蹈實. 銑辱交於先生四十載, 論心談義, 商訂箴規, 至
忘爾汝, 不特形骸. 先生秉介履素, 摧枉犯難, 在困亡憂, 在達亡樂,
耽文味道, 少勉着化, 故能辟已塞之路, 昭不礙之牖焉. 夫聖哲之訓
積充於宇, 載汗其牛, 不啻足也. 而後賢一出, 必更有作, 往往發其
未及, 而救其或陂. 斯蓋日新之盛德, 生生相禪而亡已也. 譬之日月
麗空, 代照一爾, 光景永耀, 人樂之而不厭焉. 夫天道恒進, 故人心
好上; 天運有常, 而人則躐等. 故思窮於微眇, 行忽於疾舒, 辨徹乎
宇宙, 心荒於日用. 聽言可聞, 考實蔑然. 讀雅述者, 宜知切己求要,
其覺民之旨也.

嘉靖己亥秋七月初吉安陽崔銑書

아술서雅述序

　준천浚川 선생 왕공은 일찍이 「신언」 13편을 지었는데 은미한 변화를
깊이 탐구하고 현묘한 뜻을 창발하여 학자들이 그것을 암송하지 않음이
없었다. 선생은 또 「아술」 2편을 내놓았는데 후인들이 미혹함을 답습하는
것을 슬퍼하여 실행해야 할 넓은 길을 제시하고 자신을 수양하고 나라를

다스리는 방도를 갖추어 단계에 따라 실천하도록 했다. 나는 외람되게 선생과 40년 동안 교제를 하며 마음을 논하고 의리를 말하고, 잠규箴規를 헤아려 바로잡으면서 너와 나를 잊게 된 것은 형해形骸뿐만이 아니다. 선생은 강직함을 지니고 검소함을 실천하며, 굽은 것을 꺾고 어려운 일을 무릅쓰며, 곤궁해도 근심하지 않고 현달해도 즐거워하지 않고, 문장을 즐기고 도를 맛보며 젊어서 근면하고 늙어서 변화하였기 때문에 이미 막힌 길을 열고 막히지 않는 창을 밝힐 수 있었다. 성철聖哲의 교훈이 천정까지 가득 쌓여서 실으면 그 소[牛]를 땀으로 적시는 것이 발뿐만이 아니다. 그런데 후세의 현인이 한번 나오면 반드시 다시 지은 것이 있는데 종종 그 미치지 못했던 곳을 밝혀서 그 모자라는 부분을 돕는다. 이는 대개 날마다 새롭게 함에 있어 성대한 덕德이고 태어나고 또 태어나서 불멸의 생명처럼 그침이 없는 것이다. 비유하자면 해와 달이 하늘에 비추는 것을 대신 비추는 하나일 뿐인데 빛이 오래 빛나서 사람들이 즐거워하며 싫어하지 않는다. 저 하늘의 도는 변하지 않고 나아가지만, 사람의 마음이 하늘을 좋아하고, 하늘의 운행에는 일정함이 있지만 사람은 평범에서 뛰어넘는다. 그래서 사고가 미묘함까지 궁구하게 하려니 행동이 완급에서 빨라지고, 우주를 변별함이 철저하게 하니 일상에서 마음이 황량해진다. 나의 말은 경청하며 들을 만하나 상고할 것이 참으로 없는 듯하다. 『아술』을 읽는 자는 마땅히 자신에게 절실하게 요구할 것을 알게 될 것이고, 백성의 뜻을 깨치게 될 것이다.

가정嘉靖 기해己亥 가을 7월 초길初吉 안양安陽 최선崔銑이 쓰다.

刻雅述篇敍

浚川翁聞望天下, 天下士咸敬仰之. 余自未第時戀思則象, 而識荊
之願恨莫逐焉. 乙未春, 僥錄名氏於甲榜, 乃獲謁翁. 翁風範攸及,
儀憲具存, 載觀慎言諸書, 豫大有得. 夫益信昔之所聞於人者, 不果
謬矣. 近濟南周子攜示雅述篇冊, 而不言作者爲誰. 余捧誦之, 見其
旨趣深長, 意味迥別, 推極要領, 妙悟精微, 是皆聖賢儒先所未發,
大有造於來學者. 復叩之周子, 始謂翁手筆焉耳. 於戲! 懿哉! 非翁
殆不能是也. 余何敢私焉? 命工鋟梓, 將與天下共之, 俾私淑艾者,
達之遐荒. 而翁之教不獨衣被一隅一世而已矣. 噫! 此固刻雅述意
也. 若夫勳庸節槩, 策諸太史氏可稽也, 豈口耳見聞者而已可以述
乎哉!

嘉靖戊戌冬十月朔日新安後學謝鑑謹拜手志

왕정상이 『아술』을 판각하며 사일謝鑑이 지은 글

준천浚川 노인의 명망이 천하에 알려지니, 천하의 선비들이 모두 공경
하여 우러렀다. 나는 과거에 합격하기 전부터 간절히 생각하며 본받으려
고 했다. 그러나 만나고자 한 소망은 한스럽게도 이루어지지 않았다. 을
미년 봄에 요행히 갑방甲榜에 이름을 기록했는데 이에 노인을 알현하게
되었다. 노인은 풍모가 뛰어나고 의헌儀憲을 모두 갖추어 삼가야 할 말들
을 모두 책에 실었는데 크게 얻을 것이 있을 것으로 예상하였다. 지난날
남에게서 들은 바를 더욱 믿게 되었으니 과연 잘못이 아니었다. 근래 제
남濟南 주자周子가 『아술』 편책篇冊을 가져와서 보여주었는데 작자가 누구
인지는 말하지 않았다. 나는 받들어 읽어보고 그 취지가 매우 깊고 의미

가 몹시 특별하고, 가장 긴요緊要하고 으뜸이 되는 골자骨子가 다 들어있으며 깨달음이 정밀하고 자세하였다. 이는 모두 성현과 유학자들이 표현하지 못한 바로서 후대의 학문을 다시 세움이 있었다. 다시 주자에게 물어보니 비로소 노인의 수필手筆이라고 말하였다. 아! 훌륭하구나! 노인이 아니면 거의 이것을 능히 할 수 없었을 것이다. 내가 어찌 감히 사사로울 것인가? 공인에게 가래나무[목판]에 새기게 하여 장차 천하 사람과 함께 한다면 사숙하고자 하는 자에게 멀리 황폐한 곳에도 도달하게 할 것이다. 그러면 노인의 가르침이 한 모퉁이나 한 세대에만 끼쳐질 뿐만이 아닐 것이다. 아! 이것이 참으로 『아술』을 판각하는 뜻일 것이다. 만약 저 훈용勳庸과 절개節槩를 태사공 사마천에게 살펴볼 수 있게 한다면 어찌 입과 귀로 견문한 자만이 말할 수 있겠는가!

가정嘉靖 무술戊戌 겨울 10월 삭일朔日
신안新安 후학後學 사일謝鎰이 삼가 손수 적다.

『雅述』序

夫自軒, 堯御宇, 人紀肇立, 道啓醇源, 教隆貞軌. 繼而三代迭興, 茂建中和, 彬彬文質, 衍百世而遷行. 仲尼有見於此, 乃述帝王仁義禮樂之道, 以垂憲後世, 而謂之經. 經者, 常道也, 可常以範世者也, 故由之則治, 迷之則危, 去之則亂, 確乎可守而不可畔也. 然世迭風漓, 異端竊起, 而老, 佛淸淨無爲之論出, 世乃爲之大惑; 由是百氏九流, 紛紜雜遝, 各競所長, 而六經中正淳雅之道荒矣. 雖宋儒極力詆辯, 以挽返洙, 泗之風, 而才性有限, 不能拔出流俗, 亦未免沾帶泥苴, 使人不得淸澄宣朗, 以睹孔門之景, 良可恨矣! 余不自

量, 每於讀書之暇, 其於天道人事, 變化幾宜, 諸所擬議, 有不符於
聖者, 時置一論, 以求合道真. 積久成卷, 分爲上下二篇, 名曰雅述,
謂述其中正經常足以治世者云爾. 嗟乎! 心同則見同, 見同則道合.
人生靈明不齊, 智思差別, 以故見道懸殊, 不能統一, 況積世偏駁之
論, 先已穢濁乎玄府, 雖的示以道之真詮, 亦將扞格而不入矣. 欲人
人相信, 不亦難哉! 要俟諸後聖焉耳矣.

嘉靖十七年四月朔日, 儀封王廷相子衡父自序

『아술』 서문

헌원씨軒轅氏와 요堯가 천하를 다스릴 때부터 사람들의 기강이 비로소
세워졌고, 도는 순후한 근원으로 인도했고 가르침에는 올바른 도덕 규범
이 융성했다. 계속하여 삼대三代가 차례로 일어나서 중화中和를 무성하게
세우니 빈빈彬彬한 문질文質이 백세百世에 펴져서 뒤섞여 행해졌다. 중니
仲尼가 이를 보고 이에 제왕의 인·의·예·락의 도를 서술하여 후세에 헌장
을 드리우니, 그것을 경經이라 한다. 경은 상도常道이니, 항상 세상에 모범
이 될 수 있기에 그것으로 말미암는다면 다스려지고, 그것을 미혹하면 위
험해지고, 그것을 제거하면 혼란해진다. 확고하게 지켜야 하고 어길 수가
없다. 그러나 세상이 멀어져 풍속이 경박해지자 이단이 몰래 일어났는데,
노자와 불교의 청정무위 의론이 나오니 세상이 이에 크게 미혹되었다. 이
로부터 백씨구류百氏九流가 어지럽게 뒤섞여서 각자 뛰어난 바를 다투었
고, 육경六經의 중정中正하고 순아淳雅한 도는 황폐해졌다. 비록 송宋나라 유
자들이 극력 비난하고 변론하여 수수洙水와 사수泗水의 학풍을 만회했지
만, 재성才性에 한계가 있어서 유속流俗을 뽑아낼 수가 없었다. 또한 첨대

니저沾帶泥茝를 면하지 못하여 사람들에게 청징선랑清澄宣朗을 얻어서 공문孔門의 경지를 보지 못하게 하였으니, 참으로 한스럽다! 나는 스스로 헤아리지 못하고 매번 독서의 여가에 천도天道와 인사人事의 변화와 기의幾宜에 대한 여러 의론한 것 중에 성자聖者에 부합하지 않는 것이 있어서 때때로 한 의론을 갖추어 참된 도에 합치함을 구했다. 쌓는 것이 오래되어 책을 이루게 되어서 상하 두 편으로 나누어 이름을 아술雅述이라 했는데 그 중정경상中正經常이 세상을 다스릴 수 있는 것을 진술했을 뿐이다. 아! 마음이 같으면 보는 것도 같고, 보는 것이 같으면 도가 합치한다. 인생人生의 영명靈明함은 같지 않고 지혜와 생각도 차별이 있기에 도를 보는 것이 현격히 달라서 통일할 수 없다. 하물며 여러 세대 동안 쌓인 편박偏駁한 논의가 먼저 이미 현부玄府를 더럽혔기 때문에 비록 도의 진전真詮을 정확히 제시했더라도 또한 장차 막고서 들이지 않을 것이다. 사람마다 서로 믿게 하는 것은 어렵지 않겠는가! 요컨대 여러 후성後聖들을 기다릴 뿐이다.

가정嘉靖 17년 4월 초하루에
의봉儀封 왕정상王廷相 자형보子衡父가
스스로 서문을 쓰다.

상편
上篇

001

六經者, 道之所寓, 故仲尼取以訓世; 八索, 九丘, 連山, 歸藏, 非不
古也, 道不足以訓, 仲尼則棄之, 故後世無聞.

육경六經은 도가 실려 있는 것이기 때문에 중니仲尼가 취하여 세상에서 가
르쳤다. 「구구九丘」,[1] 「연산連山」, 「귀장歸藏」[2]은 옛것이 아닌 것은 아니나
책 속의 도가 가르치기에 부족하여 중니가 그것을 버렸기 때문에 후세에
알려지지 않았다.

> 注

1 『좌전·소공 12년』: 楚左史倚相能讀, 三墳五典八索九丘.[초나라 좌사 의
상倚相은 「삼분」, 「오전」, 「팔색」, 「구구」를 읽을 수 있다.]라고 하였다.
의상은 공자와 같은 시대에 살았다. 공안국孔安國은 『상서』의 서문에서
「삼분」, 「오전」, 「팔색」, 「구구」는 복희, 신농, 황제의 글이라고 하였다.
「삼분」은 대도大道를 말하고, 「팔색」은 팔괘의 설이고, 「구구」는 구주의

뜻이다. 구丘는 언덕[阜], 산山, 땅의 높은 곳[土之高者], 터[墟], 큰무덤[大冢], 묘墓, 공空, 대大, 취聚의 9곳이라 「구구九丘」라 이름 지었다. 공안국은 전한 시기 사람으로 공자의 11대손이다.

2 정현鄭玄의 『역찬易贊』과 『역론易論』에서는 "三易爲夏連山, 殷歸藏, 周周易.[삼역三易은 하나라에서는 『연산』이라 하고, 은나라에서는 『귀장』이라 하고 주나라에서는 『주역』이라고 한다.]" 라고 하였다.

「팔색」, 「구구」, 「연산」, 「귀장」은 고서이지만 도道를 가르치기에 부족하여 공자도 취하지 않았다.

002

刑法者, 聖王甚不得已之政也, 故曰弼教. 修德靖民, 聖人豈不欲之? 而戾教者, 則毒良矣, 非刑法何以齊之? 不爲刑辟, 莊, 老矯世之謬談也.

형법은 성왕이 심히 어찌할 수 없는 다스림이기 때문에 필교弼教[1]라고 한다. 덕을 닦고 백성을 다스리는 것을 성인이 어찌 행하고 싶지 않겠는가? 잘못된 가르침은 선량함에 독이 되는데 형법이 아니면 무엇으로써 다스릴 것인가? 형법으로 다스리지 않는 것은 장자와 노자가 세상을 바로잡는 잘못된 말이다.

注

1 필교弼教는 교화를 보조하는 것이며 법을 가르치고 알게 함을 이르는 말이다.

003

不擇義而廣涉雜陋, 不明聖而務偕時俗, 不守經而奇尚緯畧, 秦, 漢以來, 俗儒寡識, 援邪阿世, 害道甚矣. 南宋諸儒講明道學, 沿習既久, 亦所不免, 道實日蔽, 嗟哉!

의리를 택하지 않고 잡다하고 비루한 언행을 널리 행하니 성인을 밝히려 하지 않고 시속과 같이하려고 힘쓴다. 경전을 지키지 않고 『위략緯略』[1]을 기이하게 여겨 숭상하는데, 진秦나라 한漢나라 이래로 속유[2]들은 식견이 적어서 간사함을 돕고 세상에 아부하여 도를 해친 것이 심했다. 남송南宋의 유자들은 도학을 강론하여 밝혔는데 『위략』을 익힘이 이미 오래되었고 또 면하지 못한 바가 있어서 도는 실로 날이 갈수록 가려지니, 한탄스럽다!

注

1 『위략緯略』은 송나라 고사손髙似孫이 찬하였다.
2 속유俗儒는 식견이나 행실이 변변하지 못하고 속된 선비를 말한다.

⋮ 진 나라와 한 나라 이래로 속유들은 학식과 견문이 적었고 그들은
⋮ 경전보다 위서를 숭상했다.

004

人事禍福得失, 有功無功, 皆不能逆定. 惟有守道正己, 竭盡心力,聽命於天, 爲可恃爾. 此中仍有智以應變一節, 然亦不得畔道.

인간 세상의 일에서 화복, 득실, 공 있음과 공 없음은 모두 거스를 수 없다. 오직 도를 지키고 자신을 바르게 하고, 마음으로 힘을 다 써서 하늘에서 명을 듣고 믿을 수 있어야 한다. 이 중에 곧 한결같은 절조로 바꾸어 응대하는 지혜가 있으나 또한 도를 어길 수 없다.

> 인간사에서 화복, 득실 등은 거스를 수 없다. 도를 지키고 자신을 바르게 해야 한다.

005
大率臣得親信於君, 輸心無隱, 使君灼見我之底裡, 此最爲急要. 處事之際, 卻貴愼默, 不露形跡. 書曰: 爾有嘉謀嘉猷, 則入告爾后於內, 爾乃順之於外曰: 斯謀斯猷, 惟我后之德. 此所謂愼默也, 特一端爾.

대개 신하는 임금에게 친애하는 믿음을 얻으면 마음을 털어놓고 감추는 것이 없고, 임금에게 자신의 마음속을 밝게 보게 하는데 이것이 가장 급하고 중요한 일이다. 일을 처리할 때는 도리어 신묵愼默[1]을 귀하게 여기고 자취를 드러내지 않아야 한다. 『서경』에 "너는 좋은 꾀와 좋은 계책이 있으면 들어와서 안에서 네 임금에게 고하고 너는 곧 밖의 백성들에게 순종하도록 '이 꾀와 이 계책은 내 임금의 덕이다'라고 말하라"[2]고 했다. 이것이 이른바 신묵愼默인데 특히 하나의 실마리 일 뿐이다.

1 신묵愼黙은 몸가짐이나 언행을 삼가고 침묵하는 것이다. 여기서는 모든 좋은 계책은 임금의 입에서 나오는 것처럼 신묵해야 한다는 뜻이다.

2 『서경·군진君陳』, 제23장: 爾有嘉謀嘉猷, 則入告爾后於內, 爾乃順之於外曰, 斯謀斯猷, 惟我后之德.[그대에게 좋은 계책이나 좋은 꾀가 있다면, 들어가 안에서 그대 임금에게 고하고 그대는 곧 밖에서 그것에 따르면서 그 계책과 그 꾀는 오직 우리 임금님의 성덕聖德이라고 말해야만 한다.]

군주를 섬기는 데에 있어 내 속마음을 훤히 보여주지만, 일을 처리할 때는 신묵愼黙을 귀하게 여겨야 한다.

006

聖人爲治, 三年有成, 又曰 必世而後仁, 何耶? 言三年之內, 國事定而功業可立也; 若要敎化大行, 仁義浹洽, 上下相安, 禮樂四達而不倍, 必須積累一世之久而後能. 此孔子酌治之至擬. 後之人, 德慧術智不及於聖人, 又不自量, 而以歲月淺近期其效, 萬無一成. 及有賢智者當事, 規畫粗定, 而爲之君者又無優遊寬裕之心, 以俟其自化, 亦以歲月責其成功; 當時無識淺迫之人, 亦皆不知功不可速致, 又從而喧議過望, 以訾其無爲. 卒使賢智之術格於速望, 不得順施以收必世之效, 良可歎也.

성인聖人의 다스림은 "삼 년이 지나야 성취가 있다."[1]라고 했고, 또 말하기를 "반드시 한 세대가 지난 이후에 인仁을 안다."[2]고 했는데 어째서인가? 삼 년 안에 국사가 안정되고 공업을 이룰 수 있다고 말했는데, 만약 교화

가 크게 행해지고 인의仁義가 두루 미치고, 상하가 서로 편안하고 예악禮樂
이 사방으로 펴져서 위배하지 않기를 바란다면 반드시 한 세대의 오랜 기
간이 쌓인 후에야 가능한 것이다. 이것이 공자가 정치를 예견하고 헤아려
계획한 것이다. 후세 사람은 덕과 지혜 성인에게 미치지 못하는데 또한
스스로 헤아리지 않고 가까운 세월로써 그 효과를 기대하니 만에 하나도
이루어짐이 없다. 현명하고 지혜로움을 지닌 자가 일을 담당할 때는 법의
테두리를 대충 정하고, 군주를 위해 더욱 우유관유優遊寬裕[3]한 마음을 없애
고 그 스스로 교화되기를 기다려 또한 세월로써 그 성공을 책임진다. 당
시 무식하고 천박한 사람들은 또한 모두 공은 신속히 이룰 수 없다는 것
을 모르고 좇아서 시끄럽게 의론하고 지나치게 바라면서 그 하지 못함을
헐뜯었다. 끝내 지혜로운 자의 술수를 신속하게 성공을 바라는 데에 이르
게 하여 순리대로 시행할 수 없어서 반드시 한 세대를 지나야 효과를 거
둘 수밖에 없었으니, 참으로 한탄스럽다.

注

1 『논어·자로』: 子曰, 苟有用我者. 期月而已可也, 三年有成.[공자가 말했
다. 만약 나를 등용하는 자가 있다면, 일 년만 지나도 효과를 볼 것이
고, 삼 년이 지나면 뚜렷한 성과가 있을 것이다.]

2 『논어·자로』: 子曰, 如有王者, 必世而後仁.[공자가 말했다. 만일 왕자가
있더라도 반드시 한 세대가 지난 뒤에야 백성들이 어질게 된다.] , 『사
기·공자세가』에도 나온다.

3 우유관유優遊寬裕는 유유자적하고 여유롭다는 뜻이다.

한 나라가 다스려지려면 '3년은 되어야 성공한다.'라고 했으니 빨리
이루려고 해서는 안 된다. 우유관유優遊寬裕해야 한다.

007

或問: 一行何以大衍名曆? 王子曰: 假易以重其曆爾, 其實於易無
當也. 易卦不言數, 惟大傳有大衍之數五十之說, 蓋以蕃求卦之數
也. 筮數橫, 以四取; 曆造縱, 以順算. 掛扐分揲, 義惟取象; 日月
五星, 數皆實衍, 其大節迥異如此, 而以 大衍名曆, 非假託而何哉?
夫易乃人爲, 曆由天度; 天運有常, 易道變易. 以天就人, 是謂顛越;
以常就變, 安能符契? 得卦由數, 吉凶在卦而不在數, 又況吉凶本
之人事乎? 得天由數, 離合在天而不在數, 又況離合出於數外乎?
是數者, 求卦求天之死法具耳. 學者不探其原, 棄理以從數, 執數以
明義, 於事無實, 於道有乖, 殊失聖人之旨矣.

어떤 사람이 묻기를 "일행은 어찌하여『대연大衍』으로써 책력을 이름을
지었는가?"라고 물었다. 왕자王子가 대답하기를 "『역易』을 빌려서 그 책력
을 중시했을 뿐이다. 그 실제는『역』에 합당함이 없다.『역』의 괘卦는 수數
를 말하지 않았다. 오직「대전大傳」에 '대연의 수는 오십이다.'[1]라는 설이
있는데 그것은 번蕃으로써 괘의 수를 구한 것이다. 점치는 산법에서는 가
로로 네 단계를 취한다.[2] 책력에서는 세로로 세워 순서대로 계산한다. 괘
륵掛扐[3]과 분설分揲[4]하는 것은 의미가 오직 상象을 취한 것이고, 일월오성
日月五星은 수가 모두 실제로 넓힌 것인데 그 큰 차이가 이처럼 매우 다르
다. '대연'으로써 책력을 이름 지은 것은 가탁이 아니면 무엇인가? 전『역
易』은 곧 인위人爲이고 책력은 천도로부터 말미암는다. 하늘의 운행에는
일정함이 있고,『역易』의 도는 변역變易이 있다. 하늘로써 사람에게 나아가
는 것은 전월顛越이라 하고, 일정함으로써 번역으로 나아감이 어찌 실제
와 부합[符契][5] 할 수 있겠는가? 괘를 얻는 것은 수로 말미암지만, 길흉은
괘에 있고 수에 있지 않다. 그런데 하물며 길흉의 근본이 인사이겠는가?
하늘을 얻는 것은 수로 말미암으나 부합하거나 부합 못하는 것[離合]은 하

늘에 달려 있고 수에 있지 않다. 그런데 하물며 이합이 수의 밖에서 나오 겠는가? 이 때문에 수는 괘를 구하고 하늘의 쓸데없는 법을 구하는 도구 일 뿐이다. 학자들은 그 근원을 탐구하지 않고서 이치를 버리고 수를 따르고, 수를 고집하여 뜻을 밝히려고 하여서 일에서는 실질이 없고 도에서는 괴리가 있으니 특히 성인의 뜻을 잃은 것이다.

注

1 『역경·계사상』: 大衍之數五十.[대연수는 50이다]

2 4개의 진영을 가리켜 역을 완성한다. 『역경·계사상』: 筮法中的分二, 卦 一, 揲四, 歸奇四個方面[점치는 법 중에서 둘로 나누어 1개 괘가 되고 4 개를 잡아서 4개 방면에 돌려 기댄다]

3 괘륵掛扐은 시초를 손가락 사이에 끼는 것이다.

4 분설分揲은 나누어 시초를 세다.

5 부계符契는 돌이나 대나무, 옥 따위로 만든 물건에 글자를 새겨 다른 사람과 나눠 가졌다가 나중에 다시 맞추어 증거로 삼는 것이다. 이는 부절을 나누어 서로 맺는 약속이다.

『역易』을 빌려서 그 역曆을 중시했는데, 괘를 얻는 것은 수로 말미암지만, 길흉은 괘에 있고 수에 있지 않다.

008

儒者貴識義理, 貴識治要. 識義理則父子君臣之道不虧, 識治要則 興衰成敗之機不迷.

유학자는 의리를 아는 것을 귀하게 여기고, 정치의 요령을 아는 것을 귀하게 여긴다. 의리를 알면 부자와 군신의 도가 어긋나지 않고, 정치의 요령을 알면 흥쇠興衰와 성패成敗의 기미에 헷갈리지 않는다.

⋮ 유학자들은 의리와 정치의 요령을 아는 것을 중요하게 여긴다.

009

儒者以虛靜清沖養心, 此固不可無者, 若不於義理, 德性, 人事, 著實處養之, 亦徒然無益於學矣. 故清心靜坐不足以至道, 言不以實養也.

유학자는 허정虛靜과 청충清沖[1]으로써 마음을 수양하는데 이는 참으로 없을 수 없다. 만약 의리, 덕성, 인사를 실제로 처한 곳에서 수양하지 않는다면 또한 쓸데없고 학문에 무익할 것이다. 그래서 마음을 가다듬고 정좌靜坐하는 것으로는 도에 이를 수 없어서 실질로써 양성하지 않는다고 말한 것이다.

注

1 청충清沖은 욕심을 버리고 마음을 비우는 것이다.

⋮ 마음을 가다듬고 정좌하는 것만으로는 도에 이르지 못한다. 의리, 덕
⋮ 성, 인사를 실제로 처한 곳에서 수양해야 한다.

010

未事而憂勞, 圖治之大幾, 古昔聖王皆然矣. 事迫而後憂, 鮮無不及

之咎. 然尚有系人心, 回天命者在, 故曰「生於憂患」.

일이 일어나기 전에 근심하며 수고하는 것은 정치를 도모하는 큰 기미인데 옛날 성왕聖王들은 모두 그러하였다. 일이 급박한 후에 근심하는 것은 허물에 미치지 않음이 드물다. 그래서 오히려 사람의 마음을 잡고 천명에 돌리는 것이 존재하니 "우환에서 살아난다."[1]고 말한다.

注

1 『맹자·고자하』: 然後知生於憂患而死於安樂也.[그런 후 우환에서 살아나고 안락에서 죽는다는 것을 안다.]

일을 실행하기 전에 근심하고 수고하는 것은 정치를 행하는 기미이다. 기미를 알면 우환에서 살아날 수 있다.

011

民苦思亂, 亂久思治, 治則思休, 乃理勢必至之期也. 漢惠髙后之際, 奚有先王經國之謀以施諸世? 而天下晏然, 刑罰罕用. 直以海內脫戰爭之苦, 遂生養之計, 故上下樂於休靜耳. 由是觀之, 有國者惡用苦民爲哉?

백성의 삶이 힘들면 난리를 일으키는 것을 생각하고, 난리가 오래되면 다스림을 생각하고 다스려지면 휴식을 생각하는데 이에 이치의 형세는 반드시 일정한 기한을 두고 이른다. 한漢나라 혜제惠帝와 고후髙后[1] 때에 어찌 선왕先王의 경국經國의 계책이 있어서 세상에 시행했겠는가? 그러나 천하가 편안하고, 형벌의 사용이 드물었다. 다만 해내에 전쟁의 고통을 벗어나게 하고 살아가는 계책을 이루게 했기 때문에 상하가 휴식하고 고요하게 지냄을 즐거워했을 뿐이다. 이로 보건대 국가를 지닌 자가 어찌 백성을 고통스럽게 할 수 있겠는가?

注

1 고후(高后, BC188~180)는 한나라 고조 유방의 황후였던 여태후를 말한다.

> 백성이 힘들면 난을 일으킬 것을 생각하고 난이 오랫동안 지속되면 다스림을 생각하고 다스려지면 휴식을 취할 것을 생각한다. 이것이 나라를 경영하는 흐름이다.

012

傑紂謂之獨夫, 言衆叛親離, 不與爲君也. 人主非有傑紂之惡, 民必不忍棄之. 雖有强力廣謀, 以僥倖非義, 必不能得. 漢季二袁是也. 易曰:「天之所助者順, 人之所助者信, 履信思順, 自天佑之.」曹操知之, 乃挾天子以令諸侯, 是假之也; 假之而猶勝之, 況傾心王室, 順天信人, 其功業所就, 又豈可量乎?

걸桀과 주紂를 독부獨夫라고 하는데 민중이 배반하고 친한 이들이 떠나가서 임금과 함께 하지 않음을 말한 것이다. 군주가 걸과 주의 악행이 있지 않는다면 백성은 반드시 차마 버리지 못했을 것이다. 비록 강력하고 넓은 계책을 지녔더라도 요행으로써라도 의롭지 않다면 필시 백성의 마음을 얻을 수 없을 것이다. 한나라 말 이원二袁[1]이 그들이다. 『역』에 "하늘이 돕는 자는 순응하고, 사람이 돕는 자는 믿음이 있으니, 믿음을 실천하고 순응을 생각하면 하늘이 보우한다."[2]고 했는데, 조조曹操는 그것을 알고서 이에 천자를 끼고 제후들에게 호령했는데 이는 가식이었다. 가식이었는데도 오히려 승리했으니, 하물며 왕실에 마음을 쏟고 하늘에 순응하고 사람들을 믿는다면 그 공훈과 업적이 성취한 바를 또한 어찌 헤아릴 수 있겠는가?

注

1 이원二袁은 삼국시대 원소袁紹와 원술袁術 부자를 가리킨다.

2 『역경·계사 상』, 제12장: 天之所助者, 順也; 人之所助者, 信也, 履信思乎順, 是以自天祐之.[하늘이 돕는 자는 순응하는 자이고, 사람이 돕는 자는 믿는 자이니, 믿음을 밟고서 순응함을 생각하고, 또 이로써 현자를 숭상하니, 이 때문에 하늘로부터 그를 돕는다.]

⋮ 하늘에 순응하고 사람들을 믿는다면 하늘이 반드시 돕는다.

013

學者始而用功, 必須主敬存誠, 以持其志, 而後有進; 久而純熟, 動靜與道爲一, 則誠敬不待 養而自存, 志亦不待於持而自定矣. 程子論持志曰:「只此便是私」, 此言亦過高, 或恐非先生之言. 儒者遂以主敬存誠以持其志爲有意, 而貶修治之學, 殊失「下學上達」之義, 近禪氏之虛靜矣.

배우는 자가 처음 열심히 공부할 때는 반드시 주경존성主敬存誠[1]으로써 그 뜻을 유지한 후에 진보가 있다. 오래되어 순숙純熟[2]하면 움직임과 고요함이 도와 하나가 되는데 성경誠敬의 양성을 기다리지 않아도 절로 존재하고 뜻도 또한 지니기를 기다리지 않아도 저절로 정해진다. 정자程子가 뜻을 지니는 것을 논하기를 "단지 이는 사사로운 것이다."라고 했는데 이 말은 또한 지나치게 높으니, 혹시 선생의 말이 아닌가 싶다.[3] 유학자는 주경존성을 이루어 그 뜻을 지니는 것을 유의해야 하는데 수기치인[4]의 학문이 없으면 특히 '하학상달下學上達[5]'의 의미를 잃게 되니 선불교의 허정虛靜에 가깝다.

注

1 주경존성主敬存誠은 공경을 근본으로 삼고 참됨을 지니라는 뜻이다.

2 순숙純熟은 매우 숙련되어 익숙해지고 어떤 분야에 정통한 것이다.

3 『이정집二程集』, 8권, 『정씨외서程氏外書』, 제398p : 只這個也是私. 『이정유서二程遺書』, 18권, 제192p : 人才有意於爲公, 便是私心.[인재가 공을 위함에 뜻을 가진 것은 바로 사심이다.]

4 수기치인修己治人은 자신을 수양한 이후에 다른 사람을 교화시키고 다스린다는 뜻이다.

5 하학상달下學上達은 쉬운 지식을 배워 어려운 이치를 깨달음을 이르는 말이다. 『논어·헌문』: 不怨天, 不尤人, 下學而上達. 知我者, 其天乎.[공자가 자공에게 하늘을 원망하지 않고 사람을 탓하지 않으며 아래로는 일상적인 것을 배워 위로 깊이 천리를 통달하니 나를 아는 자는 하늘뿐이다] 하학은 예禮, 악樂, 사射, 어御, 서書, 수數와 같은 육예六藝를 익히는 것을 말하며, 상달은 하학을 배운 뒤에 심오한 의리와 우주의 진리에 나아가서 천리를 알고 즐기며 섬기는 경지에 이른다는 것이다.

주경존성主敬存誠은 불교의 허정에 가깝다. 다만 수기치인의 학문으로 하학상달下學上達을 해야 한다.

014

沖漠無朕, 萬象森然已具, 此靜而未感也, 人心與造化之體皆然. 使無外感, 何有於動? 故動者緣外而起者也. 應在靜也, 機在外也. 已應矣, 靜自如故, 謂動以擾靜則可, 謂動生於靜則不可, 而況靜生於動乎?

비어있고 광활하여 조짐이 없고, 만상이 빽빽하게 이미 갖추어졌는데 이 고요함을 느끼지 못하는 것은 인심과 조화의 근본이 모두 그러하다. 만일 외부의 감응을 없게 하면 움직임에 무엇이 있겠는가? 그래서 움직이는 것은 외부에서 말미암아 일어나는 것이다. 응함은 고요한 상태로 있고, 작용은 외부에 달려있다. 이미 감응하면 고요함은 스스로 예전과 같은데 움직임이 고요함을 흔든다고 말한다면 옳지만 움직임이 고요함에서 생긴다고 한다면 옳지 않은데 하물며 고요함이 움직임에서 생긴다고 하겠는가?

> 움직임은 외부에서 말미암아 일어난다. 움직임이 고요함에서 생겨날 수 없고 고요함도 움직임에서 생길 수 없다.

015

感應之機無端, 故動靜無常, 皆性之不得已而然也.

감응의 기미는 실마리가 없기 때문에 동정動靜에는 일정함이 없는데 모두 성性이 부득이하여 그런 것이다.

> 감응의 기틀은 실마리가 없기 때문에 움직임이 일정하지 않다.

016

心有以本體言者,「心之官則思」與夫「心統性情」是也; 有以運用
言者,「出入無時, 莫知其鄉」與夫「收其放心」是也. 乃不可一概
論者, 執其一義則固矣. 大率心與性情, 其景象定位亦自別, 說心便
沿形體景象, 說性便沿人生虛靈景象, 說情便沿應物於外景象, 位
雖不同, 其實一貫之道也. 學者當察其義之所主, 得矣.

심이 본체로써 말하는 것은 "심의 기능은 생각하는 것이다."[1]라고 한 것
과 "심은 성정性情을 통솔한다."[2]라는 것이 이것이다. 운용運用으로써 말하
는 것은 "출입에 때가 없고, 그 방향을 알 수 없다."[3]라고 한 것과 "그 놓아
버린 마음을 거두어야 한다."[4]고 한 것이 그것이다. 일률적으로 논할 수
없는 것을 그 한 의미를 잡고 고집한 것이다. 대개 심과 성정性情은 그 경
상景象[5]의 정해진 위치가 또한 스스로 구별되니, 심이 형체의 경상에 붙는
다고 하고, 성性이 인생人生의 허령경상虛靈景象에 붙는다고 하고, 정情이 응
물應物의 바깥 경상에 붙는다고 하는데 위치는 비록 같지 않지만, 그 실제
는 하나로 꿰는 도[一貫之道]이다. 학자들은 마땅히 그 의미가 주장하는 바
를 살펴서 얻어야 한다.

注

1 『맹자·고자상告子上』: 心之官則思.[심의 기능은 생각하는 것이다.]

2 장재『횡거어록하』: 心統性情者也.[심은 성과 정을 다스린다] 이는 성
과 정이 모두 마음에서 나온다는 뜻이다. 『장재집』과 『근사록近思錄』, 1
권에도 나온다.

3 『맹자·고자상』: 出入無時, 莫知其鄉. 惟心之謂與.[들고 남에 때가 없고,
그 향하는 곳을 알지 못한다. 오직 마음을 말한 것인가]

4 『맹자·고자상』: 求其放心.[자신이 놓아버린 양심을 찾아오는 것이다.]

경상景象은 현상, 상태, 상황, 광경, 양상, 경관, 모양, 모습을 말한다. 상태의 의미가 비슷하나 딱 맞는 용어를 고를 수 없어 그대로 경상으로 쓴다. 자연에서는 산이나 들, 강, 바다 따위의 자연自然이나 지역地域의 모습이다.

: 마음은 본체로 말할 수 있고 운용으로는 다르게 말할 수 있다.

017

四時行, 百物生, 可以觀天; 動作行事, 可以觀聖人. 內蘊不可知, 而發外者可以概觀. 天除卻四時行, 百物生, 聖人除卻動作行事, 則其道隱矣, 將何以爲知天知聖之具? 儒者好髙, 乃謂以動作言語求聖人爲末, 過矣. 孔子欲無言, 以門人因言求道, 恐墮於言語之學而不踐諸實行也, 故曰「天何言哉」, 觀天之運行生育則知天矣. 其意以爲門人何事求諸予言, 觀予之行事, 則道在是矣. 今乃以聖人言語並其動作而爲末焉, 其亦不思甚矣. 推此意也, 眞欲枯禪白坐以見性乎?

사시四時가 운행하고 만물이 생겨나는 것은 하늘에서 관찰할 수 있고. 동작과 행위는 성인聖人에게서 관찰할 수 있다. 안에 쌓인 것은 알 수 없으나 밖으로 드러난 것은 대강 볼 수 있다. 하늘은 사시의 운행과 만물의 탄생을 없애버리고, 성인은 동작과 행위를 없앤다면 그 도는 감춰질 것인데 장차 무엇으로써 하늘을 알고 성인을 아는 도구로 삼을 것인가? 유학자들이 고명한 것을 좋아하여 이에 동작과 언어로써 성인을 구하는 것이 말단이라 말하는 것은 지나치다. 공자가 말하지 않으려 한 것은 문인門人들이 말로써 도를 구하고 언어의 학문으로 떨어져서 여러 실행實行을 실천하지 않을까 두렵기 때문이었다. 그래서 "하늘이 무슨 말 하던가?"[1]라고 하였다. 하늘의 운행과 만물의 생육을 보면 하늘을 알 수 있다. 그 뜻은 공자 문하의 제자들이 어떤 일을 나의 말에서 구하고 여기고 나의 행동거지와 만사를 보면 도가 그것에 있다고 여긴 것이다. 오늘날은 성인의 언어와 그 동작을 말단으로 여기는 것은 또한 생각하지 않은 것이 심하다. 이 의미를 미루어 생각하면 참으로 고선백좌枯禪白坐[2]로써 성을 보려는 것인가?

注

1 『논어·양화』: 子曰, 予欲無言. 子貢曰, 子如不言, 則小子何述焉? 子曰, 天何言哉? 四時行焉, 百物生焉, 天何言哉? 子曰, 天何言哉. 四時行焉, 百物生焉, 天何言哉.[공자가 말했다. "나는 말을 하지 않고자 한다." 자공이 말했다. "선생님께서 만약 말씀하지 않으시면, 저희 제자들은 어떻게 가르침을 받겠습니까?" 공자가 말했다. "하늘이 무슨 말 하던가? 사계절이 운행되고, 만물이 자라나는데, 하늘이 무슨 말 하던가?" 말하지 않아도 가르침이 전달될 수 있다]

2 고선백좌枯禪白坐는 '만사萬事를 버리고 고목처럼 좌선하다.'라는 뜻이다.

사시의 운행과 만물의 생육은 하늘을 관찰하여 알 수 있고 동작과 행위는 성인을 관찰하여 알 수 있다.

018

世變有漸, 若寒暑然, 非寒而突暑, 暑而突寒也. 聖人拯變於未然, 在平其勢而已矣. 平其勢, 在理其人情而已矣. 故將怨者則德之, 將

渙者則萃之, 將昂者則抑之, 此聖人先幾之神也. 悠悠坐視, 養亂焉
耳矣.

세상에서 변화가 진행되는 것은 마치 추위와 더위가 그러한 것과 같은데
춥다가 갑자기 덥고, 덥다가 갑자기 추워지는 것이 아니다. 성인이 미연
에 변화를 받아들이는 것은 그 형세를 평정하는 데 달려 있을 뿐이다. 그
형세를 평정하는 것은 그 인정人情을 다스리는 데에 달려 있을 뿐이다. 그
래서 원망하는 자라면 덕이 있게 하고, 흩어진 자들은 모이게 하며 기세
가 높은 자는 억누르는데 이는 성인이 먼저 기미를 알아차리는 신神이다.
유유悠悠히 좌시하는 것은 난리를 키울 뿐이다.

> 성인이 미연에 변화를 받아들이는 것은 그 형세를 평정하는 데 달
> 려 있고 그 형세를 평정하는 것은 그 인정人情을 다스리는 데에 달려
> 있다.

019

人有生, 則心性具焉, 有心性, 則道理出焉, 故曰「率性之謂道」. 然
必養而充之, 體而行之, 則道存而理得, 斯謂之「盡心盡性」. 是乃
在我之物, 死生不可離者, 故曰「雖大行不加. 雖窮居不損」. 自餘
皆身外物耳, 君子雖的之, 而不以爲有無焉.

사람이 태어나면 심성心性이 갖추어지고, 심성이 있으면 도리道理가 나오
기 때문에 "성을 따르는 것을 도라 한다"[1]라고 하였다. 그러나 반드시 본
성을 길러서 채워야 하고, 체현하여 시행해야만 도가 있게 되고 리를 얻
게 되는데 이 때문에 "진심진성盡心盡性"[2]이라 한 것이다. 이는 곧 나에게

있는 사물은 생사에도 분리될 수 없기에 "비록 크게 행하여도 더함이 없고 비록 궁벽하게 살더라도 더 덜함이 없다."[3]고 하였다. 나머지는 모두 몸 밖의 사물일 뿐인데 군자君子는 비록 사물을 얻게 되더라도 있고 없음으로 여기지 않는다.

注

1 『중용』, 제1장: 天命之謂性, 率性之謂道, 修道之謂敎.[하늘이 명한 것을 성性이라 하고, 성에 따름을 도道라 하고, 도를 닦는 것을 교敎라고 한다].

2 『맹자·진심盡心』, 제1장: 盡其心者, 知其性也, 知其性則知天矣[그 마음을 다 실천하는 자는 마음의 근원인 성을 알 수 있으니, 그 성을 알면 더 나아가서 성의 근원인 하늘을 알 수 있다.]

3 『맹자·진심』, 제21장: 君子所性, 雖大行不加焉, 雖窮居不損焉, 分定故也.[군자의 본성은 비록 크게 행하여도 더함이 없고, 비록 궁하게 살아도 덜함도 없으니, 분수가 정해져 있는 것은 그래서이다.]

⋮ 본성을 길러서 확충해야 하고, 체현하여 시행해야만 도가 있게 된다.

020

拯救衰弊之機, 日見乎事, 惟智者明之, 仁者體之, 勇者行之. 不智者闇而不達, 不仁無閔憂之心, 不勇則懦而無氣, 機雖日發乎前, 不過悠悠坐視而已, 此國事所以日不可爲也. 故用人貴先達德.

쇠폐衰弊의 기미를 알고 나라를 구하려면 매일 일상의 일을 살펴야 하는데 오직 지자智者는 그것에 밝게 알고 인자仁者는 몸에서 체인하고, 용자勇

者는 그것을 나서서 행한다. 지혜롭지 못한 자는 어두워 통달할 수 없고, 인자하지 못한 자는 근심하는 마음이 없고, 용감하지 못한 자는 나약하여 기백이 없으니, 기미가 비록 매일 앞에 나타나더라도 유유히 좌시할 뿐이다. 이것이 국사國事를 때맞추어 이룰 수 없는 이유이다. 그래서 사람의 기용은 변함없는 덕을 우선으로 귀하게 여기는 것이다.

> 국가의 쇠폐衰弊 기미는 지자智者는 밝게 알고, 인자仁者는 근심하고, 용자勇者는 나서서 실행한다.

021

天地之先, 元氣而已矣. 元氣之上無物, 故元氣爲道之本.

천지 이전에는 원기元氣였을 뿐이었다. 원기 상에서는 물질이 없었다. 그래서 원기는 도의 근본인 것이다.

> 천지가 생기기 이전에는 원기元氣만 있었다.

022

薛文淸云: 「中庸言明善, 不言明性, 善卽性也.」愚謂性道有善有不善, 故用明. 使皆善而無惡, 何用明爲? 聖人又何强爲修道以立教哉? 自世之人觀之, 善者常一二, 不善者常千百; 行事合道者常一二, 不合道者常千百. 昭昭雖勉於德行, 而惰於冥冥者不可勝計. 讀書知道者猶如廉恥而不爲非, 其餘嗜利小人, 行奸僥倖而無所不爲矣. 故謂人心皆善者, 非聖人大觀眞實之論, 而宋儒極力論贊, 以

號召乎天下, 惑矣.

설문청薛文清[1]이 말하기를, "『중용中庸』에서 선善을 밝힌다.[2]"고 말하고, 성性을 밝힌다고는 말하지 않았으니, 선이 곧 성이다."고 했다. 나는 성性의 도道에는 선이 있고 불선不善이 있기에 분명함을 사용했다고 생각한다. 만일 모두가 선이고 악이 없다면 어찌 분명함을 사용했겠는가? 성인이 또 어떻게 힘써서 도를 닦아서 가르침을 세울 것인가?[3] 세상의 사람들을 보면 선자善者는 통상 한둘이고, 불선자不善者는 통상 천백이다. 일을 행하는 데 있어서 도에 합하는 것은 통상 한둘인데 도에 합하지 않는 것은 통상 천백이다. 밝은 곳에서는 비록 덕행에 힘쓸지라도 어두운 곳에서는 나태한 자를 다 셀 수가 없다. 독서하여 도를 아는 자는 오히려 염치가 있어서 그릇된 일을 저지르지 않는 것과 같은데 그 나머지 이익을 좋아하는 소인은 간악을 저지르고 요행을 바라면서 하지 못하는 바가 없다. 그래서 사람의 마음은 모두 선하다고 한 것은 성인이 크게 관찰한 진실을 논의한 것이 아닌데 송유宋儒들이 애써 논하여 찬동하고 천하에 호소하여서 미혹시킨 것이다.

注

1 설문청(薛文清, 1389~1464)은 명나라 전기의 성리학자이다. 이름은 설선薛瑄이고 호는 경헌敬軒, 자는 덕온德溫이고 문청文清은 시호이다. 산서성 하진河津 사람으로, 벼슬이 예부 우시랑 겸 한림원 학사에까지 올랐다. 그는 정주학程朱學의 거벽으로 명대 이학理學의 주종이었다. 저서로『독서록』이 있다. 그는 성현에 마음을 쏟고 실천하기를 서둘러 했던 순수한 유학자이다.『신언』, 13권, 제24장에 나온다.

2 『중용』, 18장: 誠者, 天之道也. 誠之者, 人之道也. 誠者, 不勉而中, 不思而得, 從容中道, 聖人也. 誠之者, 擇善而固執之者也.[진실함은 하늘의 도이

다. 진실해지는 것은 사람의 도이다. 진실한 사람은 힘쓰지 않아도 옳은 것에 딱 맞게 행동하게 되고, 생각하지 않아도 얻게 된다. 중도를 따르고 수용한 자는 성인이다. 진실해진 사람은 선善한 것을 택하여 굳게 지키는 사람이다.]

3 『중용』, 1장: 修道之謂教.[도를 닦는 것은 가르침을 말한다.]

설문청이 "『중용』에서 선을 밝힌다고 말하고 성은 밝힌다고 말하지 않으니, 선은 성이다."라고 하였다. 하지만 본성에는 선도 있고 불선도 있다.

023

心者棲神之舍, 神者知識之本, 思者神識之妙用也. 自聖人以下, 必待此而後知. 故神者在內之靈, 見聞者在外之資. 物理不見不聞, 雖聖哲亦不能索而知之. 使嬰兒孩提之時, 卽閉之幽室, 不接物焉, 長而出之, 則日用之物不能辯矣, 而況天地之高遠, 鬼神之幽冥, 天下古今事變, 杳無端倪, 可得而知之乎? 夫神性雖靈, 必藉見聞思慮而知. 積知之久, 以類貫通, 而上天下地, 入於至細至精, 而無不達矣, 雖至聖莫不由此. 孔子曰:「蓋有不知而作之者, 我無是也. 多聞, 擇其善者而從之; 多見而識之, 知之次也.」孟子亦曰:「心之官則思, 思則得之, 不思則不得也.」周子亦曰:「思則睿, 睿作聖.」夫聖賢之所以爲知者, 不過思與見聞之會而已. 世之儒者乃曰思慮見聞爲有知, 不足爲知之至, 別出德性之知爲無知, 以爲大知. 嗟乎! 其禪乎! 不思甚矣. 殊不知思與見聞必由吾心之神, 此內外相須之自然也. 德性之知, 其不爲幽閉之孩提者幾希矣. 禪學之惑人每如此.

심은 정신[神]을 깃들게 하는 집[1]이고, 정신은 지식의 근본이고, 생각[思]은 정신과 지식[神識]의 묘용妙用이다. 성인이 못된 사람은 반드시 이를 기다린 후에야 안다. 그래서 정신은 내부에 있는 신령[靈]이고 견문은 외부에 있는 자료이다. 만물의 이치는 볼 수 없고 들을 수 없기 때문에 비록 성철聖哲일지라도 또한 찾아서 알 수 없다. 만약 영아嬰兒가 어릴 때 닫힌 깊은 방에서 사물을 접하지 못하게 하고 성장하여 내어놓으면 일용하는 사물도 변별하지 못할 것이다. 하물며 천지의 고원高遠함과 귀신의 유명幽冥과 천하의 고금 사변事變은 아득하여 실마리가 없는데 얻어서 알 수 있겠는가? 저 신성神性이 비록 영험하더라도 반드시 견문과 사려思慮를 통하여 알 수 있다. 지식을 쌓은 것이 오래되면 유추하여 관통하게 되니, 위로 하늘과 아래로 땅에 지극히 세밀하고 지극히 정밀한 데로 들어와서 도달하지 않음이 없다. 비록 지성至聖일지라도 이것으로부터 말미암지 않음이 없다. 공자孔子가 말하기를 "대개 알지 못하고 글을 짓는 자가 있는데 나는 이런 것이 없다. 많이 듣고 그 좋은 것을 택하여 따르고, 많이 보고 기록하는 것은 아는 것에 버금가는 단계이다."[2]라고 했고, 맹자孟子도 또한 "마음의 기능은 생각하는 것이고, 생각하면 얻을 수 있고, 생각하지 않으면 얻지 못한다."[3]고 했으며, 주자周子도 또한 "생각하면 예지[睿]가 생기고 예지가 생기면 성인[聖]이 된다"[4]고 했다. 저 성현이 지식으로 삼는 것은 생각과 견문을 모으는 데 불과할 뿐이다. 세유世儒[5]들이 사려와 견문을 지식으로 삼는 것은 지극한 지식을 이룰 수 없다고 하고, 별도로 덕성의 지知를 꺼내어 무지無知로 삼고[6], 대지大知라고 여긴다. 아! 아 그것은 선禪이 아닌가! 생각하지 않는 것이 심하다. 특히 생각과 견문이 반드시 내 마음의 신神으로부터 말미암고, 이 내외內外가 서로 필요로 하는 저절로 그러한 것임을 모른 것이다. 덕성의 지는 아마 유폐된 어린아이가 지니게 되기에도 드물 것이다. 선학禪學이 사람을 미혹시키는 것이 항상 이와 같다.

1 『회남자·태주훈泰族訓』: 棲神於心, 靜漠恬淡.[신이 마음에 깃들어 적막
하고 염담하다.]

2 『논어·술이』: 蓋有不知而作之者, 我無是也. 多聞, 擇其善者而從之; 多見
而識之, 知之次也[대체로 알지 못하면서도 그것을 지어내는 사람이 있
지만, 나는 그런 일이 없다. 많이 듣고서 그중 좋은 것을 가려서 따르
며, 많이 보고서 그것을 아는 것이니 태어날 때부터 아는 것에 버금가
는 단계이다.]

3 『맹자·고자』: 心之官則思, 思則得之, 不思則不得也.[마음이 하는 일은
생각하는 것이니 생각하면 얻고, 생각하지 않으면 얻지 못한다.]

4 주자周子는 주돈이周敦頤이다. 『통서通書』, 제9장, 『상서·홍범 洪範』: 睿指
智慧, 指睿則思無不通, 而成爲聖人[예지는 지혜요, 지혜는 생각이 통하
지 아니하고 성인이 되는 것을 말한다.]

5 세유世儒는 송나라 유학자를 말한다.

6 장재, 『정몽·대심大心』: 德性所知, 不萌於見聞.[덕성으로 아는 것은 보고
듣는 것에서 기원하지 않는다.]

: 심신은 지식의 근본이요, 생각은 신식의 묘용이지만 지식은 반드시
: 견문과 사려思慮를 통하여 생긴다.

024

嬰兒在胞中自能飮食, 出胞時便能視聽, 此天性之知, 神化之不容
已者. 自餘因習而知, 因悟而知, 因過而知, 因疑而知, 皆人道之知
也. 父母兄弟之親, 亦積習稔熟然耳. 何以故? 使父母生之, 孩提而
乞諸他人養之, 長而惟知所養者爲親耳. 塗而遇諸父母, 視之則常

人焉耳, 可以侮, 可以詈也, 此可謂天性之知乎? 由父子之親觀之, 則諸凡萬物萬事之知, 皆因習因悟因過因疑而然, 人也, 非天也. 近世儒者務爲好高之論, 別出德性之知, 以爲知之至, 而淺博學, 審問, 慎思, 明辯之知爲不足, 而不知聖人雖生知, 惟性善近道二者而已, 其因習因悟因過因疑之知, 與人大同, 況禮樂名物, 古今事變, 亦必待學而後知哉!

영아가 태 안에 있을 때는 스스로 마시고 먹을 수가 있고, 태 밖으로 나오면 곧 보고 들을 수 있는데 이는 천성天性의 앎이고 천성이 신묘하여 멈추는 것을 용납하지 않는다. 나머지는 습성으로 인하여 알고, 깨달아서 알고, 과실을 저지르고 알고, 의심하여 아는데, 모두 인도人道의 앎이다. 부모 형제와 친한 것도 또한 습관이 쌓여 익숙해져서 그런 것일 뿐이다. 무엇 때문인가? 만일 부모가 낳아서 어린애를 다른 사람에게 양육하도록 한다면 자라서 오직 양육해 준 사람을 친하게 여길 뿐이다. 길에서 부모를 만난다고 하더라도 보는 것을 일반인을 대하는 것처럼 할 것이니, 업신여길 수 있고, 욕을 할 수도 있는데 이를 천성적 앎이라고 할 수 있겠는가? 부자간의 친애함으로 보건대 여러 만물과 만사萬事의 앎은 모두 습관과 깨달음과 과실과 의심으로 인하여 그런 것이다. 사람은 하늘이 아니다. 근세의 유학자들이 힘써 높은 논의를 좋아하여 별도로 덕성의 앎을 내어서 지극한 앎으로 삼고서 박학, 심문審問, 신사慎思, 명변明辯[1]의 앎을 부족하다고 여기고, 성인이 비록 생지生知[2]일지라도 오직 성선性善이 도에 가까운 두 가지일 뿐이라는 것을 모른다. 그 습관과 깨달음과 과실과 의심으로 인한 앎은 사람과 대동大同한데 하물며 예악禮樂의 명물名物과 고금古今의 사변事變도 역시 반드시 배운 후에야 알 수 있다!

1 『중용』, 제20장: 博學之, 審問之, 愼思之, 明辯之, 篤行之[넓게 배우는 박학博學, 깊이 묻는 심문審問, 신중하게 생각하는 신사愼思, 명확하게 말하는 명변明辯, 독실하게 실천하는 독행篤行] 이는 우리가 진리에 나아가 진실한 삶을 누리기 위한 다섯 가지의 지침이다. 여기서 명변의 '辯'이 『중용』에는 '辨'으로 쓰여 분명하게 구분한다는 뜻이다.

2 『논어·계씨』: 孔子曰 生而知之者, 上也, 學而知之者, 次也, 困而學之, 又其次也, 困而不學, 民斯爲下矣.[공자가 말하기를, 태어나면서부터 아는 사람은 최상이고, 배워서 아는 사람은 다음이며, 곤란한 경지에 처하여 배우는 사람은 또 다음이고, 곤란한 경지에 처하여도 배우지 않는 사람은 백성들 가운데 최하이다] 생지生知는 생이지지자生而知之者이다.

> 배워서 습성으로 앎이 생긴다. 예악에서의 악기와 고금의 일과 변화
> 도 반드시 배워야 안다.

025

孔子曰: 博學于文, 約之以禮. 孟子曰: 博學而詳說之, 將以反說約也. 蓋博粗而約精, 博無定而約執其要, 博有過不及而約適中也. 此爲學爲道, 千古心法. 世儒敎人曰: 在約而不在博. 嗟乎! 博惡乎雜者斯可矣, 博而正, 何害約? 不自博而出, 則單寡而不能以折中, 執一而不能於時措, 其不遠於聖者幾希!

공자가 말하기를 "학문을 널리 배우고, 예로써 요약한다."[1]고 했고, 맹자는 "널리 배우고 상세히 설명하는 것은 장차 돌이켜서 간략하게 설명하기 위해서다."[2]라고 했다. 박학은 크나 거칠고 요약은 정밀하다. 박학은 고정

됨이 없으나 요약은 그 요점을 잡는다. 박학은 과불급이 있지만, 요약은 중에 딱 맞는다. 이것이 학문을 이루고 도를 이루는 천고의 심법心法이다. 세상의 유학자들은 사람을 가르치기를 "요약에 있고, 박학에 있지 않다."라고 한다. 아! 박학이 어찌 이처럼 조잡할 수 있는가? 박학하면서 바르면 어찌 요약에 해가 되겠는가? 박학에서 나오지 않는다면 단순하고 적어서 절충할 수 없고, 하나를 고집하면 시기에 알맞은 조처를 할 수 없으니, 성인에게서 멀리 있지 않기가 어려울 것이다!

注

1 『논어·옹야』: 博學於文, 約之以禮.[학문을 널리 배우고, 예로써 단속한다].

2 『맹자·이루하』: 博學而詳說之, 將以反說約也.[폭넓게 지식을 배우고 쌓아 올리며 상세하게 그 이치를 파고드는 것은, 장차 돌이켜 간략하게 설명하기 위해서다.]

> 박학博學과 약례約禮는 학문을 이루고 도를 이루는 천고의 심법心法이다.

026

性生於氣, 萬物皆然. 宋儒只爲強成孟子性善之說, 故離氣而論性, 使性之實不明於後世, 而起諸儒之紛辯, 是誰之過哉? 明道先生曰: 性卽氣, 氣卽性, 生之謂也. 又曰: 論性不論氣, 不備; 論氣不論性, 不明. 二之, 便不是. 又曰: 惡亦不可不謂之性. 此三言者, 於性極爲明盡, 而後之學者, 梏於朱子本然氣質二性之說, 而不致思, 悲哉!

성性은 기氣에서 생기는데 만물이 다 그러하다. 송대 유학자들은 단지 맹자孟子의 성선설을 억지로 이루었기 때문에 기를 떠나서 성을 논하여 성의 실질을 후세에 밝히지 못하고 여러 유학자의 어지러운 변론을 일으키게 했는데 이것은 누구의 허물인가? 명도明道 선생이 말하기를 "'성性은 기氣이고 기는 성'이라고 하는 것은 타고난 것을 말한 것이다."[1]고 하고, 또 말하기를 "성을 논하는데 기를 논하지 않으면 갖춰지지 않는 것이고, 기를 논하는데 성을 논하지 않는 것은 분명하지 못하다. 두 가지로 나누는 것은 곧 옳지 않다."[2]고 하고, 또 "악惡도 역시 성이라고 하지 않을 수 없다."[3]라고 했다. 이 세 가지를 말한 것은 성에 대하여 지극히 전부 밝힌 것인데 그 뒤의 학자들은 주자朱子의 본연지성과 기질지성 두 성의 이론에 대해 끝까지 생각을 다하지 않았으니 슬프구나!

注

1 명도明道는 정호程顥이다. 『근사록近思錄』: 生之謂性, 性卽氣, 氣卽性, 生之謂也.[타고 난 것을 성性이라 하니 성은 곧 기氣이며 기는 곧 성으로 이를 생生이라 이른다.]

2 『근사록』: 論性, 不論氣, 不備; 論氣, 不論性, 不明. 二之 則不是.[성만 논하고 기를 논하지 않으면 구비하지 못하고, 기만 논하고 성을 논하지 않으면 밝지 못하다. 두 가지로 나누면 옳지 않다.]

3 『맹자·등문공 장구 상』: 惡亦不可不謂之性.[악 또한 성이라 말하지 않을 수 없다.]

성性은 기氣에서 생기는데 만물이 다 그렇다. 송의 유학자들은 기를 떠나 성을 논했으니, 성의 실질을 후세에 밝히지 못했다.

027

諸儒於體魄, 魂氣, 皆云兩物, 又謂魄附於體, 魂附於氣. 此卽氣外
有神, 氣外有性之論. 以愚言之, 殊不然. 體魄, 魂氣, 一貫之道也.
體之靈爲魄, 氣之靈爲魂. 有體卽有魄, 有氣卽有魂. 非氣體之外別
有魂魄來附之也. 且氣在則生而有神, 故體之魄亦靈; 氣散則神去,
體雖在而魄亦不靈矣. 是神氣者又體魄之主, 豈非一貫之道乎? 知
魂魄之道, 則神與性可知矣.

여러 유학자가 체백體魄과 혼기魂氣에 대해 다 두 물질이라고 하고, 또한
백은 체에 붙어있고 혼은 기에 붙어있다고 한다. 이것은 곧 기 밖에 신神
이 있고, 기 밖에 성性이 있다는 이론이다. 내 생각으로 말한다면 전혀 그
렇지 않다. 체백과 혼기는 하나로 관통하는 도이다. 체의 영靈이 백이고
기의 영이 혼이다. 체가 있으면 백이 있고, 기가 있으면 혼이 있다. 기는
몸 밖에 별도로 혼백이 와서 붙는 것이 아니다. 장차 기가 있으면 태어나
서 신이 있게 되기 때문에 체의 백은 역시 영험하고, 기가 흩어지면 신도
떠나가기 때문에 체가 있더라도 백은 또한 영험하지 못하다. 이 때문에
신기는 체백의 주인이니 어찌 하나로 관통하는 도가 아니겠는가? 혼백의
도를 알면 신神과 성性을 알 수 있다.

> 송유들이 체백體魄과 혼기魂氣에 대해 다 두 물질이라고 하는데, 체가
> 있으면 백이 있고, 기가 있으면 혼이 있다.

028

朱子答江德功「性相近」之問, 曰:「性之在人, 豈得以相近而爲
言.」是以孔子之論爲非矣. 此乃泥於性善之說, 遂畔於聖人而不顧

矣. 後人少有異於先儒之論, 無識者便謂之狂, 何邪?

주자朱子가 강덕공江德功[1]이 질문한 "성은 서로 가깝다.[性相近]"[2]에 대하여 답하기를 "성性은 사람에게 있는데 어찌 서로 가깝다고 말할 수 있겠는 가?"라고 했다. 이는 공자의 논의를 잘못이라 여긴 것이다. 이는 곧 성선 설性善說에 얽매어 마침내 성인을 배반하고도 돌아보지 않은 것이다. 후인 들은 선유先儒의 논의에 조금도 이견이 없고 무식한 자는 곧 광狂이라고 하니 무엇 때문인가?

注

1 강덕공江德功은 이름이 묵默이고 숭안崇安 사람이며, 건영지현建寧知縣을 지냈다. 주자의 문인이다. 저서에 『역훈해易訓解』, 『사서훈고四書訓詁』 각 6권이 있다.

2 『논어·양화』: 性相近 習相遠.[사람의 본성은 서로 가깝다. 습관이 서로 를 멀어지게 한다]

　주자와 후대 학자들은 성선설만을 굳게 믿어 공자의 '성상근性相近' 이론을 잘못이라 하였다. 이는 잘못된 것이다.

029

格物之解, 程朱皆訓至字, 程子則曰: 格物而至於物, 此重疊不成文 義; 朱子則曰: 窮至事物之理, 是至字上又添出一窮字, 聖人之言直 截, 決不如此. 不如訓以正字, 直截明當, 義亦疏通, 旣無屋上架屋 之煩, 亦無言外補添之擾.

격물格物에 대한 해석에 있어서 정자와 주자는 모두 이르다는 뜻의 '지至'자로 풀이하였다. 정자程子는 "격물格物은 사물에 이르는 것이다."[1]고 했는데 이는 중첩된 것으로 문장의 뜻을 이루지 못한다. 주자는 "사물을 궁구하여 이치에 이르는[窮至] 것이다."[2]고 했는데 이는 '지至'자 위에 또 '궁窮'자를 첨가하였다. 성인의 말은 간략하였는데 결코 이와 같지 않다. 바로잡다는 뜻의 '정正'자로 풀이하는 것만 못하니, 단도직입적이고 의미도 또한 소통한다. 이미 쓸데없는 것을 되풀이하는 번거로움도 없고 또한 언어외에 더 보태는 어수선함도 없다.

注

1 『하남정씨외서·습유拾遺』: 格物者, 格, 至也; 物者, 凡遇遇事皆物也, 欲以窮至物理也.[격물의 격은 이르다는 뜻의 지至이다. 물이란 무릇 발생한 일이 모두 물이다. 물에 이르러 이치를 궁구하고자 하는 것이다.]

2 『대학장구』: 所謂致知在格物者, 言欲致吾之知, 在卽物而窮其理也.[치지가 격물에 있다는 것은, 나의 앎을 다하려고 한다면, 사물에 나아가 그이치를 궁리하는 것에 있다는 말이다]

: 격물格物의 격格은 바로잡는다는 정正의 뜻으로 쓰인다.

030

知覺者心之用, 虛靈者心之體, 故心無窒塞則隨物感通, 因事省悟而能覺. 是覺者智之原, 而思慮察處以合乎道者, 智之德也. 宋儒乃以覺爲仁, 終非本色. 但智之爲性, 統明萬善, 心體苟無昏昧, 於仁則覺其所以爲仁, 於義則覺其所以爲義, 而於衆善無不有覺. 獨以覺爲仁, 偏矣.

지각은 심의 작용이고 허령은 심의 본체이기 때문에 심에 막힘이 없으면 사물에 따라 감응하여 통하며 일의 상황에 따라 살펴 체득하여 깨달을 수 있다. 이 때문에 깨달음은 지혜의 근원이고, 사려는 관찰하는 곳에서 도에 합하는 것인데 지혜의 덕이다. 송나라 유학자는 곧 깨달음을 인仁이라 여겼는데 끝내 본색이 아니다. 단지 지智를 성性으로 여기면 모든 선善을 통솔하여 밝히고 심체心體에 참으로 혼매昏昧함이 없게 되니 인仁에 대해서는 그것이 어질게 되는 바를 깨닫고, 의義에 대해서는 그것이 의롭게 되는 바를 깨닫고, 모든 선善에 대해서는 깨닫지 못한 것이 없게 된다. 유독 깨달음을 어진 것으로 여기는 것은 편향된 것이다.

: 지각知覺은 심의 작용이고 허령虛靈은 심의 본체이다.

031

童蒙無先入之雜, 以正導之而無不順受, 故易可以養其正性, 此作聖之功. 壯大者已成駁僻之習, 雖以正導, 彼以先入之見爲然, 將固結而不可解矣, 夫安能變之正? 故養正當於蒙.

어린아이[童蒙]는 미리 받아들인 잡다한 지식이 없어서 바르게 이끌어 주면 순순히 받아들이지 않음이 없다. 그래서 쉽게 그 바른 성性을 양성시킬 수 있는데 이것이 성인이 되는 공부이다. 나이가 든 사람은 이미 순수하지 않고 멋대로 행동하는 습성이 이루어져서 비록 바르게 이끌어 주어도 저들은 선입된 견해를 옳다고 여기는데 장차 굳게 맺혀서 풀 수가 없다. 어떻게 바르게 변화시킬 수 있겠는가? 그래서 어릴 적에 바름을 양성함이 마땅하다.

어린애는 바르게 이끌어 주면 순순히 받아들인다. 그래서 어릴 때 바른 성을 양성해야 한다.

032

坤六二直方大, 不習無不利. 直, 不委曲; 方, 不宛轉. 二道易入於偏小, 然必寬廣而大, 則動無不中矣. 中者應物之善道, 故於事物之來, 雖未經習學, 持是道而行, 亦無不利矣.

곤괘 육이효에 "곧고 방정하고 크기 때문에 익히지 않더라도 이롭지 않음이 없다"[1]라고 했는데 직直은 구불구불하지 않는 것이고, 방方은 돌아가지 않는 것이다. 두 가지 도는 편소偏小함에 쉽게 빠지므로 반드시 넓고 크다면 움직임이 중中이 아닌 것이 없게 된다. 중은 사물에 응하는 좋은 도이기 때문에 사물이 왔을 때 비록 아직 학습하지 않았더라도 이 도를 지니고 행하면 또한 이롭지 않음이 없다.

注

1 『주역·곤괘』, 육이: 直方大, 不習無不利.[곧고 방정하고 커서 익히지 않아도 이롭지 않음이 없다.] 초육初六에서 이미 얻은 지혜로 저절로 바르고, 방정하고, 크게 되어, 이롭지 않음이 없는 것이 육이六二의 자리다.

: 도를 넓히고 크게 하면 움직임이 도에 적중中하게 된다.

033

君子學以聚之, 博極其實也; 問以辯之, 約於中也; 寬以居之, 廣大
自守也; 仁以行之, 公恕應物也.

"군자는 배워서 지식을 모은다."[1]라고 한 것은 그 실질을 널리 극대화한
것이고, "질문하여 변별한다."[2]고 한 것은 중에서 요약한다는 것이고, "관
대하게 거한다."[3]고 한 것은 스스로 지키는 것을 광대하게 한 것이고, "인
仁으로써 행한다."[4]고 한 것은 물에 응함을 공공연히 너그럽게 한다는 것
이다.

注

1 『주역·건괘』: 學以聚之.[배워서 모은다]

2 『주역·건괘』: 問以辯之.[물어서 분별한다]

3 『주역·건괘』: 寬以居之.[너그러움에 거한다]

4 『주역·건괘』: 仁以行之.[어질게 행한다]

군자의 학문에서 지식을 쌓고, 묻고, 관대하게 거하고, 인을 행하는
네 가지 중요한 점을 설명하였다.

034

大禹謨曰:「德惟善政, 政在養民, 水, 火, 金, 木, 土, 穀惟修, 正
德, 利用, 厚生惟和」. 謂之正德者, 率循禮義而彛倫攸敘, 即衣食
足而後知禮義也; 謂之利用者, 養生送死皆有所賴而無憾也; 謂之
「厚生」者, 各得盡其壽命而無艱難, 凍餒, 夭瘥之苦也. 蓋惟六府
之能修, 則自然三事之惟和, 故曰地平天成, 六府, 三事允治. 慈湖

楊氏以六府爲養民, 三事爲教民, 而以利用厚生皆有正德, 誤矣.

「대우모大禹謨」에 "덕德만이 정치를 잘 할 수 있고 정치는 백성을 잘살게 하는 데에 있으니 수水, 화火, 금金, 목木, 토土와 곡식穀이 잘 닦여지고,[1] 정덕正德과 이용利用과 후생厚生이 조화롭다."고 했다. '정덕正德'이라 한 것은 예의를 좇으면 변치 않는 도가 펼쳐진다는 것인데 곧 의식衣食이 풍족한 이후에 예의를 안다는 것이다. '이용利用'이라 한 것은 산 사람을 양육하고 죽은 사람을 보내는 것이 모두 의지한 바가 있어서 유감이 없다는 것이다. '후생厚生'이라 한 것은 각자 얻은 수명壽命을 다하고 힘들고 고생스러움, 춥고 배고픔, 병들고 요절하는 고통이 없다. 대개 육부六府[2]가 다스려지면 자연히 삼사三事[3]가 조화롭게 되기 때문에 "땅은 다스려지고 하늘은 이루니 육부와 삼사가 잘 다스려진다."[4]고 한 것이다. 자호慈湖 양씨楊氏[5]은 육부를 양민養民으로 여기고, 삼사三事를 교민敎民으로 여기며 이용후생利用厚生으로 모두 바른 덕을 지녔다고 했는데 잘못이다.

注

1 『서경집주 상』: "수水, 화火, 금金, 목木, 토土, 곡穀이 닦여졌다는 것은 수水는 화火를 이기고 화는 금金을 이기고 금은 목木,을 이기고 목은 토土를 이겨 오곡五穀을 생산하여 혹 서로 제재하여 지나치면 흘려보내고 혹 서로 도와 부족한 것은 보조하여 여섯 가지가 잘 닦여지는 것이다." 라고 설명하였다.

2 육부六府는 수水, 화火, 금(금), 목木 토土와 곡식을 말한다.

3 삼사三事는 정덕正德, 이용利用, 후생厚生을 말한다.

4 『서경·대우모 하』: 地平天成, 六府, 三事允治.[땅이 다스려지고 하늘이 이루어졌으며 육부와 삼사가 잘 다스려진다.]

5 자호慈湖 양씨楊氏는 양간(楊簡, 1140~1221)이다. 호가 자호慈湖이고 자는 경

중敬仲이며 육구연陸九淵을 스승 삼았다. 저서는 『기역己易』이 있다. 『송원학안·자호학안慈湖學案』에 나온다.

: 「대우모」에서 말한 정덕正德, 이용利用, 후생厚生을 논하였다.

035

先內以操外, 此謂之動心, 動心不可有; 由外以觸內, 此謂之應心, 應心不可無. 非不可無, 不能無也. 鑒之明, 不索照也, 來者應之矣; 能應矣, 未嘗留跡焉. 易曰 "無思也, 無爲也," 動心何有乎? 感而遂通天下之故, 固應心之不能無也. 喜怒者, 由外觸者也. 過於喜則蕩, 過於怒則激, 心氣之失其平, 非善養者也. 惟聖人虛心以應物, 而淡然平中焉. 故萬事萬物, 以理順應, 而無定情, 于跡也何有? 是故虛則公, 公則不爲己有, 不爲己有則不見其跡.

먼저 내부에서 외부를 조종하는 것을 동심動心이라 하는데 동심은 있을 수 없다. 외부로부터 내부를 촉발하는 것을 응심應心이라 하는데 응심은 없을 수 없다. 없어서는 안 되는 것이 아니라 없을 수 없는 것이다. 거울의 깨끗하여도 비출 것을 찾지 않으며 오는 것은 응해준다. 응할 수 있어도 자취를 남겨두지 않는다. 『역경』에 "생각을 없게 하고 행위를 없게 한다."[1]고 했는데 동심은 어디서 생기는가? "감응하여 마침내 천하의 일과 통한다."[2]고 한 것은 참으로 응심이 없을 수 없는 것이다. 기쁨과 분노는 외부로부터 촉발된 것이다. 기쁨에 지나치면 방탕해지고, 분노에 지나치면 격해져 심기心氣가 그 평정을 잃으니, 수양을 잘한 것이 아니다. 오직 성인만이 허심으로써 사물에 응하고 담담하고 평안하게 중심을 잡는다. 그래서 만사와 만물은 이치로써 순응하고, 정해진 정감이 없으니, 자취가 어찌 있겠는가? 이 때문에 허虛하면 공정하고, 공정하면 자신을 위해 소유하지 않으며, 자신을 위해 소유하지 않으면 그 자취를 볼 수 없다.

注

1 『역경·계사 상』: 無思也, 無爲也.[생각을 없게 하고 함을 없게 한다] 이는 아무 생각도 행위도 하지 않는 것이 아니다. 무사는 미발未發이고 무위는 정靜이다. 무사·무위는 동작이 일어나기 전 고요한 상태를 이른 말이다.

2 『역경·계사 상』: 寂然不動, 感而遂通天下之故[고요히 움직이지 않다가 느껴서 천하의 현상을 모두 통달한다.] 동심은 외물에 의해 흔들리는 마음이다. 행동이 밖으로 나가기 전 '미발'의 지극한 고요함 속에 움직이지 않다가 일단 감응이 생기면 교감이 일어난다. 외감外感하여 내응內應이 생기니 천하에서 그러한 원인과 통하게 된다.

동심은 있을 수 없고 응심은 없을 수 없다. 성인은 허심으로 사물을 응한다.

036

天之體在外者, 不可究測; 在內者, 可以數推理度. 以日進退爲寒暑, 以日出沒晝夜, 以極星爲主定南北. 天體之外, 運有南北東西, 則不可得而知.

천체天體 밖에 있는 것은 궁구하여 헤아릴 수 없다. 내부에 있는 것은 숫자로써 추리하고 이치로써 헤아릴 수 있다. 해의 진퇴로써 한서寒暑로 삼고 해의 일몰로써 주야晝夜로 삼고 극성極星[1]을 위주로 남북을 정한다. 천체의 밖에서 운행에 동서남북이 있다면 알 수 없다.

1 극성極星은 북극성과 남극성을 가리킨다.

천체의 안은 숫자로써 이치로써 헤아릴 수 있지만 천체의 밖은 예측할 수 없다.

037

君子與小人同朝, 則小人常勝. 何以故? 君子惟義是嗜, 故守道而不渝; 存心仁恕, 故與物而不害; 不與人私競, 有所競者, 公家之事耳, 非求利己焉, 故一不得意於人, 則奉身而退, 而小人乃得志矣. 小人惟利是嗜, 故犯義而不恥; 存心妬忌, 故隱忍以害物; 好爲諂媚, 以取悅於上, 故有不得於人, 則合黨以交訴, 而君子遂受屈矣. 自古盡然, 唐之牛, 李, 宋元佑, 紹聖之際, 可以覩矣. 是故人主爲國遠圖, 當急於君子小人之辯. 或曰: 世之人嗜利者多而守道者少, 如小人衆而君子寡何? 曰: 此在轉樞之機得其道耳. 世之人豈固欲爲小人哉? 中人之可以上下者, 逢其時而變耳. 使君子得君信任而在高位, 則引拔者皆君子, 其中人從時而變, 亦皆君子之流矣. 故曰, "舜有天下, 選於衆, 擧皐陶, 不仁者遠", 此之謂也. 此轉樞之得其道也.

군자와 소인이 함께 조정에 있으면 소인이 항상 승리한다. 무엇 때문인가? 군자는 오직 의를 좋아하기 때문에 도를 지키며 어기지 않는다. 존심存心이 인仁하고 서恕하기 때문에 사물과 더불어 해치지 않는다. 남과 더불어 사사로이 다투지 않고 다투는 바는 공적인 일과 가정의 일일 뿐이고, 자신의 이익을 구하지 않기 때문에 한 가지 일이라도 남에게 뜻을 얻지 못하면 몸을 받들고 물러나니 소인이 이에 뜻을 얻게 된다. 소인은 오직 이익을 좋아하기 때문에 의로움을 범해도 수치스럽게 여기지 않는다. 마음에 투기妬忌가 존재하기 때문에 드러내지 않고 남을 해친다. 즐겨 아첨하여서 윗사람을 즐겁게 하여 남에게서 용납되지 못한 바가 있는데 무리를 모아서 서로 비난하니 군자는 마침내 굴복한다. 예로부터 다 그러하였으니, 당唐나라 우승유와 이덕유의 당쟁과[1], 송宋나라 원우元祐와 소성紹聖[2] 연간에 볼 수 있다. 이 때문에 군주는 나라를 위한 원대한 도모를 하며 마땅히 군자와 소인의 변별을 급선무로 해야 한다. 어떤 사람이 말하기를 "세상에는 이익을 좋아하는 자들이 많은데 도를 지키는 자들은 적고, 소인들은 많으나 군자들은 적으니 어찌할 것인가?"라고 했다. 대답하기를 "이는 근원을 돌린 기미[機]에 달려있으니, 그 도를 얻을 뿐이다. 세상 사람들이 어찌 참으로 소인이 되고자 하겠는가? 중인中人은 상자上者도 될 수 있고 하자下者[3]도 될 수 있는데 때를 만남에서 달라질 뿐이다. 만일 군자가 임금의 신임을 얻어서 고위高位에 있게 되면 이끌어 발탁한 자들은 모두 군자들이고, 그 중인은 때에 따라 변하니 또한 모두가 군자의 부류가 된다. 그래서 '순舜이 천하를 지니고 정치할 인재를 무리 중에서 선발했는데 그 사람은 고요皐陶였고 불인不仁한 자들은 멀리했다.'라고 했는데 이것을 말한 것이다. 이것은 근원을 돌려 그 도를 얻은 것이다."라고 했다.

注

1 당나라 후기 우승유牛僧孺와 이덕유李德裕가 정치적으로 팽팽하게 대립하여 이들을 둘러싼 당쟁을 '우이당쟁牛李黨爭'이라 불렀다.

2 원우元祐와 소성紹聖은 구법당과 신법당의 갈등을 말한다. 1085년 신종

이 사망하면서 10세의 철종哲宗이 황위에 올랐고, 이에 신종의 어머니인 선인태후宣仁太后가 수렴청정을 통하여 정권을 확보하였다. 이때가 원우(元佑, 1086~1093) 연간이고 신종시기 왕안석에 의해 마련된 신법을 차례대로 폐지하였다. 1093년 선인태후가 사망하고 철종이 친정親政을 하면서 소성(紹聖, 1094~1098) 연간이라 하고 다시 신법을 실시하였다.

3 『논어·양화』: 子曰, 唯上知與下愚不移.[공자가 말하기를, 타고난 상지上知와 하우下愚는 옮겨 갈 수 없다] 라고 한 것을 왕정상은 중간에 있는 사람은 때를 잘 만나면 그 시세에 따라 상지로 옮겨 가기도 하고 하지로 떨어지기도 한다고 하였다.

군자와 소인의 다른 점을 논했다. 군자와 소인의 중간에 있는 사람의 경우는 때를 만나 근원을 돌려 도를 얻으면 군자로 전환할 수 있다.

038

能知富貴功業非吾身之常, 憎愛哀樂皆外感之跡, 則泰宇靜定, 隨處皆足自修, 而聽於天者在其中矣.

부귀와 공훈과 업적은 내 자신의 일상이 아니고, 증애憎愛와 애락哀樂은 모두 외부 감응의 흔적인 것을 안다면 태우泰宇[1]는 고요히 안정되고 가는 곳마다 모두 스스로 수양한 것을 만족해하니 하늘에서 듣는 것이 그중에 있다.[2]

注

1 태우泰宇는 큰 집으로 천하이며 큰 그릇의 뜻이다. 또 마음이 태평하고 안정된 자를 말한다.

2 『장자·경상초』: 宇泰定者, 發乎天光. 發乎天光者, 人見其人. 人有修者, 乃
　今有恒. 有恒者, 人舍之, 天助之.[마음이 태연히 안정되어 있는 이는 안
　에서부터 자연의 빛 천광天光이 나온다. 천광이 빛나는 사람은 자신의
　참모습을 드러낸다. 도덕을 닦은 사람은 마침내 일정함을 갖추게 되니
　일정함을 갖춘 사람은 사람들이 귀의하고 자연이 도와준다.]

　부귀, 공훈, 업적 등은 늘 내 것이 아니고 증오, 사랑, 슬픔, 즐거움은
　모두 외부 감응의 흔적이다.

039

天之氣有善有惡, 觀四時風雨, 霾霧, 霜雹之會, 與夫寒暑, 毒癘,
瘴疫之偏, 可覩矣. 況人之生, 本於父母精血之輳, 與天地之氣又隔
一層. 世儒曰: 人稟天氣, 故有善而無惡, 近於不知本始.

하늘의 기氣에는 선善이 있고 악惡이 있어 사시四時를 보면 비바람, 흙비와
안개, 서리와 우박이 만날 때 추위와 더위와 함께 나병이나 전염병이 퍼
지는 것을 볼 수 있다. 하물며 사람의 생生은 부모의 정혈精血이 모인 것에
근본을 두고 천지의 기氣와는 한 층層 더 간극이 있다. 세상의 유학자가
"사람은 천기天氣를 받았기 때문에 선은 있고 악이 없다."[1]고 말하는 것은
근원의 처음을 모르는 것에 가깝다.

注

1 『하남정씨유서·이정집』, 318p: 程頤說, 稱性之善謂之道, 道與性一也,[정
　이가 말했다. 성이 선한 것을 도라고 한다. 도와 성은 하나다.]라고 하
　였는데 『주자어류』(북경, 중화서국, 1983), 권5: 性是天生成許多道理. 性則純是

善的.[성은 타고나며 많은 도리를 생성한다. 성은 순수하고 선한 것이다]라고 주희가 번역하였다.

  : 사람은 하늘의 기를 품수받아 선도 있고 악도 있는데 유학자들이 거
  : 의 근원의 처음을 잘 몰랐다.

040

改局面, 新紀綱, 期月可也; 政宣流而無滯, 人安和而向化, 非三年
則不能. 蓋雖聖人在位, 其酌時順事必年久而後議擬定效驗集也.
舜典三載考績, 三載黜陟幽明, 亦此.

국면을 바꾸고 기강을 새롭게 하는 것은 몇 달의 기한으로 이룰 수 있다.
정치가 행하여지는 데 막힘이 없고, 사람들이 안정되고 편안하여 교화되
는 것은 삼 년이 아니면 할 수 없다. 그것은 비록 성인이 재위에 있다고
하더라도 그 시기를 짐작하고 일을 따르는 것은 반드시 세월이 오래된 후
에야 의론이 정해지고 효험이 모이게 된다. 「순전舜典」에 "삼 년은 치적을
살피고, 삼 년이 지나면 무능한 자는 내쫓고 현명한 자는 승진시킨다."[1]라
고 한 것은 또한 이것이다.

注

1 『서경·순전舜典』: 三載考績 三考 黜陟幽明 庶績咸熙.[3년에 한 번씩 성
  적을 고과하고 세 번 고과한 다음 능력 없는 자를 내치고 현명한 자를
  승진시키니 여러 일들이 모두 제대로 되었다.]

  : 정치가 행하여지는 데 막힘이 없고 사람들이 안정되고 편안하여 교

화되는 것은 삼 년 걸린다.

041

三重有聖人之德, 非愚而自用也. 在天子之位, 非賤而自專也. 用當世之所宜, 非生今反古也. 此謂之寡過.

'삼중三重[1]'은 성인이 지닌 덕인데 어리석으면서 제멋대로 하는 것이 아니다. 천자天子의 지위에 있는 것은 백성을 천히 여기면서 멋대로 하는 것이 아니다. 당세當世의 마땅한 바를 사용하는 것은 지금에 태어나서 옛날로 돌아가는 것이 아니다. 이것은 허물이 적음[2]을 말한다.

注

1 삼중三重은 의례議禮, 제도制度, 고문考文을 가리킨다.『중용』, 28장: 非天子, 不議禮 不制度, 不考文.[천자가 아니면 예를 의논하여 정할 수 없고 제도를 제정할 수 없고 문서를 살펴 정할 수 없다]

2 『중용』29장 : 王天下有三重焉, 其寡過矣乎.[천하를 다스림에는 세 가지 중요한 것이 있으니 그렇게 하면 허물이 적을 것이다] 여기서 세 가지 중요한 것은 의례議禮, 제도制度, 고문考文이다.

『중용』에서 성인의 덕을 논한다.

042

程子曰: 古者, 蔔筮將以決疑也. 今之蔔筮則不然, 計其命之窮通, 校其身之達否而已矣. 噫, 亦惑矣!

정자가 말하기를 "옛날에는 복서卜筮로써 의혹을 해결하고자 했다. 지금의 복서는 그렇지 않고 그 명命의 궁하고 통함을 헤아리고 자신이 달성할지 아닌지의 가부를 따져보려는 것일 뿐이다. 아, 또한 미혹하구나!"

> 옛날에는 점을 쳐서 의혹을 해결하려고 하였으나 지금은 자신의 현달을 천명의 궁통으로 헤아린다. 이는 잘못된 것이다.

043

傳孔子之道者, 曾子, 子思, 孟子, 以三子皆有書也. 顔子幾於聖人. 以論語所載觀之, 眞得仲尼之道者, 顔子一人而已.

공자孔子의 도를 전한 자는 증자曾子, 자사子思, 맹자孟子인데 세 사람은 모두 서책이 남아있다. 안자顔子는 성인에 가깝다. 『논어』에 실려 있는 것을 보면 참으로 중니仲尼의 도를 얻은 사람은 안자 한 사람일 뿐이다.

> 공자의 도를 책에 써서 후대에 전한 사람은 증자曾子, 자사子思, 맹자孟子이나 『논어』에서 공자의 도를 이은 사람은 안연顔淵 한 사람으로 말하고 있다.

044

生也, 性也, 道也, 皆天命也, 無敎則不能成. 老, 莊任其自然, 大亂之道乎!

생生과 성性과 도道는 모두 천명天命인데 가르침이 없으면 이룰 수 없다.

노자老子와 장자莊子는 그것을 저절로 그러함에 맡겼으니, 대란大亂의 도이다!

> 태어남, 본성, 도는 모두 천명이나 이루어지고 살아가며 교육을 받아 덕을 수양해야 도가 이루어진다. 하지만 노장의 도는 저절로 그러함이라 하니 잘못되었다.

045

彼犯我也是, 則吾自反不暇; 彼犯我也非是, 則其過在彼. 此顏子所以不校.

저것이 나를 범한 것이 옳다면 나는 스스로 반성하는 데에 쉴 틈이 없다. 범[彼]이 나를 범하는 것이 옳지 않다면 그 허물은 저것에 있다. 이는 안자顏子가 비교하지 않는 까닭이다.

> 안자는 남들이 나를 해치면 잘못이 나에게 있다고 반성하였다.

046

溫和而不暴戾, 良善而不險狠, 恭敬而不患肆, 儉約而不多欲, 謙讓而不好勝, 此聖人之盛德也. 學能體之, 則於人也無往而不感矣, 又何以他學爲哉?

온화하면서 포악[暴戾]하지 않고 선량하면서 모질고 독하지 않고 공경하면서 방자하지 않고 검약하면서 많은 욕심을 부리지 않고 겸양하면서 남을 이기는 것을 좋아하지 않는 것¹은 성인의 성덕盛德이다. 배워서 체득한 다면 남에게는 가지 않아도 유감으로 여기지 않을 것이다. 또 어찌 다른 학문을 배울 것인가?

注

1 『논어·학이』: 子貢曰, 夫子溫, 良, 恭, 儉, 讓以得之. 夫子之求之也. 其諸 異乎人之求之與? [자공이 대답하기를, "선생님께서는 온화하시며 선량하시고 공손하시며 검소하시며 남에게 양보하심으로써 얻으십니다. 선생님의 구하는 방식은 다른 사람들의 구하는 방식과 다릅니다."]

: 온화[溫], 선량[良], 공경[恭], 검약[儉], 겸양[讓]은 성인의 참된 덕이다.

047
今之人, 行有害於義理, 則安然處之而不悔; 事有損于富貴, 則終日 戚戚而不樂.

지금 사람들은 행실이 의리에서 해침이 있으면 편안히 처신하며 후회하지 않는다. 하지만 일이 부귀에 손상을 주면 종일 근심하며 즐거워하지 않는다.

: 지금 사람들은 의리보다 부귀를 중요하게 여긴다.

048
毋意, 不先有意向; 毋必, 不期必成事; 毋固, 不固執必行; 毋我, 不

求利己.

무의毋意는 미리 의향意向을 갖지 않는 것이고, 무필毋必은 일의 이루어짐
을 반드시 기약하지 않는 것이고, 무고毋固는 반드시 행할 것을 고집하지
않는 것이고, 무아毋我는 자기에게 이익이 될 것을 구하지 않는 것이다.[1]

注

1 『논어·자한子罕』: 子絶四, 毋意, 毋必, 毋固, 毋我.[공자는 네 가지 태도를
하지 않았는데, 마음대로 억측하지 않고, 기필코 하겠다는 마음을 갖
지 않으며, 고집을 부리지 않고, 자기만을 내세우지 않았다]

: 무의毋意, 무필毋必, 무고毋固, 무아毋我의 사무四毋를 논했다.

049

天下無一物能動其心, 則無一物宅於心. 死生大矣, 順而不計; 有
天下不與, 又不足云也. 無一物宅於心, 則虛, 則明, 則正, 則公, 則
和, 研慮處物, 罔非順應矣.

천하에 그 마음을 움직일 수 있는 한 가지 사물도 없다면 마음에 머무를
한 가지 사물도 없다. 사생死生은 큰일이지만 따르면서 계산하지 않는다.[1]
천하를 소유하고도 연연해하지 않은 것은 또 말로 하기에 부족하다.[2] 마
음에 머무를 한 가지의 사물조차 없으면 마음이 비워지고[虛], 밝아지고
[明], 바르게 되고[正], 공정해지고[公], 조화롭게[和] 되니 연구하고 사려하여
사물을 처리하는데 순응하지 않음이 없다.

1 『장자·덕충부』: 仲尼曰, 死生亦大矣, 而不得與之變, 雖天地覆墜, 亦將不與之遺.[중니가 말하길, "죽고 사는 것 또한 중요하지만, 그것과 더불어 변하게 할 수 없고, 비록 하늘과 땅이 뒤집히고 무너지더라도, 또한 장차 그것과 함께 떨어지지 않을 것이다."]

2 『논어·태백泰伯』: 子曰, 巍巍乎, 舜禹之有天下也, 而不與焉.[공자가 말하기를, "위대하다! 순임금과 우임금은 천하를 소유했지만 그것에 연연하지 않았다."] 『맹자·등문공滕文公』: 孔子曰, 大哉堯之爲君, 惟天爲大, 惟堯則之, 蕩蕩乎民無能名焉, 君哉舜也, 巍巍乎有天下而不與焉.[공자가 말하시기를, "위대하도다 요의 임금 노릇함이여! 오직 하늘만이 위대하거늘 요임금이 이것을 본받았으니, 탕탕하여 백성들이 능히 덕을 형용할 수가 없도다! 인군답다 순이여! 외외하여 천하를 소유하고도 관여하지 않았다."]

마음을 움직일 수 있는 사물이 없다면 마음에 머물 사물도 없다. 그래서 비워지고 밝아지며 공정해지고 조화롭게 된다.

050

君上節儉, 則取於民者寡, 故民蓄積富足, 樂以養生, 有事則鄰里親戚守望相助, 孰肯舍其安逸而他適? 人君侈費無度, 常賦不充, 必至加斂暴征, 則民之蓄積耗而生計微, 生計微則家貧無所戀愛矣. 以無所戀愛之心, 加之以貪官狡吏之摧楚, 其不舍其邑里耕桑而去者幾希矣! 去則流離失業, 困極爲盜, 勢所必至, 此黃巾紅巾之患所由起也.

군주가 검소하며 절약하면 백성에게서 취하는 것이 적기 때문에 백성은 부를 축적하기 충분하니 즐겁게 양생하고, 일이 있으면 이웃 마을의 친척들이 지켜보며 서로 도우니, 누가 그 편안함을 기꺼이 버리고 다른 곳으로 가려고 하겠는가? 군주가 사치스럽게 소비하면서 절도가 없으면 정해진 세금으로 충당할 수 없기 때문에 반드시 더 가혹하게 징수하게 되니, 축적한 부는 소모되고 생계는 미약하게 된다. 생계가 미약하게 되면 집이 가난하여 서로 사랑할 바가 없게 된다. 사랑할 마음이 없게 되었는데 탐관貪官과 교리狡吏의 매질이 가해지면 그 읍邑과 리里에서 논농사, 뽕나무 기르는 것 버리고 떠나지 않을 자는 거의 드물 것이다. 떠나가면 떠돌며 생업을 잃고 곤궁함이 극에 달하면 도둑이 되는 사세事勢가 반드시 이르게 하는 것이다. 이는 황건黃巾[1]과 홍건紅巾[2]에 대한 근심이 일어나게 된 이유이다.

注

1 황건黃巾은 동한 말 장각張角 등이 일으킨 의병이다.
2 홍건紅巾은 원말에 한산동韓山童이 일으킨 의병이다.

군주가 절약하면 백성은 부를 축적할 수 있어 그 땅에서 즐겁게 살아간다.

051

宰輔須要識道曉事, 燭治亂安危之機, 具幹旋通變之才者, 方有濟救匡益之功. 徒取夫無用文藝之名, 以置諸裁割庶政之位, 倘際夫危疑強硬之變, 必不出因循委靡之圖. 何也? 無遠機長眒, 徒快於目前事, 即有達才, 亦乖次無緒矣. 所謂文人靡靡, 不閑經世, 其此之謂矣.

재상은 도를 알고 일에 밝은 것을 반드시 요구하는 데 치란과 안위安危의
기미를 밝히고, 변화를 통하도록 중재하는 재능을 갖춘 자가 바야흐로 백
성을 구제하고 일을 바로잡고 이익을 주는 공이 있게 된다. 한낱 쓸모없
는 문예文藝의 명성만을 취하여 여러 정사를 처리하는 지위에 둔다면 만
약 위기에 처하여 강경한 국면이 의심된다면, 그저 미궁에 빠뜨리는 계책
을 제시할 수밖에 없다. 무엇 때문인가? 그들은 장기적인 식견이 없이 한
낱 눈앞의 일만 좋아하니 곧 재주가 있더라도 또한 두서가 없을 것이다.
이른바 문인文人이 미미靡靡하여 경세經世에 익숙하지 못한 것은 아마 이것
을 말한 것일 것이다.

> 재상은 도를 알고 일에 밝아야 하며 변화를 통하도록 중재하는 재주
> 가 있어야 한다.

052

老, 莊謂道生天地, 宋儒謂天地之先只有此理, 此乃改易面目立論
耳, 與老, 莊之旨何殊? 愚謂天地未生, 只有元氣, 元氣具, 則造化
人物之道理卽此而在, 故元氣之上無物, 無道, 無理.

노자와 장자는 도가 천지를 낳았다[1]고 했고, 송나라 유학자는 천지의 이
전에는 단지 이치[理]만 있었다고 했다. 이는 곧 모습을 바꾸어서 논의를
세운 것일 뿐이니, 노자와 장자의 뜻과 무엇이 다르겠는가? 나는 천지가
생기기 전에는 다만 원기元氣가 있었다고 여긴다. 원기가 갖추어지자, 조
화와 인물의 도리는 이로써 있게 되었기 때문에 원기 이전에는 물物도 없

고, 도道도 없고, 리理도 없었다.

注

1 『도덕경』, 12장: 道生一, 一生二, 二生三, 三生萬物.[도가 하나를 낳고 하
나가 둘을 낳고 둘이 셋을 낳고 셋이 만물을 낳는다.] 또 『장자·천도』:
夫道於大不終, 於小不遺, 故萬物備. 廣廣乎其無不容也, 淵乎其不可測
也.[도는 아무리 큰 것을 수용해도 다하지 아니하고 아무리 작은 것이
라도 빠뜨리지 않는다. 그 때문에 만물이 여기에 갖추어져 넓고 넓어
서 용납하지 않음이 없고 깊고 깊어서 헤아릴 수 없다.]

: 천지가 생기기 전에는 다만 원기元氣가 있었다.

053

高談往跡, 遠於事情, 此書生之迂闊; 致飾彌文, 罔益實政, 此庸人
之擾攘. 一則寡神識於通變, 一則務虛名而多事, 要於道化相遠.

지난 행적을 수준 높게 담론하는 것은 일의 정황과 거리가 먼데 이는 선
비가 사리에 어두운 것이다. 글을 꾸미는 것은 실정實政에 보탬이 되지 않
는데 이는 범인들이 떠드는 것이다. 하나는 변화를 통하는 신식이 적고,
하나는 유명무실에 힘써서 일을 많게 하니, 요컨대 도로 교화하는 것과는
거리가 멀다.

: 지난 행적을 담론하려면 선비들이 변화에 통하는 능력이 있고 도로
: 백성을 교화해야 한다.

054

志不存乎天下者, 不可以言用; 學不本之經術者, 不可以言治; 政不
要之安民者, 不可以言仁.

뜻을 천하에 두지 않는 자는 기용을 말할 수 없고, 학문이 경술을 근본하
지 않는 자는 다스림을 말할 수 없다. 정치에 안민安民을 구하지 않는 자
는 인仁을 말할 수 없다.

> 뜻이 천하에 있으면 경전에 대한 학술을 배우고 정치함에서는 안민
> 安民을 구해야 한다.

055

聖王不作, 治安之道不興; 聖賢弗庸, 治亂之機弗察. 故逞兵力, 好
貨財, 崇土木, 嗜祥瑞, 輕民命, 而禍變危亡之災稔矣.

성왕聖王이 일어나지 않으면 치안治安의 도가 일어나지 않고, 성현聖賢을
등용하지 않으면 치란治亂의 기미를 살필 수 없다. 그래서 병력을 과시하
고 물자를 좋아하고 토목을 숭상하고 길한 조짐을 좋아하며 백성의 목숨
을 가볍게 여기니 화가 위태롭고 망하게 변해가는 재앙이 쌓인다.

> 성현을 기용하지 않으면 치란의 기미를 살필 수 없다.

056

易雖有數, 聖人不論數而論理, 要諸盡人事耳, 故曰得其義則象數

在其中. 自邵子以數論天地人物之變, 棄人爲而尚定命, 以故後學
論數紛紜, 廢置人事, 別爲異端, 害道甚矣.

『역경』에 비록 수數가 있지만 성인은 수를 논하지 않고 리理를 논하여 인
사人事를 다 하기를 바랐을 뿐이다. 그래서 "그 뜻을 얻으면 상수象數가 그
안에 있다."고 했다. 소자邵子[1]가 수로써 천지와 인물의 변화를 논한 후부
터 인위人爲를 버리고 정명定命을 숭상하게 되었기 때문에 후학後學들이 수
를 논한 것이 분분해졌고, 인사人事를 폐하여 방치하고 별도로 이단異端을
만드니 도를 해친 것이 심했다.

注

1 소자邵子는 소옹(邵雍, 1011~1077)이며 호는 강절康節이다. 북송의 성리학자
   이며 『역경』을 연구하면서 수數가 모든 존재의 기본이라는 상수학 이
   론을 만들었다.

   소옹이 수로써 천지와 인물의 변화를 논한 후부터 인위人爲를 버리고
   정명定命을 숭상하게 되었다.

057

禮言喪三年不祭, 惟天地社稷, 爲越紼而行事. 謂之越紼, 尚在殯宮
也. 斯時也, 衰斬苴惡, 擗痛荼毒, 安能改致齊敬, 以嚴祭事? 雖天
地社稷, 禮不可廢, 亦可以攝而行之也. 吉凶異道, 喪祭異情, 越 紼
而行, 情實頓變, 於誠有礙, 不如攝也.

『예기』에 "상喪 중에는 3년간 제사를 지내지 않고 오직 천지天地와 사직社

稷¹에만 월불越紼하여 행사한다."²고 했다. 월불이라 한 것은 여전히 관을 안치해 둔 것이다. 이때에는 최참衰斬과 저악苴惡³ 차림으로 가슴을 치며 괴로워하는데 어떻게 바꾸어 제계하고 공경을 다하여 제사를 엄숙히 하겠는가? 비록 천지와 사직이라도 예를 폐할 수 없기 때문에 또한 대신하여 행할 수 있다. 길흉은 다른 도이고, 상제喪祭는 다른 정情인데 월불하여 행한다면 진정성이 갑자기 변하므로 정성에 막힘이 있게 되니 대신하는 것만 못하다.

注

1 『예기·왕제王制』: 惟天地社稷一句, 원문에는 '惟祭天地社櫻[오직 천지 사직에 제사지낸다]'로 나온다.

2 『예기·왕제王制』: 喪三年不祭 唯祭天地社稷 爲越紼而行事.[상중에는 3년 동안 제사를 지내지 않고 오직 천지와 사직의 제사만을 지내되, 월불하여 제사를 지낸다] 월불越紼은 상여 줄을 넘는다는 뜻인데 옛날 왕실王室에서 천지 사직天地社稷은 그 품계가 산천山川보다 높기 때문에 왕王이나 후后의 상喪이 끝나기 이전이라도 상례를 넘어서 제사 지낼 수 있다는 뜻이다.

3 『예기·간전間傳』: 斬衰何以服苴, 苴惡貌也. 所以首其內而見諸外也. 斬衰貌若苴. 齊衰貌若枲. 大功貌若止, 小功緦麻容貌可也. 此哀之發於容體者也.[참최斬衰는 어찌해서 암삼복을 입는가? 암삼은 흉한 모양이다. 애통한 정이 안에서 일어나서 밖에 드러나기 때문이다. 참최의 모양은 암삼과 같다. 자최齊衰의 모양은 수삼과 같다. 대공大功의 모양은 가라앉은 모양과 같고, 소공小功, 시마緦麻는 용모가 평상과 같아야 한다. 이것은 슬픈 것이 용체에 일어나는 것이다.] 상복은 참최斬衰·자최齊衰·대공大功·소공小功·시마緦麻의 5가지 복식이 있는데 그중 참최는 가장 무거운 상복이다. 가장 두꺼운 생삼 베로 만든다. 상복 상의를 최衰라고

하며 상복을 입는 기간이 3년이다. 저악苴惡은 암컷 삼[麻]인 암삼으로 복服을 지어 입는 것을 말한다. 저苴는 씨가 있는 마麻로서 색깔은 청흑靑黑이다.

천지와 사직 제사는 월불하여 행사한다. 정성을 다하여야 한다.

058

愼終追遠, 程子曰不止爲喪祭, 何也? 蓋人能愼終, 則有始有卒; 人能追遠, 則無遐遺, 皆厚之道也. 豈不感人?

『논어』에 "장례를 신중히 치르고 조상에게 제사를 지낸다."[1]라 했고 정자程子가 "상제喪祭를 위함에 그치지 않는다."[2]고 했다. 무엇 때문인가? 대개 사람은 장례를 신중히 지낸다면 처음이 있고 끝이 있게 되고, 사람이 조상 제사를 지낼 수 있으면 돌보지 않거나 멀리 버려두지 않는 것이니 모두 두터운 도이다. 어찌 다른 사람을 감동케 하지 않겠는가?

注

1 『논어·술이述而』: 愼終追遠, 民德歸厚矣.[장례를 후하게 지내고 제사를 잘 모시면 선한 덕성이 두터워질 것이다.]
2 정자程子는 정이천程伊川이다. 정이천이 "愼終追遠不止.[상제를 위함에 그치지 않는다.]"고 하였다.

장례를 후하게 치르고 조상에게 제사를 지내면 남을 감동케 할 수 있다.

059

桓魋其如予何? 孔子知天; 微服過宋, 孔子知人. 知及, 仁守, 莊涖,
禮動, 不止爲政, 凡有所作, 始終不可缺一.

『논어』에 "한퇴桓魋가 나를 어찌 하겠는가?"[1]라고 한 것은 공자가 천명을
안 것이다. "미복微服 차림으로 송宋나라를 지나갔다."[2]고 한 것은 공자가
사람을 알아본 것이다. "지급知及, 인수仁守, 장리莊涖, 예동禮動"[3] 등은 정치
를 하는 데에 그치지 않고 모두 작용하는 바가 있으니, 처음부터 끝까지
하나라도 결핍해서는 안 된다.

注

1 『논어·술이述而』: 子曰 天生德於予, 桓魋其如予何.[공자가 말했다. 하늘
이 나에게 덕을 내려주셨으니, 환퇴가 나에게 어찌할 수 있겠느냐]

2 『맹자·만장상萬章上』: 微服而過宋. 是時孔子當阨.[허름한 옷을 입고 송나
라를 빠져나갔다. 이 시기에 공자가 액운을 당한 것이다]

3 『논어·위령공』: 知及之, 仁能守之, 不莊以涖之, 動之不以禮, 未善也.[지
식이 거기에 미치고 인仁이 그것을 지킬 수 있고, 장엄함으로 그것에
임하더라도 행동을 예로써 하지 않으면 선하지 않다.]

지식이 미치고 인이 행해지고 장엄하게 임하고 예로 행동하는 것은
정치를 위해 하나라도 결핍될 수 없다.

060

善人雖資性美好, 若不循守聖人已行之跡, 亦不能入聖人之室, 言
人當貴學也.

선인善人이 비록 자질과 성품이 좋을지라도 성인聖人이 이미 행한 자취를 쫓아서 지키지 않는다면 또한 성인의 실室로 들어갈 수 없다고 한 것은 마땅히 학문을 귀하게 여겨야 함을 말한 것이다.

⋮ 타고난 자질이 있어도 공부해야 한다.

061

灌地以降神, 凡祭皆先如此. 灌後, 禮度各別. 魯僭天子之祭, 灌後皆非所宜行, 故孔子曰: 禘自既灌而往, 吾不欲觀之.

강신주로 울창주[1]를 땅에 뿌리는데 대개 제사는 모두 이같이 우선한다. 울창주를 뿌린 후의 예와 방도는 각기 다르다. 노魯나라는 천자天子의 제사를 참월하여 울창주를 뿌린 후는 모두 마땅히 행한 바가 아니었기 때문에 공자가 "체禘 제사에 울창주를 뿌린 후부터 나는 보고 싶지 않다."[2]라고 하였다.

注

1 울창주鬱鬯酒는 청주에 울금을 넣어 끓여 울금향이 나도록 빚은 일종의 가향주加香酒로, 신을 강림하게 하기 위한 술로 사용된다.

2 『논어·팔일八佾』: 禘自既灌而往者, 吾不欲觀之矣.[체禘제사에 강신주를 따른 뒤로부터는 내 보고 싶지 않다] 관灌은 신을 청하기 위해 땅에다 술을 붓는 의식이다. 이때 술을 강신주降神酒라 하고 주로 울창주鬱鬯酒를 강신주로 썼다.

⋮ 강신주를 땅에 뿌리는 예와 방도는 각기 다르다.

062

殷因于夏禮, 周因于殷禮, 言制當代之禮, 皆因襲前代已然之跡爲
之也. 其中未免猶有損益. 今取二代之禮觀之, 何者是損處? 何者
是益處? 皆可知之. 則繼周而王者, 雖千萬世之禮, 不過如此而已
矣. 註恐未善.

"은殷나라는 하夏나라 예禮를 인습했고, 주周나라는 은나라 예를 인습했
다."고 했는데 당대의 예를 제정한 것은 모두 전대에 이미 그러했던 자취
를 인습하여 행한 것을 말한 것이다. 그중에 오히려 손익이 있음을 면하
지 못한다. 지금 이대二代의 예를 취하여 살펴보면 무엇이 손해 되는 곳이
고, 무엇이 이익이 되는 곳인지를 모두 알 수 있다. 주周나라를 계승한 왕
자王者는 비록 천만세千萬世의 예일지라도 불과 이와 같을 뿐이다. 주註를
달아 해석함이 좋지 않을까 두렵다.[1]

注

1 주註가 좋지 않을까 두렵다[注恐未善]고 한 4글자는 왕정상의 글이다.

> 은나라는 하나라의 예를 인습하고 주나라는 은나라의 예를 인습했
> 다. 왕정상은 주나라의 예를 계승했다.

063

立法者, 聖人也. 法久必敝, 勢也. 使聖人在, 亦必救而更張之. 非
救法也, 所以救社稷也. 執先王成憲, 謂不可改, 且以恐人者, 亂道
也, 奸人也. 由夫斯人之徒也, 其如社稷何? 宋神宗, 荊公, 後世議
之不實, 何也? 曰: 彼以財利言, 非救弊也. 變之迫, 非以漸也.

법을 세우는 자는 성인聖人이다. 법이 오래되면 반드시 폐단이 되는 것은 세勢 때문이다. 성인이 있게 되어도 또한 반드시 구제하고 개혁해야 한다. 법을 구제하려는 것이 아니라 사직社稷을 구제하려는 까닭이다. 선왕이 만든 법을 고집하며 고칠 수 없다고 하고 또한 남을 두렵게 하는 자는 도를 어지럽히는 것이고, 간인奸人이다. 이런 사람의 무리로부터 사직이 어떠했던가? 송宋나라 신종神宗[1]과 왕안석[2]은 후세의 논의가 받아들이지 않았는데 무엇 때문인가? "저들은 재리財利로써 말했고 폐단을 구제한 것이 아니다. 변화가 급박했고, 점진적으로 바꾸지 않았다."

注

1 신종神宗은 조욱(趙頊, 1048~1085)이며 북송 6대 황제이다. 신종 때 왕안석은 서민이 부담해야 하는 세금의 문제점을 개혁하기 위해 변법인 신법을 세웠다.

2 형공荊公은 왕안석(王安石, 1021~1086)이다. 형국공荊國公에 봉해져 형공이라 불렸다. 신종시기 참지정사參知政事를 맡았고 신법을 실행했던 인물이다.

법이 오래되면 반드시 낡아졌으니 새롭게 개혁해야 하는데 점진적으로 추진해 나가야 한다.

064

風雨者, 萬物生成之助也; 寒暖者, 萬物生殺之候也. 物理亦有不然者, 不可執一論也. 雨在春雖能生物, 過多亦能殺物. 諸物至秋成實, 雨固無益, 諸麥諸菜亦藉雨而生, 安謂秋雨枯物? 風, 春則展, 秋則落, 物理自展自落耳. 松, 檜, 桂, 柏凌冬蒼鬱, 秋風能落之乎?

由是觀之, 皆由物理, 匪風而然.

바람과 비는 만물의 생성을 돕는다. 춥고 따뜻함은 만물을 낳고 죽이는 징후이다. 만물의 이치는 그렇지 않은 것이 있어서 한 가지 의론만 고집할 수 없다. 비가 봄에 오면 비록 생물을 낳을 수 있지만 과다하면 또한 만물을 죽일 수 있다. 여러 생물은 가을이 되면 열매를 맺는데 이때의 비는 참으로 무익하다. 보리와 채소들은 또한 비의 도움으로 자라는데 어찌 가을비가 사물을 마르게 한다고 말하는가? 바람이 불면 봄에는 자라고, 가을에는 떨어진다. 만물의 이치가 스스로 자라고 스스로 떨어질 뿐이다. 소나무, 노송나무, 계수나무, 측백나무는 겨울을 이겨내고 푸르게 울창한데 가을바람이 떨어뜨릴 수 있겠는가? 이로 보건대 모두 만물의 이치로 연유한 것이고 바람이 그렇게 하는 것이 아니다.

> 바람과 비는 만물 생성을 돕지만 그렇지 않은 경우도 있다. 이는 자연의 이치에 연유한 것이다.

065

日有南北之躔, 故陰陽有寒暑. 然寒而暖, 暖而暑, 暑而涼, 涼而寒, 其所由來漸矣, 非寒與暑會於一朝也. 若日二氣旋轉坱圠, 以勝負爲寒暑, 謂之陰陽必爭, 是以二氣各相逞力拒鬥, 負者退而勝者主, 非因日進退自然之數矣, 然乎? 今觀大寒之時, 暑氣滅盡無遺, 大暑之時, 寒氣閉藏無跡, 如參伐大辰, 了不相接, 安得並立相激而鬥? 其謂陰陽必爭, 人稟其氣, 故人性上人, 非獨談理未的, 尤見氣性不化.

해는 남북의 궤도가 있다. 그래서 음양에 추위와 더위가 있게 된다. 그러나 추웠다가 따뜻해지고 따뜻했다가 더워지고 더웠다가 서늘해지고 서늘했다가 추워지는데 그 유래한 바가 점진적이고, 추위와 더위가 하루아침에 만나는 것은 아니다. 만약 "두 기氣가 도는 것이 끝이 없고 희미하다면[1] 다투듯이 추위와 더위가 되는데 음양이 반드시 다툰다고 하는 것이다. 이 때문에 두 기는 각각 서로 힘을 내어 다투는데 진 자는 물러나고 승자가 주인이 되는 것은 해의 진퇴에서 자연의 수數가 원인하지 않는다. 그런가?"[2] 지금 대한大寒의 때를 살펴보면 더운 기운이 다 감소하여 남은 것이 없고, 대서大暑의 때에는 찬 기운이 닫혀 감춰져서 자취가 없는 것이 마치 삼성參星과 벌성伐星 같은 큰 별이 끝내 서로 접할 수 없는 것과 같은데 어떻게 나란히 서서 서로 격렬하게 싸울 수 있겠는가?[3] 그 음양은 반드시 다투고, 사람은 그 기氣를 품수받기 때문에 인성人性이 우수하다고 하는데 리理를 담론하는 것은 적확하지 않을 뿐만 아니라 더욱이 기의 성질은 변화하지 않는다.

注

1 알軋은 산모퉁이인데 여기서는 '희미하다'의 의미로 쓰였다.

2 『예기·향음주鄕飮酒』: 賓主, 象天地也. 介僎, 象陰陽也.[손님과 주인은 천지를 상징한다. 사이에 갖춘 것은 음양을 상징한다.] 손님은 하늘을 상징하고 주인은 땅을 상징한다.

3 『예기·향음주鄕飮酒』: 立三賓以象三光. 三賓, 象三光也.[세 손님을 내세워 삼광을 상징한다. 세 손님은 삼광을 상징한다.]라고 한 것을 정현의 주에 "三光三大辰也[삼광은 세 큰 별이다]"라고 하였다. 『십삼경 주소注疏』, 1684p. 『춘추·공양전·소공16년』: 大辰者何? 大火爲大辰, 伐爲大辰, 北辰亦爲大辰[큰 별이란 무엇인가? 화성이 큰 별이고 벌성이 큰 별이며 북극성이 큰 별이다.] 큰 별은 우주 안에서도 너무 멀리 떨어져 만

날 수 없다.

⋮ 해는 지구 남북의 궤도가 있다. 그래서 음양에 추위와 더위가 된다.

066

文以闡道, 道闡而文實, 六經所載皆然也. 晉, 宋以往, 競尙浮華,
刻意俳麗, 劉勰極矣. 至唐韓, 柳雖稍變其習, 而體裁猶文. 道止
一二, 文已千百, 謂之闡道, 眇乎微矣. 今之言者曰: 宋儒興而古之
文廢, 以其人無美惡, 皆欲合道傳志, 故考實而無人, 抽華而無文.
嗟乎? 豈其然哉? 夫人有蹈道之言, 有見道之言, 安論性行一軌?
言而不欲合道傳志, 將何爲邪? 故知文士之言靡而寡用.

문文으로써 도를 밝히는데 도가 밝혀지면 문은 실질적 문장이 된다. 육경
六經에 실린 것은 모두 그러하다. 진晉나라, 송宋나라 이후 다투어 실질보
다 겉으로 드러나는 아름다움을 숭상하고 배려문俳麗文[1]에 진력했는데 유
협劉勰이 극極에 이르렀다. 당唐나라 한유韓愈와 유종원柳宗元에 이르러 비록
그 익힘이 점차 변화하였지만, 체재體裁는 여전히 문文이었다. 도는 단지
한 둘에 그치나 문은 이미 많아졌다. 문으로서 도를 밝혔다고 하더라도
너무도 미미한 것이다. 지금 말하는 자는 "송유宋儒가 일어나서 고문이 폐
지되었는데 그 사람들은 아름다움과 미움이 없이 모두 도에 합하여 뜻을
전하려 했기 때문에 실질을 살피는 사람은 없고, 화려함을 뽑아내는 문장
도 없다"고 하였다. 아! 어찌 그러하겠는가? 사람은 실천하는 도의 말이
있고, 보는 도의 말이 있는데 어찌 도를 행하는 한 길만 논할 수 있겠는
가? 말이 도에 합하려 하지 않고 뜻을 전하려 한다면 장차 무엇을 할 것
인가? 그래서 문사文士의 말은 따르지만 쓸모가 적음을 알아야 한다.

注

1 배려俳麗는 대우對偶와 변려駢儷이다. 대우는 두 개의 사물을 대응하게 하여 대립의 미美를 나타내는 수사법修辭法이고 변려는 육조六朝와 당나라 때 성행한 한문 문장 전편全篇이 대구對句로 구성된 수사법이다.

글에는 도가 실려야 하고 도가 실리면 글이 실질이 된다.

067

七曜之躔, 遠極外方, 一晝一夜, 旋轉一周. 近極則日躔當天體之高度, 故晝日照三面而北面不照; 遠極則日躔當天體之低度, 故晝日照南面而三面不照. 所不照者, 非日不歷也, 日遠而低, 人自不見耳. 或曰: 近極晝夜之度宜過短, 而遠極之度宜過長, 似也. 何冬夏日度皆百刻? 曰: 天體雖有遠近高低, 運行一周, 遠近擧皆一周, 管於樞故耳. 觀日近極之時, 則影移之遲, 遠極之時, 則影移之 速, 可測矣. 如蟻在磨盤, 一在邊, 一在近臍, 雖有內外遠近, 皆磨一周而同至, 安得刻候不同? 此蓋天之術, 所以難算, 必至於失傳. 而混天之法籠同渾取, 反能行之後世而無議也. 使萬世之下有神解之士出, 必以吾之論爲當而取之矣. 今曰北者至陰之地, 陽之根窟, 故日照三面而北方不照, 此據人所及見爲論, 非天道之本眞. 且日月隨極而轉, 夜不於北而何往? 使極之下無人則已, 有則必見日之環照而無夜矣. 北方有國, 日落羹羊髀, 未熟而日已出. 由此觀之, 彼國之日亦有北照者矣. 其謂北方至陰, 爲陽之根窟, 故日不照北, 殊爲穿鑿, 論失精到.

칠요七曜[1]의 궤도는 극極의 외방外方을 두르고 한낮과 한밤 동안 돌며 일주한다. 극에 가까우면 해의 궤도가 천체의 고도高度에 당도하기 때문에 낮에 해가 세 면을 비추고 북면은 비추지 않는다. 극에서 멀면 해의 궤도가 천체의 낮은 곳에 당도하기 때문에 낮에 해가 남면南面을 비추고 삼면은 비추지 않는다. 비추지 않는 곳은 햇살이 지나가지 않는 것이 아니며, 해가 멀고도 낮아서 사람들이 스스로 보지 못할 뿐이다. 어떤 사람이 말하기를 "극에 가까우면 주야晝夜의 길이가 당연히 몹시 짧고, 극에서 멀리 떨어지면 마땅히 몹시 긴 것과 같다. 어찌 겨울과 여름 해가 비추는 시간이 모두 백각百刻인가?"라고 했다. "천체에는 비록 원근과 고저가 있지만, 운행은 한 바퀴 도는데 원근에서 도는 모두가 한 바퀴인 것은 중심 추에서 관리되기 때문이다. 해가 극에 가까울 때를 관찰하면 그림자의 이동이 더디고, 극에서 멀리 있을 때는 그림자의 이동이 빠른 것을 헤아릴 수 있다. 마치 개미가 맷돌[磨盤]에 있는 것처럼 한번은 맷돌[磨盤] 변두리에 있고 한번은 맷돌의 구멍에 가까이 있으니 비록 내외의 원근이 있지만 모두 맷돌이 일주하면 함께 이르는데 어찌 각도와 절기가 같지 않겠는가? 이는 개천蓋天의 술術[2]은 계산하기 어렵기 때문에 반드시 전하지 못했을 것이다. 혼천법混天法[3]은 법을 섞어 취해서 도리어 후세에 시행할 수 있으면 다른 논의가 없을 것이다. 만약 만세 후에 빼어난 이해력이 있는 인사가 나온다면 반드시 나의 의론을 타당하다고 여겨서 취할 것이다. 지금 '북쪽은 지음至陰의 땅이고, 양陽의 근굴根窟이기 때문에 해가 삼면을 비추고 북방은 비추지 않는다.'고 하는데 이는 사람이 본 것에 근거하여 논한 것이고, 천도天道의 실제가 아니다. 또한 해와 달은 극을 따라 도는데 밤에 북에서 어찌 머물지 않겠는가? 만약 극 아래 사람이 없을 뿐이다. 사람이 있게 하면 반드시 해가 돌며 북에 비추고 밤이 없음을 보게 될 것이다. 북방에 나라가 있는데 해가 져서 양의 넓적다리를 삶으니 익기도 전에 해가 이미 뜬다고 한다. 이로 보건대 저 나라의 해 또한 북쪽을 비춤이 있는 것이다. 그 '북쪽은 지음至陰의 땅이고, 양陽의 근굴根窟이기 때문에 해가 북방은 비추지 않는다.'고 한 것은 특히 천착이고 논의가 주도면밀함을 잃은 것이다."고 했다.

1 칠요七曜는 해[日], 달[月], 금성金星, 목성木星, 수성水星, 화성火星, 토성土星 7개의 별을 가리킨다. 각기 궤도 안에서 움직인다.

2 채옹蔡邕, 『주비周髀』: 周髀即蓋天之說也[주비는 개천설이다.] 하였다. 고대 중국 우주관의 하나로 하늘이 삿갓처럼 생겨 지구 위를 덮고 있으며, 북극 부분이 갓의 중심이 되었다고 한다.

3 혼천설渾天說은 달걀은 껍질이 노른자를 둘러싸고 있듯이 우주도 하늘이 땅을 둘러싼 모습으로 되어 있다는 설이다. 후한 장형張衡의 저서 『혼천의주渾天儀註』에서 비롯되었다고 본다.

⋮ 개천법과 혼천법을 논한다.

068

元亨利貞, 易謂大通而利正也. 孔子解易曰: 元者, 善之長; 亨者, 嘉之會; 利者, 義之和; 貞者, 事之幹. 蓋贊四字之德, 即今之訓詁耳. 其曰體仁足以長人, 嘉會足以合禮, 利物足以和義, 貞固足以幹事. 蓋示學者效德之義也, 而何有於元亨利貞, 即人性之仁義禮智哉? 況貞固幹事, 於智之義絶遠, 儒者論易, 乃以私意而附會之, 無怪乎聖經之日蕪也.

'원형이정元亨利貞'은 『역경』에서 "크게 통하면서 이롭고 바르다."[1]고 했다. 공자가 『역경』을 해석하기를 "원元은 선善의 우두머리이고, 형亨은 아름다움[嘉]의 모임이고, 이利는 의로움의 조화이고, 정貞은 일의 근간이다."[2]고 했다. 대개 네 글자가 덕을 찬양한 것인데 지금은 경전의 해석일 뿐이다. 또 "인을 체득하는 것은 어른이 되기에 충분하고, 아름다움의 모임은 예를 합하는데 족하며, 만물을 이롭게 하는 것은 의리를 조화롭게 하는데 충분하고, 바르고 군건함은 일을 주관함에 충분하다."[3]고 말하는데 대개 배우는 자들이 덕을 본받는 뜻을 보인 것이다. 어찌 '원형이정'이 곧 인성人性의 인의예지仁義禮智가 되겠는가? 하물며 "곧음을 군게 하면 일을 근간으로 삼을 수 있다."고 한 것은 지智의 뜻과는 전혀 거리가 먼데, 유학자가 『역경』을 논하며 사사로운 의도로써 견강부회하였으니 성인의 경전이 날로 황폐해지는 것이 괴이하지 않다.[4]

注

1 『역경·건괘』: 乾元亨利貞[건은 원형이정이다.]

2 「문언전」: 元者, 善之長也. 亨者, 嘉之會也. 利者, 義之和也. 貞者, 事之幹也. 君子體仁足以長人, 嘉會足以合禮, 利物足以和義, 貞固足以幹事.[원元은 선善의 우두머리이고, 형亨은 아름다움[嘉]의 모임이고, 이利는 의로움의 조화이고, 정貞은 일의 근간이다.]

3 『좌전·양공襄公 9년』,「십삼경주소」: 體仁足以長人; 嘉會足以會禮, 利物足以合義, 貞固足以幹事.[인을 체득하여 어른이 될 만하고, 아름다움이 모여 예에 합치할 만하고, 사물을 이롭게 하여 의義를 조화롭게 할 만하고, 곧음을 군게 하여 일을 근간으로 삼을 만하다.]

4 '원형이정은 인성의 인의예지이다.'라는 것을 왕정상은 맞지 않다고 여겼다. 이는 유학자들이 견강부회한 것이라고 한다. 주희의 『역본의易本義·건괘·문언』에서 "원은 생물의 시작이요 때문에 계절에서 봄이 되고 사람에게는 인이 된다. 형은 사람에게 예가 되고 이는 사람에게 의가 되며 정은 사람에게 지가 된다."고 한 말을 왕정상이 비판한 것

이다.

: 원元, 형亨, 이利, 정貞은 인의예지가 아니다.

069

老子之道, 以退爲主, 而惟欲利己, 及其蔽也害治. 是故得其靜修
者, 爲方士之解形; 得其嗇者, 爲晏, 墨之苦儉; 得其容忍者, 爲
申, 韓之刑名; 得其離聖去智者, 爲莊, 列之放達; 得其不敢先事者,
爲持兩端之奸; 得其善爲保持者, 爲避難之巧; 得其和同而不絶俗
者, 爲頑鈍之鄙夫. 夫是道也, 其始也未常不曰可以治天下, 終也反
以之壞天下. 道愼乎哉! 道愼乎哉!

노자의 도는 물러남을 위주로 하였는데 오직 자신을 이롭게 하고자 하여
그 폐단이 정치를 해치게 되었다. 이 때문에 도를 얻어서 고요하게 수양
된 자는 방사方士[1]가 형체를 해탈한 것이 되고, 도를 얻어 재물을 아끼는
자는 안자晏子[2]와 묵자墨子[3]의 고검苦儉이 되고, 도를 얻어 너그러운 마음으
로 참는 자는 신불해申不害[4]와 한비자韓非子[5]의 형명刑名이 되고, 그것을 얻
어 성인과 지혜를 버리고 그것을 얻는 자는 장자莊子와 열자列子[6]의 방달放
達이 되고 그것을 얻어 감히 일을 먼저 하려고 다투지 않는 자는 양단兩端
을 쥐고 있는 간인奸人이 되고, 그것을 얻어 선善을 보지保持한 자는 피난避
難의 교묘함을 이루고, 그것을 얻어 서로 뜻이 맞는 자는 세속을 끊지 않
으니 완고하고 우둔한 못난 인간이 된다. 이 도는 그 처음에는 천하를 다
스릴 수 있음을 말하지 않은 적이 없지만 결국에는 도리어 천하를 붕괴시
킨다. 도에 신중해야 한다! 도에 신중해야 한다!

1 연나라, 제나라에서 진한 시기에 생겨났다. 연단을 구하여 신선이 되려는 자를 가리킨다.

2 안영(晏嬰, ?~BC500)은 제나라 경공 시기 대부였다. 저서에 『안자춘추晏子春秋』가 있다.

3 묵자(墨子, BC468~BC376)는 묵적이다. 송나라 사람으로 묵가의 창시자이다. 저서에 『묵자墨子』, 『절용節用』, 『절장節葬』 등이 있다.

4 신불해(申不害, BC385~BC337)는 정鄭나라 사람이다. 전국시대 법가에 속했다.

5 한비(韓非, BC280~BC233)는 전국 말 한韓나라 사람이다. 법가의 대표적 인물이다. 저서에 『한비자韓非子』가 있다.

6 장莊은 장자莊子이고 열列은 열어구列禦寇이다. 전국시대 사람이다.

> 노자의 도는 오직 자기를 이롭게 하고자 하여 그 폐단이 정치에 해를 끼쳤다.

070

「何謂大衍?」曰:「天地之數五十有五, 聖人立揲蓍之法, 去其零五之小數, 以五十之大數衍之, 故曰大衍.」「其用四十有九, 虛其一而不用, 何也?」曰:「用全數, 則分之皆二十五之陽數, 非天地陰陽之法象矣, 故去一而用四十有九. 去一, 若太極也. 四十九而中分之, 陰陽之象數全矣.」故曰不用而用以之生, 非數而數以之成者是也. 王弼曰「不先言天地之數五十有五, 而先言大衍之數五十者, 明大衍包天地之數, 而非天地之數生大衍也. 此其義何如?」曰:「非也. 古之聖人, 有所製作, 必取法象. 故包義立揲蓍之法, 取天地奇耦之大數而衍之, 故曰所以成變化而行鬼神者, 以出於天地自然之數然也. 夫大衍者, 以衍天地之大數爲名也. 名既出於天地之數, 非天地生之而何哉? 況大五之外, 猶有小五, 皆天地之正數也. 大衍止包五十, 尚餘其五, 安得謂包天地之數乎?」

"무엇을 대연大衍이라 하는가?" 왕자가 대답하기를, "천지의 수數는 오십오五十五[1]인데 성인聖人이 시초를 잡는 법을 세울 때 그 영오零五의 소수小數를 버리고 오십의 대수大數로써 부연했기 때문에 대연이라 한다." "그 사십구를 사용하고 그중 하나는 비워두고 사용하지 않은 것은 무엇 때문인가?" 왕자가 대답하기를, "전수全數를 사용한다면 그것을 나누면 모두 이십오의 양수陽數가 되는데 천지 음양의 법상法象이 아니기 때문에 하나를 제거하고 사십구를 사용한다. 하나를 제거하면 태극太極과 같다. 사십구를 중간으로 나누면 음양의 상수象數가 완전해진다.[2] 그래서 '사용하지 않음을 사용함으로써 생겨나고, 수가 아닌 것을 수로써 이룬 것이다'고 한 것이 이것이다."[3] "왕필王弼이 '천지의 수 오십오를 먼저 말하지 않고 대연의 수 오십을 먼저 말한 것은 대연이 천지의 수를 포함하고, 천지의 수가 대연을 낳는 것이 아님을 밝힌 것이다'고 했다. 이는 그 뜻이 어떠한가?" 왕자가 대답하기를, "아니다. 옛날 성인이 제작한 것은 반드시 법상法象을 취했다. 그래서 복희씨가 설시의 법을 세울 때 천지 기우奇耦의 대수大數를 취하여 부연했다. 그래서 '변화를 이루고 귀신을 부리는 이유는 천지자연의 수에서 나왔기 때문이라고 말한 것이다. 저 대연은 천지의 대수大數를 부연하였기 때문에 이름붙인 것이다. 이름이 이미 천지의 수에서 나왔는데 천지가 낳은 것이 아니라면 무엇이겠는가? 하물며 대오大五[4]의 밖에 여전히 소오小五[5]가 있으니 모두 천지의 정수正數이다.'고 했다. 대연은 단지 오십을 포함하고, 오히려 그 오를 남겼는데 어떻게 천지의 수를 포함하겠는가?"

1 『역경·계사상』, 제9장: 天數二十有五, 地數三十, 凡天地之數五十有五, 此
所以成變化 而行鬼神也.[하늘의 숫자가 스물다섯이고 땅의 숫자가 서
른인데 무릇 하늘과 땅의 숫자가 쉰다섯이니 이것이 변화를 이루고 귀
신을 작용하게 한다.]

2 설시법揲蓍法：四十九分爲二, 一爲二十五陽數, 一爲二十四陰數, 所以說
四十九而中分之, 陰陽之象數全矣[시초 49개를 둘로 나누어 하나 25는
양수가 되고 다른 하나 24는 음수가 된다. 49를 둘로 나누어 음양의 수
를 온전히 하였다.] 설시揲蓍는 시초蓍草를 조작해『주역』의 괘를 얻고
괘의 상징과 말을 이용해 장래의 일과 그 길흉을 점치는 것이다.

3 『주역정의·계사 상』, 권7, 왕필 주에 "演天地之數, 所賴者五十也[천지의
수를 통하여 의뢰하는 것은 50이다.]"라고 하였다.

4 대오는 50을 가리킨다.

5 소오는 5를 가리킨다.

⋮ 대연의 수 50을 논했다.

071

君子於老, 莊, 不求同術而取其同理者, 亦可矣. 程子謂太極未有象
數, 惟一氣爾, 此論精實, 出於宋儒風氣之外矣. 薛文淸以老, 莊之
流非之, 籲嗟乎! 太極果不出於氣, 則生天地, 生人物, 何所從而來
哉? 所謂習矣不察, 終身由之而不知者, 此之謂也.

군자가 노자와 장자에게서 같은 술수는 구하지 않지만, 그 같은 이론을
취하는 것은 또한 가능하다. 정자程子는 "태극太極은 상수象數가 없고 오직

일기一氣일 뿐이다."[1]고 했는데 이는 참된 마음을 논한 것으로, 송유宋儒의 풍기風氣 밖에서 나왔다. 설문청薛文清은 노자와 장자의 무리를 비난했다. 아! 태극이 과연 기氣에서 나오지 않았다면 천지를 낳고 인물을 낳은 것은 어디서 유래된 것인가? 이른바 "습관이 되어 살피지 않아 종신토록 그러한 까닭을 알지 못한다."[2]라고 한 것이 이를 말한 것이다.

注

1   정자程子는 원나라 정복심程復心을 가리킨다. 설문청, 『독서록』: 程復心將「太極圖」中著一氣字, 又從而釋之, 曰: "太極未有象數, 惟一氣耳.[정복심은 「태극도」 '일기一氣' 글자를 드러내고 그것을 해석하기를, 「태극도」의 끝에 상수가 있는데 오직 일기일 뿐이다.]라고 하였다. 정복심程復心은 원대 무원婺源 사람이다. 저서에 『공자논어 연보』, 『맹자 연보』, 『총수집성叢收集成』, 『대학혹문찬석大學或問纂釋』이 있다. 『대학혹문찬석』은 주희가 지은 『대학혹문』에 찬을 붙인 책이다.

2   『맹자·진심 상』: 孟子曰, 行之而不著焉. 習矣而不察焉, 終身由之, 而不知其道者 衆也.[맹자가 말하길, "그것을 행하고도 밝게 알지 못하고, 습관이 들었으면서도 정밀하게 알지 못하니, 종신토록 그것을 말미암고도 그 도리를 알지 못하는 사람이 많다."라고 하였다.]

   정자가 "태극에는 상수가 없고 오직 일기一氣일 뿐이다."고 했는데 이는 송유의 풍기가 아니다.

072

天者, 太極已形也, 形則象數具而八卦章矣. 先於天者, 太虛之氣爾, 無形也, 無象與數也, 故曰太極. 伏羲之畫, 謂無象數得乎哉?

命之先天何居? 或曰: 仲尼已言之. 曰: 乾之文言, 天與人相後先
也, 逾遠矣.

하늘은 태극이 이미 형성했는데, 형성되니 상수象數가 갖추어지고 팔괘가
드러났다. 하늘보다 먼저인 것은 태허太虛의 기氣일 뿐인데, 형태가 없고,
상象이 없는데 수數와 함께 하여서 태허라고 한다. 복희의 그림은 상수가
없다고 할 수 있는가? 선천이라 이름 지은 것은 무엇 때문인가? 어떤 사
람이 말하기를 "중니가 이미 말했다."[1]고 했다. 「건문언乾文言」에 '하늘과
사람은 서로 선후이다.'[2]고 했는데 더욱 거리가 멀다.

注

1 『역경·문언전』: 孔子說, 先天而天弗違, 後天而奉天時[공자가 말했다 하
   늘이 있기 전에도 하늘은 어긋나지 않았고, 하늘이 있게 된 후에도 하
   늘의 사시를 받든다.]
2 『주역·문언전文言傳』: 先天而天弗違, 后天而奉天時. 天且弗違, 而況於人
   乎! 況於鬼神乎![하늘에 앞서도 하늘이 어긋나게 행하지 않고, 하늘에
   뒤 쳐져도 하늘은 때를 받든다. 하늘 또한 배반하지 않는데 하물며 사
   람이리오! 하물며 귀신이리오!]

  하늘보다 먼저 태허의 기가 있었고, 형태도 상도 없는데 수가 함께
  했다.

073
任事者, 臣也; 恭己而南面者, 君也, 亦無爲而已矣. 播厥百穀, 稷
也; 刊山濬川, 禹也; 聽平五刑, 皐陶也; 蕩蕩難名, 堯則享其聖. 運

籌決勝, 良也; 戰勝攻取, 信也; 鎭國撫民, 何也; 漢屈羣策, 高帝則享其智.

일을 맡은 자는 신하이고, 자신을 공손히 하고 남면한 자는 임금인데 또한 무위無爲할 뿐이다. 그 백곡百穀을 뿌린 자는 직稷[1]이고, 산을 깎고 냇물을 준설한 자는 우禹[2]이고, 송사를 듣고 오형五刑을 공평하게 한 자는 고요皋陶[3]이고, 아득하여 이름 짓기 어려운 자는 요堯[4]인데 그들은 성인의 지위를 누렸다. 계략을 꾸며서 승리한 것은 장량張良[5]이고, 전쟁에 승리하고 나라를 취한 것은 한신韓信[6]이고, 나라를 진정시키고 백성을 무마한 것은 소하蕭何[7]이고, 한漢나라가 여러 계책을 다 내니, 고제高帝[8]는 그 지혜의 위치를 누리게 되었다.

注

1 직稷은 농사를 처음으로 시작한 관리였다.

2 우禹는 하나라 임금이다. 치수에 공을 세워 순임금에게서 선위 받았다.

3 고요皋陶는 순임금 때 법관이자 우임금의 정치고문이다.

4 요堯는 요임금이다. 다른 이름은 도당陶唐이다.

5 장량(張良,? ~BC186)은 서한 초 유방의 책사이다.

6 한신(韓信,? ~BC196)은 서한 초 유방의 대장군이다.

7 소하(蕭何,? ~BC193)는 서한 초 유방의 대신이다.

8 고제(高帝, BC256~BC195)는 이름이 유방이며 자는 계季이다. 한나라의 초대 황제이다.

> 일을 하는 자는 신하이고 군주는 무위하여 남면할 뿐이다.

074

治弊而救之, 中道而已矣. 循而不知省, 不及者也; 矯之而甚, 太過
者也. 過與不及, 皆致亂. 惟中合道, 故治可久. 老子, 矯俗救弊之
過者也, 故類於不知道.

폐단을 다스려 구제하는 것은 도에 맞추는 것일 뿐이다. 따르면서 반성할
줄 모르는 것은 미치지 못한 것이고, 바로잡는 것이 심한 것은 대단히 지
나친 것이다. 지나친 것과 미치지 못한 것은 모두 혼란을 일으킨다. 오직
도에 합치하기 때문에 다스림이 오래 갈 수 있다. 노자는 풍속을 바로잡
고 폐단을 구제하는 것이 지나친 자이기 때문에 도를 모르는 부류이다.

> 지나친 것과 미치지 못한 것은 모두 혼란을 일으킨다. 오직 도에 합
> 치하기 때문에 다스림이 오래 갈 수 있다.

075

古之士大夫以公朝爲心, 故主於益國, 而不以勝其職爲務. 今之人
各競其所職, 爭之道也. 惟賢者能推心於國, 有裨大猷, 舍己從人,
自勝之私不留焉.

옛날 사대부는 공조公朝[1]를 마음으로 삼았기 때문에 국익을 위주로 하고
그 직책을 뛰어나게 하려고 힘쓰지 않았다. 지금 사람들은 각자 맡은 직
책에서 경쟁하고 쟁탈하는 도이다. 오직 현자만이 나라에 마음을 쏟고 큰
계책에 도울 것이 있으면 자기를 버리고 남을 따르며 스스로 이기고자 하
는 사심을 남겨놓지 않는다.

注

1 공조公朝는 공공의 조정이다. 공조로 마음을 삼았다[以公朝爲心] 함은 채
옹蔡邕의 『호공비胡公碑』에 "士相勉於公朝.[선비와 재상은 공공의 조정에
서 열심히 일한다.]"라고 하였고, 유곤劉琨이 지은 시에 '竭心公朝[공공
의 조정에 마음을 다하다]'라고 하였다. 옛 조정의 관리들은 개인을 위
한 조정이 아니라 국익만을 먼저 생각하였기에 공공의 조정이었다. 그
래서 공조로서 마음을 삼았다고 한 것이다.

옛 사대부들은 국익을 주로 삼았는데 지금 사람들은 각자 맡은 직책
에서 경쟁하고 쟁탈하는 도이다.

076

鬼神一道, 皆氣之靈也, 不可分陰陽魂魄. 神乃陰陽之所爲, 鬼亦陰
陽之所爲; 無魂氣則鬼神滅, 魂氣散則魄不靈, 直是一道.

귀신은 한 도이며 모두 기의 영험함이니 음양과 혼백으로 나눌 수 없다.
신神은 곧 음양이 하는 바이고, 귀鬼도 또한 음양이 하는 바이다. 혼기魂氣
가 없다면 귀신도 없어지고, 혼기가 흩어지면 백魄은 영험하지 못하니 다
만 이는 한 도이다.

귀신은 모두 기의 영명함이다. 음양과 혼백을 나눌 수 없다.

077

靜, 寂而未感也; 動, 感而遂通也, 皆性之體也. 聖人養靜以虛, 故

中心無物; 聖人愼動以直, 故順理而應, 此皆性學之不得已者. 後儒獨言主靜以立本, 而略於愼動, 遂使孔子克己復禮之學不行, 而後生小子以靜爲性眞, 動爲性妄, 流於禪靜空虛而不自知, 悲哉!

정靜은 고요하면서 감응하지 않고, 동動은 감응하여 마침내 통하는데 모두 본성의 체體이다. 성인은 고요함을 길러 비우기 때문에 마음에 사물이 없고, 성인은 바름으로써 행동을 신중히 하여 곧기 때문에 순리대로 응하는데 이는 모두 성학性學이 부득이한 것이다. 후세의 유학자는 오로지 정靜에 주력하여 근본으로 세웠다고 말하며 동動에 신중히 하는 것에 요약하니 결국 공자의 극기복례克己復禮 학문을 실행하지 않고, 후생後生 소자小子들은 정靜으로서 성을 진실하게 여기고, 동動은 성의 망령됨으로 여기며 불가의 선정禪靜과 도가의 공허空虛로 흘러가서도 스스로 알지 못하니 슬프구나!

고요함으로 참을 구하는 것은 움직이면 망령됨이 되니 선불교의 정靜과 도가의 공허空虛가 될 수 있다.

078

古聖智之人, 雖任直道而行, 亦酌乎時措之宜, 蓋明哲自處保身爲重耳. 是故仲尼居亂國而無虞, 箕子遭惡主而獲免. 後人不量時勢而進, 卒至以身嘗禍, 雖徽赫赫之名, 終失大雅之度矣.

옛날 성인과 지혜로운 사람은 비록 바른 도리를 맡아서 행하더라도 또한 시의적절함을 살폈는데 대개 명철하게 스스로 처신하고, 몸을 보존하는 것을 중시[1]할 뿐이다. 이 때문에 중니仲尼는 어지러운 나라에 있으면서도 근심이 없었고[2] 기자箕子는 포악한 군주를 만났는데도 화를 면했다. 후인들은 시세時勢를 헤아리지 않고 나아가다가 끝내 몸에 화를 당하니 비록 혁혁한 명성을 구했더라도 마침내 높은 품격의 수준을 잃게 된다.

注

1 『시경·대아·증민烝民』: 既明且哲以保其身.[밝고 명철하게 몸을 보존해야 한다]

2 『맹자·만장』: 孔子在宋, 宋司馬桓魋欲殺孔子, 孔子微服而過宋.[공자가 송에 있을 때 송나라 사마환퇴가 공자를 죽이려고 했다. 공자는 미복 차림으로 송을 지나갔다.]

『신언』, 13권 참조. 『사기·공자세가』: 在陳蔡之間絕糧, 講誦弦歌不衰.[공자가 진나라와 채나라 사이에서 식량이 떨어져도 현가를 외우면서 기세가 약해지지 않았다.]

성인과 지혜로운 자가 비록 바른 도를 행하여도 시기에 맞게 처신해야 한다.

079

人主寬仁則易於從諫, 剛明則易於自用. 遇從諫之主而政有大戾, 當責之臣; 遇自用之主而政有大戾, 不可獨責之臣. 何以故? 自用者必欲行己之志而後已, 豈獨人主, 人臣亦然, 雖有勸諫, 亦未之入矣. 況剛明之主, 威嚴尤重, 言之不惟不聽, 而反以得禍. 冒禍而行者, 世亦鮮矣. 故敢諫之臣常二三, 而貪生保祿之臣常千百, 又安能救其偏戾而返之正哉? 故曰不可獨責之臣.

군주가 관대하고 인자하면 간언을 따르기 쉽고, 강직하고 분명하면 자신의 의견을 사용하기가 쉽다. 간언을 따르는 군주를 만나면 정치에 큰 허물이 있을 때 마땅히 그 신하를 책망한다. 자신의 의견을 사용하는 군주를 만나면 정치에 큰 허물이 있을 때 그 신하만 책망할 수 없다. 무엇 때문인가? 자신의 의견을 사용하는 자는 반드시 자기의 뜻을 행한 후에야 그치는데 어찌 군주뿐이겠는가? 신하도 또한 그러하다. 비록 간언하여 권함이 있더라도 또한 받아들이지 않는다. 하물며 강직하고 현명한 군주는 태도에 위엄威嚴이 심하니 간언의 말을 하더라도 들으려고 하지 않아 도리어 화를 입게 된다. 화를 무릅쓰고 간언하는 자는 세상에서 또한 드물다. 그래서 감히 간언하는 신하는 한두 명이고, 목숨을 아끼고 봉록을 보존하려는 신하는 항상 많으니 또한 어떻게 그 치우친 허물을 구제하여 바른 데로 되돌릴 수 있겠는가? 그래서 "그 신하만 책망할 수 없다."고 말한 것이다.

> 군주가 관대하고 인자하면 간언을 따르기가 쉽고, 강직하고 현명하면 자신의 의견을 사용하기가 쉽다.

080

干將, 莫邪始出於型, 不足以截茸草而割敗肉; 及砥礪其鋒鍔而淬制其神靈, 則斷蛟龍, 剿犀象, 如碎虀粉. 夫人之生也, 使無聖人修道之教, 君子變質之學, 而惟循其性焉, 則禮樂之節無聞, 倫義之宜罔知, 雖稟上智之資, 亦寡陋而無能矣, 況其下者乎? 儒者不重聖人修道立教之功, 不論與孔子言性背馳與否, 乃曰孟子之言性善有功於聖門, 是棄仲尼而尊孟子矣. 況孟子亦自有言不善之性者, 舍之而獨以性善爲名, 何哉?

간장干將과 막야莫邪 검도 거푸집에서 처음 나왔을 때는 무성한 풀을 자르거나 썩은 고기를 베기에도 부족하다. 그 칼날을 숫돌에 갈고 담금질하여 그 신령함을 만들어내면 교룡을 절단하고, 무소와 코끼리를 베는데 마치 채소를 가루로 부수는 듯하다. 사람이 태어나서 성인의 도를 수련하는 가르침과 군자의 자질을 변하게 하는 학문이 없이 오직 그 본성을 따르게 한다면 예악의 절도를 듣지 못하고, 인륜과 의리의 마땅함을 알지 못하게 될 것인데 비록 상지上智의 자질을 가지고 태어났다고 하더라도 또한 보고 들은 것이 적어 무능할 것인데 하물며 그 아래인 자는 말할 것이 있겠는가? 유학자가 성인의 도를 수련하고 가르침을 세운 공적을 중시하지 않고 공자가 말한 본성과 시세에 역행하는지에 대한 가부를 논하지 않으면서 "맹자가 말한 성선性善은 성문聖門에 공적이 있다"고 하였다. 이는 공자를 버리고 맹자를 존중한 것이다. 하물며 맹자 또한 불선不善한 성을 말한 바가 있는데, 그것은 버리고 유독 성선[1]으로 이름 붙인 것은 무엇 때문인가?

注

1 『맹자·진심하』: 君子不謂性也.[군자는 본성을 말하지 않는다]

    주자가 맹자가 말한 성선性善은 성문聖門에 공적이 있다"고 하였는데 이는 공자를 버리고 맹자를 존중한 것이다. 맹자도 불선한 본성을 말한 적이 있다.

081
顏回食埃, 謂之貪汙可乎? 盜蹠分少, 謂之清廉可乎? 事有疑似, 不可不辯.

안회顔回가 세속의 먹거리를 먹었더라도 추하게 탐한다고 말할 수 있겠는 가?[1] 도척盜蹠이 나누어 가지고 적게 취했더라도 청렴하다고 말할 수 있 겠는가?[2] 일에 의심스러운 것이 있으면 변별하지 않을 수 없다.

注

1 『여씨춘추·심분람審分覽』, 5장: 孔子弟子顔回攫取甑中有埃尖之飯, 被懷 疑貪汙, 而終於辨別淸楚[공자의 제자인 안회가 음식물을 섭취하며 세 속의 것을 먹었다고 하여 추하게 탐한다고 여겨져 끝내 분명하게 분별 하였다] 또 이 내용은 『공자가어·재액在厄』에도 나온다.

2 『장자·거협胠篋』: 盜蹠分財取少, 被認爲淸廉, 事實上蹠爲大盜.[도척이 재 산을 분배하며 적게 취했다고 청렴하다고 여겨지나 사실상 도척은 큰 도적인 것이다.]

⋮ 일에 의심스러운 것이 있으면 사리를 분명하게 변별해야 한다.

082

聖賢經世立法, 不止爲一時之私計, 所以修人紀, 垂道範, 與萬世共 功.

성현聖賢이 나라를 다스리고 법을 제정함은 단지 한 때를 위한 사사로운 계책에 그치지 않고 사람의 기강을 닦고 도의 모범을 남겨서 만세萬世와 더불어 공功을 함께하고자 한 것이다.

⋮ 성현聖賢의 경세입법經世立法은 단지 한 때를 위한 사사로운 계책이 아 ⋮ 니다.

083

比干死, 箕子, 微子不死. 孔父, 仇牧死, 晏嬰不死. 龔勝死, 揚雄不
死.

비간比干은 죽었고, 기자箕子와 미자微子[1] 죽지 않았다. 공보孔父[2]와 구목仇
牧[3]은 죽었고, 안영晏嬰[4]은 죽지 않았다. 공승龔勝[5]은 죽었고, 양웅揚雄[6]은
죽지 않았다.

注

1 『논어·미자』: 微子去之, 箕子爲之奴, 比干諫而死. 孔子曰 殷有三仁焉.[미
자는 떠나고 기자는 종이 되고 비간은 간하다가 죽었다. 공자가 말씀
하셨다. 은나라에 어진 자가 세 명이 있었다.] 비간比幹은 상나라 주왕
紂王의 백부이다. 신하가 간청하는 소리에 주왕은 성인의 심장에 7개의
구멍이 뚫려 있다던데 한 번 확인 좀 해보자고 하며 그 자리에서 가슴
을 갈라 심장을 뽑아내는 참혹한 형벌로 죽였다. 기자箕子는 주왕의 제
부諸父였는데 간청하여도 듣지 않았다. 반은 미치광이인 노예를 만들
었다. 미자微子는 주왕의 서형인데 간청하여도 듣지 않아 떠났다. 세 사
람은 주왕의 충신들이었다. 『논어·미자』: 微子去之, 箕子爲之奴, 比干諫
而死. 孔子曰 殷有三仁焉.[미자는 떠나고 기자는 종이 되고 비간은 간
하다가 죽었다. 공자가 말씀하셨다. 은나라에 어진 자가 세 명이 있었
다.]

2 공보孔父는 이름이 가嘉이다. 송나라 사람으로 공자의 6대조이다. 주공
이 주왕의 서형 미자微子 계啓에게 송나라를 영지로 하사하여 공보의
조상이 되었다. 공보는 원래 송나라의 대부였으나 가문이 화를 입어
공보는 죽고 그 후손이 노나라로 도망쳤다.

3 구목仇牧은 송나라 민공閔公 때 대부였다. 송의 만萬이 군주를 살해하자

구목이 손에 검을 들고 그를 꾸짖었다. 그 때문에 만에게 살해당했다. 『춘추공양전·장공12년』: 仇牧不畏強禦[구목이 크고 강한 자를 두려워하지 않았다] 하였고, 『사기·의용義勇』에도 보인다.

4 안영晏嬰은 자가 평중이다. 제나라 경공의 재상이었고 간언에 교훈으로 남길 많은 성어를 남겼다.

5 공승龔勝은 한 애제 때 간의대부諫議大夫가 되었다. 왕망이 정권을 잡자, 은거하여 식음을 끊고 죽었다.

6 양웅揚雄은 한 성제 때 학자로 『감천甘泉』, 『하동河東』, 『장양長楊』 등과 부賦로는 『태현太玄』, 『법언法言』 『방언方言』 등의 저서를 지었다. 후에 왕망에게 기용되었다.

: 비간比干은 죽었고, 기자箕子와 미자微子 죽지 않은 것을 논했다.

084

文中子曰: 性者五常之本. 蓋性一也, 因感而動爲五, 是五常皆性爲之也. 若曰性卽是理, 則無感, 無動, 無應, 一死局耳, 細驗性眞, 終不相似, 而文中子之見當爲優. 荀悅曰: 情意心志皆性動之別名. 言動則性有機發之義, 若曰理, 安能動乎? 陳儒之見當爲誤.

문중자文中子가 말하기를 "본성은 오상五常의 근본이다"[1]고 했는데 대개 본성은 하나이다. 감응으로 인하여 움직여서 다섯이 된 것인데 이 오상은 본성이 이룬 것이다. 만약 "성은 바로 리理이다."[2]라고 한다면 느낌이 없고 움직임이 없으며 응함도 없이 하나의 사국死局일 뿐인데 본성의 진실을 자세히 징험하여도 끝내 서로 같지 않아 문중자의 견해는 마땅히 우려된다. 순열荀悅이 말하기를 "정情, 의意, 심心, 지志는 모두 본성이 동動한 다른 이름이다"[3]라고 했다. 동동動動하면 성性에 기발機發이 있다는 의미를 말한 것이다. 만약 '리理'라고 한다면 어떻게 동할 수 있겠는가? 진부한 유학자의 견해는 마땅히 당연히 잘못이다.

注

1 문중자文中子, 『중설中說·술사述史』, 7권: 性者, 五常之本也.[본성은 오상의 근본이다] 오상五常은 인간의 덕목으로 인仁, 의義, 예禮, 지智, 신信이다.

2 『맹자집주·고자장구 상』: 性即是理, 理則自堯, 舜至於途人一也.[성은 곧 리理이니 리는 요순에서 길가는 한 명에 이르기까지 하나이다.], 『이정유서』, 20권: 性即理也, 所謂理是性也.[성은 리이다. 이른바 리가 성이다]

3 순열荀悅, 『신감申鑒』, 권5『잡언雜言 하』: 凡情, 意, 心, 志皆性動之別名也 [정情, 의意, 심心, 지志는 모두 성이 움직이며 불리는 다른 이름이다] 순열은 후한 말의 사학자이며 사상가이다. 자는 중예仲豫이다. 헌제 때 승상 조조의 부름으로 헌제를 모셨다. 그의 저서로는『신감申鑒』,『한기漢紀』,『숭덕崇德』,『정론正論』등이 있다.

: '성즉리'라면 느낄 수 없고 움직일 수 없고 응할 수 없다.

085

管子曰:「禮義廉恥, 是謂四維, 四維不張, 國乃滅亡.」賈誼引此以敦崇漢世風俗. 今跡其所甚惡者, 不過指摘秦俗父子婦姑之陋, 及夫民間剽刦詐僞之盜而已. 此等愚謬之民, 不知學問禮義, 安知廉恥? 誼猶責其君臣乖亂, 致使社稷爲墟. 由今觀之, 豈直民間四維

喪失? 爲之士大夫者, 刻忍而不仁, 淫蕩而蔑德, 貪利而忘義, 驕橫
而犯禮, 鄙陋之風肆行於上, 機巧剽刦尤甚於民, 恬然安之, 不以爲
異, 風行草偃, 上下相效, 四維安望其能張耶? 識治君子, 不可不爲
之慮.

관자管子가 말하기를 "예의염치禮義廉恥는 사유四維[1]라고 말해지는데 사유
가 퍼지지 않으면 나라는 곧 멸망한다."[2]라고 했다. 가의賈誼[3]가 이를 가져
다 한漢나라 시대의 풍속을 돈독히 높였다. 지금 그 가장 미워하는 것을
추적해보면, 진秦나라 풍속인 부자父子와 고부姑婦 사이의 비루함과 저 민
간이 약탈하고 속이는 도둑을 지적하는 데 불과했을 뿐이다. 이같이 어리
석고 그릇된 백성은 학문과 예의를 모르는데 어찌 염치를 알겠는가? 가
의는 오히려 그 군신이 이치를 어긋나게 해서 사직社稷을 폐허로 만들었
다고 책망했다. 지금에서 살펴보면 어찌 단지 민간의 사유四維만이 상실
된 것이던가? 그 사대부들이 잔혹하면서 어질지 못하고, 음탕淫蕩하면서
덕德을 멸시하고 이익을 탐하면서 의義를 잊고 교만하고 횡포하면서 예
를 범하고, 비루한 풍속이 위에서 멋대로 행해지고 교묘한 약탈이 백성에
게 더욱 심해지는데, 마음을 편안히 여기고, 재앙이라 생각하지 않고, 바
람이 불면 풀이 쓰러지듯[4]상하가 서로 본받으니 사유가 펼쳐지기를 어찌
바라겠는가? 정치를 아는 군자는 그것을 염려하지 않을 수 없다.

注

1 사유四維는 국가를 유지하는 데 필요한 강령인 예절[禮], 법도[義], 염치
  [廉], 부끄러움[恥]의 4가지를 말한다.
2 『한서·가의전』참조.
3 가의賈誼는 중국 한대漢代 정치개혁의 제창자이자 이름난 시인이다. 〈복
  조부鵬鳥賦〉는 BC 174년에 조정에서 쫓겨나 장사長沙왕의 태부로 임명

되어 떠날 때 지은 작품으로 그가 최초로 쓴 부이다. 쫓겨 가던 도중에 자신을 굴원에 비유하고 〈이소離騷〉를 모방하여 〈도굴원부悼屈原賦〉를 지었다.

4 『논어·안연』: 草上之風必偃.[풀잎 위에 바람이 불면 반드시 나부끼고 눕는다]

관자가 "예의염치禮義廉恥가 나라의 네 강령이다"라고 했는데 가의가 한나라 정치에 끌어다 예의염치를 논했다.

086

天地之間, 一氣生生, 而常而變, 萬有不齊, 故氣一則理一, 氣萬則理萬. 世儒專言理一而遺萬, 偏矣. 天有天之理, 地有地之理, 人有人之理, 物有物之理, 幽有幽之理, 明有明之理, 各各差別. 統而言之, 皆氣之化, 大德敦厚, 本始一源也; 分而言之, 氣有百昌, 小德川流, 各正性命也. 若曰天乃天, 吾心亦天, 神乃神, 吾心亦神, 以之取喩可矣. 卽以人爲天, 爲神, 則小大非倫, 靈明各異, 徵諸實理, 恐終不相類矣.

천지 사이에 하나의 기氣가 낳고 낳아[生生] 일정하면서 변화하고 만 가지 존재물이 같지 않기 때문에 기가 하나이면 리理도 하나이고 기가 만萬이면 리도 만 가지이다. 세상의 유학자들이 오로지 리는 하나이면서 만 가지를 남긴다고 말하는 것은 치우친 견해이다. 하늘에는 하늘의 리가 있고 땅에는 땅의 리가 있고 사람에게는 사람의 리가 있고 사물에는 사물의 리가 있고 어둠에는 어둠의 리가 있고 밝음에는 밝음의 리가 있고 각각 차별이 있다. 총괄하여 말한다면 모두 기의 변화이고 대덕大德은 돈후

敦厚[1]하여 처음부터 한 근원이다. 나누어 말한다면 기에는 백 가지 창생이 있고 소덕小德은 천류川流[2]하며 각각 성명性命을 바르게 한다. 만약 "하늘은 하늘이고, 내 마음도 또한 하늘이고, 신神은 신이고 내 마음도 또한 신이다."라고 한다면 비유를 취하는 것은 가능할 것이다. 곧 사람을 하늘과 신으로 여긴다면 작은 것과 큰 것은 짝이 아니고 영명靈明은 각기 다르고 실리實理에서 징험한다면 아마도 끝내 서로 같지 않을 것이다.

注

1 『중용』, 30장: 大德敦化[큰 덕은 독실하게 감화시킨다] 본문에는 '大德敦厚[큰 덕은 돈후하다]'라 하였다. 대덕大德이라고 하는 것은 만 가지의 다른 근본이다. 화化를 두텁게 한다는 돈화敦化은 그 화化가 두터운데 더 두텁게 하니 근본이 성대하여 나오는 것이 궁하거나 다함이 없는 것이다.

2 『중용』, 30장: 小德川流.[소덕은 시냇물의 흐름이다] 소덕이라고 하는 것은 전체의 나눔이다. 천류川流라는 것은 냇물의 흐름과 같아 맥락이 분명하여 흘러가는 것을 쉬지 않는 것이다.

> 천지 사이에 기氣가 하나이면 리理도 하나이고 기가 만萬이면 리도 만 가지이다.

087

元氣卽道體. 有虛卽有氣, 有氣卽有道. 氣有變化, 是道有變化. 氣卽道, 道卽氣, 不得以離合論者. 或謂氣有變, 道一而不變, 是道自道, 氣自氣, 岐然二物, 非一貫之妙也. 且夫道莫大於天地之化, 日月星辰有薄食彗孛, 雷霆風雨有震擊飄忽, 山川海瀆有崩虧竭溢,

草木昆蟲有榮枯生化, 羣然變而不常矣, 況人事之盛衰得喪, 杳無
定端, 乃謂道一而不變, 得乎? 氣有常有不常, 則道有變有不變, 一
而不變, 不足以該之也. 爲此說者, 莊老之緖餘也, 謂之實體, 豈其
然乎?

원기元氣는 곧 도체道體이다. 빈 곳이 있으면 곧 기氣가 있고 기가 있으면
곧 도道가 있다. 기는 변화가 있는데 이 때문에 도에 변화가 있다. 기는 곧
도이고, 도는 곧 기氣이니 분리하거나 합하여 논할 수 없다. 어떤 사람이
말하기를 "기에 변화가 있지만 도는 한결같이 변하지 않는다."고 한다. 도
는 자체가 도이고, 기는 자체가 기氣로서 갈라져 있는 두 사물이므로 하나
로 관통하는 미묘한 것이 아니다. 또한 도는 천지의 변화보다 막대하고,
일원성신日月星辰에는 박식薄食과 혜패彗孛[1]가 있고 뇌정풍우雷霆風雨에는 진
격震擊과 표홀飄忽[2]이 있고 산천해독山川海瀆에는 붕휴崩虧와 갈일竭溢[3]이 있
고 초목곤충草木昆蟲에는 영고榮枯와 생화生化[4]가 있다. 무리지어 변하지만
일정하지 않은데, 하물며 인사人事의 성쇠와 득실은 아득히 정해진 단서
가 없다. 이에 도는 하나이고 변하지 않는다고 하면 옳겠는가? 기에 일정
함이 있고 일정하지 않음이 있다면 도에도 변화가 있고 변하지 않음이 있
으니, 하나로서 변하지 않는다고 하는 것은 갖추어진 말이라 하기는 부족
하다. 이를 이룬 것은 장자와 노자가 남긴 학설인데 실체라고 한다면 어
찌 그러하겠는가?

注

1 박식薄食은 담박한 사물이고 혜패彗孛는 살별과 혜성이다. 모두 별 주위
의 작은 물체들을 의미한다.

2 진격震擊은 우레가 부딪치는 것이고 표홀飄忽은 요동치며 변덕스러운
것이다. 우레와 천둥, 비바람이 변덕을 부리며 나타남을 뜻한다.

3 붕휴崩虧는 무너져 기우는 것이고 갈일竭溢은 없어지거나 넘치는 것이다. 산천과 바다, 도랑 등이 무너져 사라지거나 새로 생겨남을 뜻한다.

4 영고榮枯는 초록이 무성함과 말라죽음으로 사물의 번영과 쇠락을 말한다. 생화生化는 새로 생겨나고 변화함을 말한다.

⋮ 원기가 바로 도체이다. 빈 곳은 기가 있고 기가 있으면 도가 있다.

088

朱子與吳茂實書云:「近來自覺向時功夫, 止是講論文義, 以爲積集義理, 久當自有得力處, 却於日用功夫全少點檢. 諸友往往亦只如此做功夫, 所以多不得力. 今方深省而痛懲之, 亦願與諸同志勉焉, 幸老兄遍以告之也. 陸子壽兄弟近日議論與前大不同, 却方要理會講學, 其徒有曹立之, 萬正淳者來相見, 氣象皆盡好, 却是先於性情持守上用力. 此意自好, 但不合自主張太過, 又要得省發覺悟, 故 流於怪異耳. 一觀此則知文公先生亦曾悔悟自己偏於講論文義之非, 子靜先生亦非不曾講學者, 但其門人無識, 各競門戶之勝, 自相排詆, 遂致二先生有支離, 禪定之異. 後學不能深察詳考, 隨聲附和; 眇無會通之見, 崇朱者以講論爲眞詮守陸者以禪定爲要軌, 終身畔於聖人之學而不自知, 由之各相沿習, 悞天下後學, 至於今尚然.

주자朱子가 오무실吳茂實[1]에게 보낸 편지에 "근래 지난날의 공부를 자각하니 단지 문장의 뜻만을 강론하고 의리를 쌓아 모으는 것으로 여겼습니다. 공부가 오래되어 자연히 힘을 얻었는데 도리어 일상의 공부에 있어서는 점검한 것이 매우 적었습니다. 여러 벗들도 자주 역시 이처럼 공부하여 힘을 많이 얻지 못한 것이 이유입니다. 지금 바야흐로 깊이 반성하고 몹시 후회하면서, 또한 여러 동지들과 힘쓰기를 바라는데 다행히 노형께서 두루 알려주셨습니다. 육자수陸子壽 형제[2]는 요즈음 의론한 것은 이전과 크게 다르지만 도리어 강학의 이해를 요구했습니다. 그의 제자 조립지曹立之와 만정순萬正淳[3]이 와서 만났는데 기상氣象이 모두 몹시 좋았고 도리어 성정을 지키는 데 먼저 힘을 썼습니다. 이 뜻은 절로 좋았는데 단지 주장에서 합치하지 못함이 너무 지나쳤습니다. 또한 성발각오省發覺悟를 얻을 것을 유구하였기 때문에 괴이怪異로 흘러갔을 뿐입니다. 이것을 한번 보고 문공文公 선생[4]도 또한 일찍이 문의를 강론하는 잘못에 자기도 빠진 것을 후회하여 깨달았다는 것을 알았습니다. 자정子靜 선생[5]도 역시 강학하지 않은 적이 없었는데 다만 그 문인들이 무식하여 각기 문호門戶의 뛰어남을 경쟁하면서 스스로 서로 비방하여서 마침내 두 선생의 지리支離와 선정禪定의 차이[6]를 불러왔다. 후학들은 깊이 살피고 상세히 고찰하지 못하고 수성부회隨聲附和[7]하고, 조금도 회통會通한 견식이 없이 주자朱子를 숭배하는 자들은 강론을 진전真詮으로 삼고, 육자陸子를 지키는 자들은 선정을 요궤要軌로 삼고서 종신토록 성인의 학문을 배반함을 스스로 알지 못했다. 그로부터 각각 서로 이어받아 천하의 후학을 속였는데 지금까지도 여전히 그러하다.

注

1 오무실吳茂實은 이름이 영英이고 자가 무실茂實이며 소무邵武 사람이다. 송나라 소흥紹興 30년에 진사가 되었고 주자를 따라 공부했다. 주자가 오무실에게 편지를 준 내용이 『주자문집』, 권44에 나온다.
2 육구연(陸九淵, 1138~1192)과 그의 형 육자수(陸子壽, 1132~1180)를 말한다.
3 조립지曹立之와 만정순萬正淳은 『송원학안』, 권69, 2322P 참조.
4 문공文公선생은 주희이다.

5 자정子靜선생은 육상산이다.

6 지리支離는 지리멸렬支離滅裂이며 이리저리 흩어져 갈피를 잡을 수 없음이다. 이는 주희의 이론이다. 선정禪定은 선 불교에서 참선參禪하여 삼매경에 이르는 것이다. 육상산의 이론이다.

7 수성부화隨聲附和는 줏대 없이 남의 의견에 좇는 것이다.

주희와 육상산의 문인들이 각기 문호門戶의 뛰어남을 경쟁하면서 스스로 서로 비방하여서 두 선생의 지리支離와 선정禪定의 차이를 불러왔다.

089

楊惲致日食之咎, 可乎? 張溫應大臣之氣, 可乎? 中台星折, 委之張華, 可乎? 太白食月, 屬之曹爽, 可乎? 邪術之爲世害, 豈一日之故哉?

양운楊惲이 일식日食의 재앙을 불러들인 것이 가능한가?[1] 장온張溫이 대신大臣의 기氣에 응한 것이 가능한가?[2] 중태성中台星이 꺾인 것을 장화張華[3]에게 돌린 것이 가능한가? 태백太白성이 월식한 것을 조상曹爽에게 돌린 것이 가능한가?[4] 사악한 술수가 세상에서 재앙이 된 것이 어찌 하루 아침의 일이겠는가?

注

1 『한서·양운전楊惲傳』, 권66: 被人揭擧, 驕奢不悔過, 日食之咎.[사람이 공개적으로 제기하였는데 교만하고 사치하는 것을 뉘우치지 않는 것은 일식의 탓이다.] 서한의 선제 때 양운楊惲이 한 말이다.

2 『후한서·동탁전』, 권72: 時太史望氣, 言當有大臣戮死者. 卓使人誣衛尉張溫與袁術交通, 殺之[태사가 망기를 할 때 대신이 죽인 자가 있다고 했다. 동탁이 위의 위무 장온과 쇠술의 교통을 무고하여 그들을 죽였다.] 망기望氣는 구름을 보고 길흉 및 운세를 점치는 고대 점술의 하나이다.

3 장화張華는 자가 무선茂先이고 범양范陽 방성方城 사람이다. 〈초료부鷦鷯賦〉를 짓자, 완적阮籍이 그것을 보고 "왕을 보좌할 인재로다."라 하였다. 진晉나라가 위魏로부터 수선受禪할 때 황문시랑黃門侍郎에 임명되었다. 진晉 혜제 때 중서감中書監에 임명되어 충성을 다하여 천자를 모셨다. 당대 최고의 재상이 되었다. 그런데 갑자기 그의 막내아들 장위張禕가 삼공三公을 상징하는 중태성中台星이 갈라졌으므로 손위遜位하기를 권하였다. 하지만 장화는 따르지 않고 "천도天道는 깊고 머니, 오직 덕을 닦아서 응할 뿐이다."라고 하였다.

4 『진서·천문지』, 12권에 위魏의 조예는 가평嘉平 원년 정월 갑오에 사마의司馬懿와 조상曹爽에게 여덟 살의 태자 조방을 맡기고 죽는다. 조방의 등극 초기는 사마의와 조상이 함께 어린 황제를 보필하였다. 조상은 사마의를 끔찍이 아끼다가 권력에 눈이 어두워 차츰 사마의를 견제한다. 사마의는 병을 핑계로 조정에 나가지 않고 그의 두 아들도 벼슬을 내놓고는 방심하게 만들고 조상을 죽인다. 이 때 태백성의 월식이 있었다.

∴ 한대 이후로 사악한 술수가 세상에서 재앙이 된 지 이미 오래되었다.

090

三五曆紀云: 渾沌未分, 狀如雞子; 溟涬始芽, 蒙鴻滋萌; 歲在攝提, 元氣肇始. 此論俱非精到. 天地未分, 元氣渾沌而已; 天地既辟, 乃元氣化成, 始如雞子也. 今言渾沌狀如雞子, 是顚越矣. 天地初分, 人尚未生, 而云歲在攝提, 孰見而傳, 孰論而紀? 天形圓轉, 眞始難圖. 今言歲在攝提, 元氣肇始, 豈非無據之誕說乎?

『삼오력기三五曆紀』에 "혼돈渾沌되어 천지가 나뉘기 전에 모양은 계란 같았고, 아득하게 알맹이가 처음 싹트고, 어둑어둑한 원기가 번식하여 돋아났고, 그해는 섭제攝提[1]에 있었고 원기元氣가 시작되었다."[2]고 했다. 이 의론은 모두 정묘한 경지에 이른 것이 아니다. 천지가 나뉘기 전에는 원기가 혼돈이었을 뿐이다. 천지가 이미 갈라진 후에 곧 원기가 변화하여 만들어져 처음에는 계란 같았다. 지금 혼돈의 모양이 계란 같다고 말하는 것은 동떨어진 것이다. 천지가 처음 나뉘었을 때 사람은 여전히 생겨나지 않았고, 해는 호랑이해였다고 했는데 누가 보고 전했으며, 누가 논의하여 기록했던가? 하늘의 형태는 둥글고 도는데 참으로 처음부터 그리기가 어렵다. 지금 해가 호랑이해였고 원기가 시작되었다고 말하는 것은 어찌 근거 없는 황탄한 설이 아니겠는가?

注

1 섭제攝提는 호랑이 해[寅年]를 말한다.

2 『삼오력기三五曆紀』: 未有天地之時, 混沌狀如雞子……淇滓始牙, 濛鴻滋萌, 歲在攝提, 元氣始肇.[천지가 생기기 전에 혼돈의 상태가 마치 계란 같았다. …… 물의 기운이 생겨나기 시작하고 어둑어둑하게 원기가 싹틀 때 해는 호랑이 해였으며 원기는 비로소 시작되었다.]

『삼오력기三五曆紀』에 적힌 '혼돈渾沌되어 천지가 나뉘기 전에 하늘의 모양은 계란 같았다.'고 하는 것은 근거 없는 이론이다.

091

列子曰: 太易者, 未見氣也; 太初者, 氣之始也; 太始者, 形之始也;
太素者, 質之始也. 此語甚有病, 非知道者之見. 天地未形, 惟有太
空, 空卽太虛, 沖然元氣. 氣不離虛, 虛不離氣, 天地日月萬形之種,
皆備於內, 一氤氳萌孽而萬有成質矣. 是氣也者乃太虛固有之物,
無所有而來, 無所從而去者. 今曰未見氣, 是太虛有無氣之時矣. 又
曰氣之始, 是氣復有所自出矣, 其然, 豈其然乎? 元氣之上無物, 不
可知其所自, 故曰太極; 不可以象名狀, 故曰太虛耳.

『열자列子』에서 "태역太易은 기氣가 보이지 않은 때이고, 태초太初는 기가 시
작된 때이고, 태시太始는 형태가 시작된 때이고, 태소太素는 질質이 시작된
때이다."[1]고 했다. 이 말은 몹시 병통이 있으니, 도를 아는 자의 견해가 아
니다. 천지가 드러나지 않았을 때 오직 태공太空이 있었고, 공空은 곧 태허
太虛이고 충연沖然한 원기元氣이다. 기는 허와 분리하지 않고, 허는 기와 분
리하지 않으며, 하늘, 땅, 해, 달 등 만 가지 형태의 종자들은 모두 기안에
구비되어 있다. 기운이 성한 것[2] 하나가 싹을 터서 만 가지 물질이 그 성
질을 이룬다. 이 때문에 기라는 것은 태허의 고유한 물질이며 지닌 것 없
이 와서는 갈 곳 없이 떠나간다. 지금 "기가 보이지 않은 때"라고 하면 태
허에 기가 없는 시기를 지녔다는 것이다. 또 말하기를 "기가 시작되는 때
이다"고 했는데 이는 기가 다시 나오는 바가 있다는 것이다. 그것이 그러
한가? 어찌 그것이 그러하겠는가? 원기에는 물질이 없고 그것이 유래한
바를 알 수 없기 때문에 태허라고 한 것이다. 상象으로써 형상을 이름 지
을 수 없기에 태허라고 했을 뿐이다.

注

1 『열자·천서天瑞』: 太易者, 未見氣也, 太初者, 氣之始也, 太始者, 形之始也,

太素者, 質之始也.[태역은 기가 드러나지 않을 때이고 태초는 기가 시작되는 때이고 태시는 형태가 생기기 시작되는 때이고 태소는 바탕이 되는 물질이 시작되는 때이다] 또 반고班固의 『백호통白虎通·천지』에도 『열자』의 이 내용이 적혀있다.

2 『주역』, 「계사전 하」, 4장: 天地氤氳, 萬物化醇, 男女構精, 萬物化生.[하늘과 땅에 기가 가득하여 만물이 자라고 남자의 정기와 여자의 정기가 얽히어 만물이 새로이 생겨난다.] 기운이 성하다는 것은 천지 음양의 기가 가득 찬 것이다.

원기에는 물질이 없기 때문에 태극太極이라 한다. 그 형상에 이름을 붙일 수 없어 태허太虛라 한다.

092

太極者, 道化至極之名, 無象無數, 而天地萬物莫不由之以生, 實混沌未判之氣也, 故曰元氣. 儒者曰: 太極散而爲萬物, 萬物各具一太極, 斯言誤矣. 何也? 元氣化爲萬物, 萬物各受元氣而生, 有美惡, 有偏全, 或人或物, 或大或小, 萬萬不齊, 謂之各得太極一氣則可, 謂之各具一太極則不可. 太極, 元氣混全之稱, 萬物不過各具一支耳, 雖水火大化, 猶涉一偏, 而況於人物乎?

태극은 도가 지극하게 변화한 이름이고, 형상이 없고 수를 셀 수도 없으며 천지 만물은 그런 이유로 생겨나지 않음이 없다. 실제는 혼돈되고 판별되기 전의 기氣이기 때문에 원기라고 한다. 유학자가 말하기를 "태극이 흩어져서 만물이 되었고, 만물은 각각 하나의 태극을 갖추었다."고 하는데 이 말은 잘못이다. 어째서인가? 원기가 변화하여 만물이 되고, 만물은 각기 원기를 받아서 생겨났는데 아름다움과 추악함이 있고, 치우침과 온전함이 있고, 혹은 사람이고 혹은 사물이고, 혹은 크고 혹은 작고, 많고 많은 것들이 고르지 않는데 각자 태극의 한 기를 얻었다고 한다면 옳지만, 각자 한 태극을 갖추었다고 하는 것은 불가하다. 태극은 원기가 혼재한 명칭이고, 만물은 불과 각기 한 가지를 구비했을 뿐이다. 비록 물이나 불과 같은 큰 변화라도 오히려 한 쪽에만 미칠 뿐인데 하물며 인물人物에 있어서야 어떠하겠는가?

注

1 『주자어류·이기理氣』: 在天地言, 則天地中有太極, 在萬物言, 則萬物中各有 太極.[천지에서 말하면, 천지에는 태극이 있고 만물에서 말하면, 만물에는 각기 태극을 지니고 있다.]

태극은 도의 다른 이름인데 형상이 없고 수를 셀 수도 없다. 천지 만물이 도로써 생겨났으며 실질은 혼돈되고 판별되기 전의 원기이다.

093

中庸曰: 天命之謂性, 率性之謂道. 是性由於生, 道由於性, 明且著矣. 但人生稟不齊, 性有善否, 道有是非, 各任其性行之, 不足以平治天下, 故聖人憂之, 修道以立敎, 而爲生民准. 使善者有所持循而入, 不善者有所懲戒而變, 此裁成輔相之大猷也. 若曰人性皆善而無惡, 聖人豈不能如老, 莊守淸淨任自然乎? 何苦於諄諄修道以垂訓? 宋儒寡精鑒, 昧神解, 梏於性善之說而不知辯, 世儒又復持守舊轍, 曲爲論贊, 豈不大誤後世?

『중용』에 "천명天命을 성性이라 하고, 성을 따르는 것을 도라고 한다."[1]고 했는데 이는 성은 생生에서 비롯되고 도는 성에서 비롯된다는 것으로 분명하게 드러냈다. 다만 사람의 타고난 품성은 같지 않고, 성에는 선부善否가 있고 도에는 시비是非가 있는데 각각 그 성에 맡겨서 시행한다면 천하를 평정하여 다스릴 수 없다. 그래서 성인은 그것을 근심하고 도를 닦아 가르침을 세우고 생민을 위한 법으로 삼았다. 선한 자에게는 잘 보존하여 들어오게 하고, 불선한 자에게는 징계하여 변하게 하니, 이는 재성보상裁成輔相[2]의 큰 계획이다. 만약 "인성人性이 모두 선하고 악은 없는 것이라면 성인이 왜 노자와 장자처럼 청정淸淨을 지키고 자연自然에 맡기지 못하겠는가? 무엇 때문에 가르침을 받아 정성스럽게 도를 닦아야 하겠는가?" 송유宋儒는 정밀하게 거울삼을 것이 적고 총명한 견해에 어두우며 성선性善의 설에 묶여서 변별하지 못한 것이다. 세상의 유학자들도 또한 다시 옛 자취를 지키고서 왜곡하여 논찬論贊을 하니 어찌 후세를 크게 잘못된 것이 아니겠는가?

注

1 『중용』: 天命之謂性, 率性之謂道.[천명을 성이라 하고, 성을 따르는 것을 도라고 한다.]

2 재성보상裁成輔相: 재성裁成은 재성財成으로도 쓴다. 『주역·태괘泰卦』상전象傳에 "하늘과 땅이 사귐이 태泰이니, 임금이 이것을 보고, 천지의 도道를 재성財成하고 천지의 의宜를 보상輔相하여 백성을 돕는다." 하였다. 재성은 임금이 천지가 교태交泰하는 도를 체득하여 잘 마름질하여 통치의 방법을 완성한다는 뜻이고, 보상은 임금이 천지가 만물을 화육하는 일을 보조한다는 뜻이다.

⋮ 만약 인성이 모두 선하고 악이 없다면 성인이 노자와 장자처럼 맑고

깨끗함을 지켜 자연을 따르는 것을 중시해야 한다.

094

天地人之道有至正至實之體, 不可得而益, 亦不可得而損. 但自開闢以來, 有誣罔而行者, 有假託而行者, 世代云遠, 踵謬習陋, 迷而弗察者衆矣. 予欲矯正上古質樸之見, 祛除後世謬悠之習, 眇乎無以翼之者, 將俟諸後聖焉耳矣!

천지와 인간의 도에는 지극한 바름[至正]과 지극한 실질[至實]의 실체가 있는데 보탤 수 없고 줄게 할 수도 없다. 단지 천지가 개벽開闢 이래 남을 속이고 행동한 자가 있고, 거짓으로 행동한 자가 있었는데 세대가 멀어지면서 과거의 잘못을 쫓고 비루함을 익히게 되니 미혹하여 살피지 못한 자가 많아졌다. 내가 상고의 질박質樸한 견해를 교정하고 후세의 그릇되고 근심스런 습관을 제거하고자 하지만 조금이라도 도와 줄 자가 없으니, 장차 여러 후에 나타날 성인을 기다릴 뿐이다!

천지와 사람의 도는 지극한 바름과 지극한 실질만 있을 따름이다. 도는 넘치게 할 수도 모자라게 할 수도 없다.

095

孟子之言性善, 乃性之正者也, 而不正之性未常不在. 觀其言曰口之於味, 目之於色, 耳之於聲, 鼻之於臭, 四肢之於安逸, 性也, 有命焉, 君子不謂性也, 亦以此性爲非, 豈非不正之性乎? 是性之善與不善, 人皆具之矣. 宋儒乃直以性善立論, 而遺其所謂不正之說,

豈非惑乎? 意雖尊信孟子, 不知反爲孟子之累.

맹자孟子가 말한 성선性善은 바로 성이 바른 것이나 바르지 않은 성이 존재하지 않은 적은 없었다. 그 말씀을 살펴보면, "입이 맛에 대한 것, 눈이 색에 대한 것, 귀가 소리에 대한 것, 코가 냄새에 대한 것, 사지四肢가 안일安逸에 대한 것이 성인데, 명命에 있어서는 군자는 성이라 말하지 않는다."[1]고 했다. 또한 이 성을 그르다고 했으니, 어찌 바르지 못한 성이 아니겠는가? 이 때문에 성에 선함과 불선함은 사람들이 모두 갖추고 있다. 송유宋儒는 곧 단지 성선으로만 논의를 세우고 그 이른바 바르지 못하다고 말하는 이론을 버렸는데 어찌 미혹한 것이 아니겠는가? 의도는 비록 맹자를 존중하고 신뢰하지만 도리어 맹자에게 누累가 된다는 것을 알지 못한 것이다.

注

1 『맹자·진심하』: 孟子曰, 口之於味也, 目之於色也, 耳之於聲也, 鼻之於臭也, 四肢之於安逸也, 性也, 有命焉, 君子不謂性也.[맹자가 말하기를, 입이 맛에 대해서, 눈이 색에 대해서, 귀가 소리에 대해서, 코가 냄새에 대해서, 사지가 편안한 것에 대해서는 본성이다. 천명이 있으니, 군자는 본성이라고 말하지 않는다]

맹자가 성선을 말한 것은 성의 바름이지만 성에는 바르지 않은 것도 있음을 인정했다. 주자학에서 성선만을 논의의 대상으로 삼은 것은 잘못된 것이다.

096

禮儉則質樸寡飾, 而眞誠之意存; 禮奢則繁文縟節, 而虛枵之象見.
況儉自生簡, 簡則易治; 奢必生僭, 僭則易亂. 故儉爲禮之本, 司國
禮者不可不愼.

예가 검소하면 질박하면서 꾸밈이 적으니 진실하고 성실한 뜻이 존재하
고, 예가 사치하면 번거롭고 불필요하게 되어 공허한 모습을 드러낸다.
하물며 검소함는 스스로 간략함을 생기게 하니 간략하면 쉽게 다스려진
다. 사치함은 반드시 참람함을 생기게 하니 참람하면 쉽게 어지러워진다.
그래서 검소함은 예의 근본이니 국례國禮를 담당한 자는 신중하지 않을
수 없다.

> 예가 검소하면 삶이 간단하고 간단하게 살면 다스림도 쉬워진다. 그
> 래서 검소함은 예의 근본이다.

097

衛輒有國, 諸儒以嫡孫承重之法言之, 以爲有可以得國之理, 此於
大倫大義有害. 蒯聵得罪於父而出奔, 非父已沒也; 況有罪, 非有
危於社稷而法不容返者, 只是當時主國計者, 無有識道理之人, 且
倉卒之時, 便要國有主君, 故不得不立輒耳. 又當時出公年紀之長
少, 知識之能否, 與夫主國之臣利其便己與否, 皆未可知. 古今如此
等事, 謬處者甚多, 不獨衛輒也. 或曰「靈公命之」, 雖然, 夷齊豈無
父命乎? 然皆逃而去之. 使出公有識如咦, 齊兄弟, 不肯自立, 則當
時之臣亦未敢如何, 必請莊公而立之, 則父子君臣之義自然不至有
傷. 仲尼曰:「必也正名」, 衛之君臣不得爲無罪矣.

위衛나라 첩輒[1]이 나라를 소유했을 때 유학자들은 적손嫡孫이 승계하는 것이 중요한 법으로 말하며 나라를 얻을 수 있는 이치로 여겼는데 이는 대륜大倫과 대의大義에 있어서 해가 된다. 괴외蒯聵는 부친에게 죄를 얻고 달아났는데 부친은 아직 죽지 않았을 때이다. 하물며 죄를 지었을 때 사직에 위험이 있지는 않았으나 법이 반역을 용납하지 않았던 것은 단지 당시 나라의 계책을 주관하는 사람이 도리를 아는 사람은 없었고, 또한 창졸지간에 곧 나라에 주군이 필요했기 때문에 어쩔 수 없이 첩을 세웠을 뿐이다. 또 당시 출공出公에 대해 나이의 많고 적음과 지식이 정치하기에 가능한지 아닌지 또 나라를 이끄는 신하가 자신에게 이로운가의 가부는 모두 알 수 없었다. 고금에서 이와 같은 일처럼 잘못 처리한 것이 매우 많으니 위나라 첩뿐만이 아니다. 어떤 이는 "영공靈公이 명령했다"[2]고 하는데 비록 그랬다고 하더라도, 백이伯夷와 숙제叔齊는 어찌 부친의 명이 없었겠는가?[3] 하지만 모두 도망하여 떠나갔다. 만약 출공이 백이 형제의 식견을 가졌더라면 스스로 왕위에 오르려 하지 않았을 것이며, 당시의 신하들도 또한 감히 어찌하지 못하고 반드시 장공莊公을 청하여 세웠을 것이니, 부자와 군신의 의리가 자연히 손상되지 않았을 것이다. 중니仲尼가 말하기를 "반드시 명분을 바르게 해야 한다"[4]고 했으니, 위나라의 군신은 죄가 없을 수 없다.

注

1 위첩衛輒은 위衛나라 출공出公으로 이름이 첩輒이다. 위령공이 조부이고 위장공 괴외가 부친이다. 위령공이 죽고 영공의 부인 남자가 괴외의 아들 첩을 출공에 올렸는데 부친 괴외가 아들을 쫓아내고 장공이 되었다.

2 『사기·위세가』: 衛靈公四十二年曾言立少子子郢爲後, 不立蒯聵.[위영공 42년 어린 손자를 후사로 세우고 괴외를 세우지 않았다.]

3 『사기·백이열전』: 伯夷叔齊是孤竹君之二子, 互相推讓不立爲君.[백이와 숙제는 고죽국 군주의 두 아들인데 서로 왕위를 잇지 않겠다고 하였다]

4 『논어·자로』: 必也正名乎.[이름을 바로잡는 것이 필요하다]

⋮ 위나라 출공의 왕위 계승은 당시 잘못된 처리였다.

098

朱子答蔡季通云:「人之有生, 性與氣合而已. 卽其已合而析言之, 則性主於理而無形, 氣主於形 而有質.」卽此數言, 見先生論性關頭就差. 人具形氣而後性出焉, 今曰「性與氣合」, 是性別是一物, 不從氣出, 人有生之後各相來附合耳, 此理然乎? 人有生氣則性存, 無生氣則性滅矣, 一貫之道, 不可離而論者也. 如耳之能聽, 目之能視, 心之能思, 皆耳目心之固有者, 無耳目, 無心, 則視聽與思尚能存乎? 又謂主理故公而無不善, 有質故私而或不善. 且以聖人之性亦自形氣而出, 其所發未嘗有人欲之 私, 但以聖人之形氣純粹, 故其性無不善耳; 衆人形氣駁雜, 故其性多不善耳, 此性之大體如此. 萬世之下有聖人生焉, 亦不易此論矣. 而先生乃以本然氣質分而二之, 殊不可曉. 且舜之戒禹而以人心道 心言者, 亦以形性爲一統論, 非形自形而性自性也. 謂之人心者, 自其情欲之發言之也; 謂之道心者, 自其道德之發言之也. 二者, 人性所必具者. 但道心非氣稟淸明者則不能全, 故曰「道心惟微」, 言此 心甚微眇而發見不多也; 人心則循情逐物, 易於流蕩, 故曰「惟危」, 言此心動以入欲, 多致凶咎也. 人能加精一執中之功, 使道心雖微, 擴充其端而日長; 人心雖危, 擇其可者行之而日安, 則動無不善, 聖賢之域可以馴致. 此養性

之實學, 作聖之極功也.

주희가 채계통蔡季通에게 답하기를 "사람이 태어남은 성性과 기氣가 합했을 뿐이다. 그 이미 합한 것을 분석하여 말하자면 성은 리理를 주관하며 형形이 없고 기는 형形을 주관하며 질質이 있다."[1]고 했다. 이 여러 마디의 말은 선생이 성을 논한 처음과 차이가 있음을 보인다. 사람은 형기形氣를 갖춘 후에 성이 나온다고 했는데, 지금은 "성과 기의 합함이다"라고 하니, 이는 성은 별개의 한 사물이며 기를 따라서 나오지 않고, 사람에게 태어남이 있게 된 후 서로 각자 와서 부합附合했을 뿐이라고 했다. 이 이치가 옳은 것인가? 사람에게 생기生氣가 있으면 성이 존재하고 생기가 없으면 성은 없어진다. 일관一貫하는 도는 분리하여 논할 수 없다. 귀는 들을 수 있고, 눈은 볼 수 있고, 마음이 생각할 수 있는 것은 모두 귀와 눈과 마음의 고유한 것들인데 귀와 눈이 없고 마음이 없다면 시청과 생각이 여전히 존재할 수 있겠는가? 주희는 또 "리理를 위주로 하기 때문에 공정하게 착하지 않음이 없고, 질質이 있기 때문에 사사로우며 간혹 착하지 않다."[2]라고 하였다. 성인의 성性도 또한 형기形氣로부터 나오고 그 발한 바는 인욕人欲의 사사로움이 있은 적이 없고 단지 성인의 형기는 순수하기 때문에 그 성은 착하지 않음이 없을 뿐이다. 중인衆人의 형기는 박잡駁雜하기 때문에 그 성은 착하지 못함이 많을 뿐이다. 이 때문에 성의 대체大體가 이와 같다. 만세萬世 이후에 성인이 태어나더라도 또한 이 논의를 바꿀 수 없을 것이다. 선생은 이에 본연本然의 기질을 나누어 두 가지로 하였는데 특히 알 수 없다. 또 순舜이 우禹를 경계시킨 것을 인심人心과 도심道心[3]으로 말한 것 역시 형形과 성性을 하나로 통합하여 논한 것인데 형은 스스로 형이 되는 것이 아니고 성은 스스로 성이 된다. 인심이라고 말한 것은 그 정욕情欲이 발한 것을 말한 것이고, 도심이라고 말한 것은 그 도덕이 발한 것을 말한 것이다. 두 가지는 인성이 반드시 갖춘 바이다. 다만 도심은 기품

氣稟이 청명淸明한 자가 아니면 완전할 수 없기 때문에 "도심은 오직 은미하다."⁴고 한 것인데 이 마음은 몹시 미묘하여 발현이 많지 않다. 인심은 정을 따르고 사물을 따라서 쉽게 유탕流蕩해지기 때문에 "오직 위험하다"라고 했는데 이 마음이 움직여서 욕망으로 들어가면 흉구凶咎를 일으킴이 많다. 사람이 능히 정일집중精一執中한 공공功을 가하면 도심이 비록 은미하더라도 그 실마리를 확충하여 날로 자라게 할 수 있다. 인심이 비록 위험하더라도 그 옳은 것을 택하여 행한다면 날로 편안해질 것이니, 움직이면 착하지 않음이 없고, 성현의 영역도 순순히 이르게 할 수 있다. 이것이 양성養性의 실학實學이고 성인이 되는 지극한 공공功이다.

注

1 채계통蔡季通은 채원정蔡元定이다. 주자와 나이는 비슷하지만, 스승과 제자 관계이다.

2 『주자문집』, 44권: 性主於理而無形, 氣主於形 而有質.[성은 리理를 주관하며 형形이 없고 기는 형形을 주관하며 질質이 있다] 주자의『역학계몽易學啟蒙』은 채원정蔡元定이 초안을 만들었다. 주자가 채원정에게 보낸 편지에 적혀있다.

3 이 구절은 주희가 채원정에게 보낸 편지 중의 말이다.

4 『상서·대우모大禹謨』: 人心惟危, 道心惟微, 惟精惟一, 允執厥中, 所謂十六字 心傳.[인심은 오직 위태롭고 도심은 오직 미미하니 오로지 정밀하게 마음을 순일하게 하여 진실로 중을 잡아라. 순舜임금이 우禹에게 선위할 때 말한 이 16글자는 마음의 전함이다.]

주자, 『중용장구서』: 允執厥中者, 堯之所以授舜也. 人心惟危, 道心惟微, 惟精惟一. 允執厥中者, 舜之所以授禹也.['진실로 그 중을 잡아라.'라는 것은 요임금이 순임금에게 준 근거가 되는 것이고 인심은 오직 위태롭고 도심은 오직 미미하니 오직 정밀하게 하고 마음을 순일하게 하여

진실로 그 중을 잡으라는 것은 순임금이 우임금에게 준 근거이다.]

> 주자가 『답채계통서答蔡季通書』에서 성의 그릇됨을 논의한 것에 대해
> 논했다.

099

橫渠謂心寧靜於此, 一向定疊, 目前縱有何事, 亦不恤也, 此似欠會
通. 心固貴靜定, 目前之事有不得不動而應者, 雖細小之感, 亦當起
而應之, 所謂常靜常應是也. 易曰: 無思也, 無爲也, 感而遂通天下
之故, 豈有事至目前而不恤者耶? 若然, 類禪定而無應矣, 於道也
奚益?

횡거橫渠가 마음이 여기에서 안정하면 줄곧 안정이 쌓여서 눈앞에 설령
무슨 일이 있더라도 역시 근심하지 않는다.[1]고 말했는데 이는 꿰뚫음이
부족한 듯하다. 마음은 참으로 안정을 귀하게 여기는데 눈앞의 일에 움직
여서 응하지 않을 수 없다. 비록 작은 느낌일지라도 또한 마땅히 일어나
서 응하는데 이른바 상정常靜과 상응常應이 그것이다. 『역易』에 "무사無思와
무위無爲는 감응하여 마침내 천하의 일과 통한다."[2]고 했는데 어찌 일이
눈앞에 이르는데 근심하지 않겠는가? 만약 그렇다면 선정禪定처럼 반응이
없는 것이니, 도에 어찌 이익이 되겠는가?

注

1 횡거(橫渠, 1020~1077)는 장재張載이다. 『장재집』, 283p, 「학대원하學大原下」:
心且寧守之, 其發明都是末事, 只常體義理, 不須思, 更無足疑. 天下有事,
其何思何慮, 自來只以多思爲害, 今且寧守之, 以攻其惡也.[마음이 평안함

을 지키면, 그 드러나는 모든 일이 생기지 않은 것이고 항상 의리를 체로 여기고 생각하지 않으면 의심하게 된다. 천하에 무슨 일이 있으면, 그 무엇을 생각할 것인가, 지금까지 내려오며 많은 생각으로 해가 되었으나 지금은 그 악을 공격하여 그것을 지킨다.]

2 『역·계사상』, 10장: 易無思也, 無爲也, 寂然不動, 感而遂通天下之故, 非天下之至神, 孰能與於此.["역은 생각함이 없으며, 하는 것도 없다. 고요해서 움직이지 않다가 감응으로 천하의 연고에 통하니, 천하의 지극한 신이 아니면, 누가 이것에서 함께 할 수 있으리] 지신至神은 감응으로 통한다.

장재가 마음의 안정되면 어떤 일에도 흔들리지 않는다고 말했는데 눈앞에 일이 일어나면 응하지 않을 수 없다.

100

子在川上, 見水之逝, 晝夜不息, 乃發爲歎, 意豈獨在水哉? 天道人事物理, 往而不返, 流而不息, 皆在其中, 不過因水以發端耳.

공자孔子가 물가에서 물이 흘러가는 것을 보고, 밤낮으로 쉬지 않으니 이에 탄식을 발했는데[1] 뜻이 어찌 단지 물에만 있었겠는가? 천도天道와 인사人事의 물리物理는 가서 되돌아오지 않고, 흘러가면서 쉬지 않은 것이 모두 그중에 있는데, 불과 물로 인한 발단일 뿐이다.

注

1 『논어·자한』: 子在川上曰, 逝者如斯夫, 不舍晝夜.[공자가 하천가에서 말하기를, 물이 흘러감이 이와 같구나. 밤낮으로 쉬지 않는구나]

천도와 인사에서 이치는 가서 돌아오지 않고 흘러가며 멈추지 않는 것이다.

101

欲多塗; 好功, 好名, 好文章, 好安逸, 好諸非性分者皆是也, 不直好富貴耳. 夫有所好, 神志不得清泰, 必動心於得失之際, 豈不累於所好哉?

욕망은 다양한 길인데, 공훈을 좋아하고, 명예를 좋아하고, 문장을 좋아하고, 편안함을 좋아하고, 여러 사람의 본성이 나누어지지 않는 것을 좋아하는 것이 모두 이것이다. 단지 부귀를 좋아하는 것뿐이 아니라 좋아하는 것이 있으면 신지神志가 맑고 태평함을 얻지 못하니, 반드시 득실의 때에 마음을 움직이는데 어찌 좋아하는 것에 의해 허물이 되지 않겠는가?

좋아하는 것이 있게 되면 마음의 신지神志가 흐려져 득실의 언저리에서 반드시 마음이 움직인다.

102

劉安世論內降曰: 人主或有請求難以面折, 但以其奏付之外庭, 若大臣守法而不回, 則私謁雖多而無患. 雖然, 有是大臣可矣, 使依阿曲承者處之, 則君臣胥失, 政涉粃繆. 故君德當以剛而決其私, 臣道宜以正而執其法.

유안세劉安世[1]가 내강內降[2]을 논하기를 "군주가 어떤 사람이 어려운 일을 청함이 있었는데 면전에서 거절하고, 단지 그 상소를 외정外庭에 부쳤는데 만약 대신大臣이 법을 준수하면서 회답하지 않는다면 사적인 알현이 비록 많더라도 근심이 없을 것이다"라고 했다. 비록 그렇지만 이는 대신에게나 가능한 일이다. 아부하고 영합하여 받드는 자에게 처리하게 한다면 군신은 규탄을 받고 신임을 잃으며 정치는 지저분하게 얽힌다. 그래서 군주의 덕은 마땅히 강하여 그 사사로움을 끊어내야 하고, 신하의 도는 마땅히 올바르게 그 법을 집행해야 한다.

注

1 유안세刘安世는 자가 기지器之이고 스승이 사마광司马光이다. 철종 때 좌간의대부左谏议大夫를 역임했다.『진언집尽言集』, 13권이 있다.
2 '내강內降'은 군주가 명령을 전하는 뜻이다.

> 군주의 덕은 사사로움을 끊어내야 하고 신하의 도는 바름을 지켜 법을 집행해야 한다.

103

心乃體道應事之主, 故程子曰:「古人之學, 惟務養性情, 其他則不學.」雖然, 君子欲有爲於天下, 明經術, 察物理, 知古今, 達事變, 亦不可不講習, 但有先後緩急之序耳.

마음은 곧 도를 체현하고 일에 응하는 주체이다. 그래서 정자程子가 말하기를 "옛 사람의 학문은 오직 힘써 성정性情을 양성하고 그 다른 것은 배우지 않았다"[1]고 했다. 비록 그렇지만 군자는 천하를 위해 일을 하려고 하는데, 경술經術에 밝고, 물리를 관찰하고, 고금을 알고, 일의 변화에 통달하는 것도 또한 학습하지 않을 수 없다. 단지 선후와 완급의 순서만 있을 뿐이다.

注

1 『근사록·위학爲學』, 18권: 古之學者, 惟務養情性, 其他則不學. 今爲文者專務章句, 悅人耳目, 旣務悅人, 非俳優而何? [옛날 학자들은 오직 마음을 수양하는 데 힘썼고 그 밖의 학문은 배우지 않았다. 오늘날 문장을 짓는 자들은 오로지 장구에만 힘을 써서 남의 귀와 눈만을 기쁘게 하려고 하니 배우가 아니고 무엇이겠는가?]

정자가 옛 학자들의 공부는 오직 성정性情을 양성하는 데에만 힘썼다고 하였으나 군자라면 다양하게 공부해야 한다.

104

「人生而靜, 天之性也; 感於物而動, 性之欲也」, 此非聖人語. 靜屬天性, 動亦天性, 但常人之性動以物者多, 不能盡皆天耳. 今曰動乃性之欲, 然則聖人之動亦皆欲而非天邪? 此論似爲偏頗. 聖人之言徹上徹下, 旁通無滯, 必不如此. 且性者, 合內外而一之道也. 動以天理者, 靜必有理以主之, 動以人欲者, 靜必有欲以基之. 靜爲天性, 而動卽逐於人欲, 是內外心跡不相合一矣, 天下豈有是理! 聖人德性養成, 無欲無爲, 至虛至一, 靜亦以天, 動亦以天, 物來應之而已, 夫何有欲以將迎於外? 若曰性動於欲, 此在常人則然矣.

"사람이 태어나서 조용한 것은 천성天性이다. 사물에 감촉되어 움직이는 것은 본성의 욕망이다."[1]고 한 것은 성인의 말이 아니다. 고요함은 천성에 속하고 움직임 또한 천성인데 다만 보통 사람의 본성은 사물로써 움직이는 것이 많으니, 모두 다 천성일 수 없을 뿐이다. 지금 움직임이 본성의 욕망이라고 말하는데 그렇다면 성인의 움직임은 또한 모두 욕망이고 천성이 아닌가? 이 의론은 편파적인 듯하다. 성인의 말은 위로 통하고 아래로 통하니 널리 통하며 막힘이 없는데 반드시 이와 같지 않을 것이다. 또한 본성은 내외를 합한 하나의 도이다. 움직임을 천리天理로써 하는 자는 고요함도 반드시 리理가 주관한다. 움직임을 사람의 욕망으로써 하는 자는 고요함도 반드시 욕망으로써 기반을 둔다. 고요함은 천성인데 움직임은 곧 사람의 욕망을 쫓는다면 이는 내외의 심적心跡이 서로 합한 하나가 아니다. 천하에 어찌 이런 이치가 있겠는가! 성인의 덕이 양성되면 무욕無欲 무위無爲하고 지극히 비우고 지극히 순일하니 고요함 또한 천성으로써 하고 움직임 또한 천성으로써 하여 사물이 와서 응할 뿐인데 어찌 욕망이 있어서 장차 밖에서 맞이할 것인가? 만약 본성이 욕망에서 움직인다고 한다면 이는 일반인에 있어서는 그러하다.

注

1 『예기·악기』: 人生而靜, 天之性也, 感於物而動, 性之欲也.[사람이 태어나서 조용한 것은 천성이나 사물에 감촉되어 움직이는 것은 본성의 욕망이다]

> 사물에 감응하여 움직이는 것은 본성의 욕망이지만, 성인은 무욕, 무위하니 외물에 흔들리지 않는다.

105

水在下, 地在上, 若浮乘然. 氣激於虛, 泉湧而上, 卽地下之水, 非別有生化者. 人之脈, 出自湧泉, 而升於百會, 可推矣. 陰乘乎陽, 雲升而雨, 卽地水之氣, 非別有種子者. 人之液, 鬱熱於中, 汗瀝於外, 可推矣. 由是觀之, 地上地下, 而雲而雨, 一貫之道也, 但有升降變化之殊耳. 東流者卽上湧者, 上湧者 卽地下者, 地下者卽東流者. 上湧無窮, 故東流亦無窮耳. 觀此則升雲無窮, 降雨無窮, 亦可推矣. 然則有消散乎? 曰: 有之, 微乎微耳, 水之大勢大機無與焉. 謂沃焦釜, 乃出妄度. 海何不溢? 曰: 地下皆水, 四海會通, 地浮水面, 有何滿溢?

물은 아래에 있고 땅은 위에 있어서 떠서 타고 있는 듯하다. 기氣가 빈 공간에서 격동하면 샘물이 용출하여 오르는데 곧 지하의 물로서 별도로 변화하여 생겨나는 것이 아니다. 사람의 맥脈이 용천湧泉에서 나와서 백회百會[1]로 올라감을 추측할 수 있다. 음陰이 양陽을 타면 구름이 올라가서 비를 뿌리는데 곧 지하의 물로서 별도로 종자가 있는 것이 아니다. 사람의 체액은 안에서 뜨거워져 밖으로 흘러나옴을 추측할 수 있다. 이로 보건데 지상과 지하의 구름과 비는 일관된 도道인데 단지 올라가고 내려가는 변화에서 다름이 있을 뿐이다. 동으로 흐르는 것은 곧 위로 용출하는 것이고, 위로 용출은 곧 지하에 있는 것이고, 지하에 있는 것은 곧 동으로 흐르는 것이다. 위로 용출이 무궁하기 때문에 동으로 흐르는 것도 또한 무궁할 뿐이다. 이를 보면 오르는 구름이 무궁하면 내리는 비도 무궁하다는 것을 또한 추측할 수 있다. "그렇다면 소멸되고 흩어짐은 있는가?" "있다. 은미하고 은미할 뿐이다. 물의 큰 세력과 큰 변화는 관계하지 않는다. 옥초부沃焦釜[2]라고 한 것은 곧 망상이다." "바다는 어찌 넘치지 않는가?" "지하가 모두 물이라도 바다가 하나로 이어져 있고 땅도 수면에 떠있으니 어찌 가득하여 넘칠 수 있겠는가?"

1 용천湧泉과 백회百會는 모두 사람 몸 안의 체액이다.

2 옥초부沃焦釜에서 옥초는 전설 중 동해 남부의 태산이다. 곽찬郭撰의 『현중기玄中記』: 天下之大者, 東海之沃焦. 水灌之而不已, 沃焦, 山名也. 在東海南, 方三萬里[천하에서 가장 큰 것은 동해의 옥초이다. 물을 부어도 그치지 않는다. 옥초는 산 이름이다. 동해 남쪽에 있다. 사방 3만 리이다.]라고 하였다. 『장자·추수秋水』: 天下之水, 莫大於海. 萬川歸之, 不知何時止而不盈, 尾閭洩之, 不知何時已而不虛.[천하의 물은 바다보다 큰 것이 없으니, 모든 것이 끊임없이 모여도 찰 줄 모르고 미려로 끊임없이 세어나가도 마를 줄 모른다]라고 하였다. 여기서 미려는 바닷물이 빠져나가는 구멍이며 옥초와 같은 뜻이다. 옥초부는 태산만큼 큰 가마솥이다.

구름이 올라가서 비를 내린다. 지하의 물 기운은 별도로 종자가 있는 것이 아니다.

106

人物之生於造化, 一而已矣. 無大小, 無靈蠢, 無壽夭, 各隨氣之所稟而爲生, 此天地之化所以無心而爲公也, 故曰「各正性命」. 但人靈於物, 其智力機巧足以盡萬物而制之, 或毆逐而遠避, 或拘系而役 使, 或戕而肉食, 天之意豈欲如是哉? 物勢之自然耳. 故強凌弱, 衆暴寡, 智戕愚, 通萬物而皆然, 雖天亦無如之何矣!

인간은 조화造化에서 태어나는데 한 가지일 뿐이다. 크고 작음이 없고 신령함과 우둔함이 없으며 장수와 요절이 없다. 각기 기氣가 품부한 바에 따라 태어나는데 이는 천지의 조화가 무심하게 공정함을 이루기 때문에 "각기 성명性命을 바르게 한다"[1]고 말한다. 다만 사람은 사물보다 영험하고, 그 지력智力과 기교機巧는 만물을 죽여서 제압할 수 있고, 혹은 쫓아내어 멀리 피하게 할 수 있고, 혹은 붙잡아 묶어서 일을 시킬 수 있고, 혹은 죽여서 고기를 먹을 수 있는데 하늘의 뜻이 어찌 이같이 하고자 하겠는가. 사물의 형세가 스스로 그러할 뿐이다. 강한 것은 약한 것을 능멸하고, 무리는 소수를 해치고, 지혜로운 자는 어리석은 자를 죽이는 것이 만물을 통하여 모두 그러한데 비록 하늘일지라도 또한 어찌할 수가 없을 것이다!

注

1 『역경·건괘』: 各正性命.[각기 자신의 성명을 바로 세운다] 이 말의 뜻은 각자가 자연스럽게 비추어 보고 발전하는 것이다.

> 사람은 조화造化로 인해 태어나지만, 대소大小, 영준靈蠢, 수요壽夭가 다르게 태어난다.

107

有德之人, 心誠辭直, 正顏厲色, 不作僞飾, 以爲心害.「巧言令色」, 害心之德, 豈不鮮仁.

덕이 있는 사람은 마음이 진실하고 말은 정직하며 안색을 바르게 하고 노기를 띠면서 가식을 만들어 마음의 해로움으로 삼지 않는다. 교언영색巧言令色[1]은 마음의 덕을 해치니, 어찌 인이 드물지 않겠는가.

注

1 교언영색巧言令色은 말을 꾸며서 하고 얼굴색을 다르게 만드는 것이다. 즉 자신을 선인으로 가장하여 꾸미는 것이다.

덕 있는 사람은 마음이 진실하고 말이 정직하며 가식을 만들지 않는다. 즉 '교언영색' 하지 않는다.

108

守道者, 可以信義相期. 嗜利之人, 惟知利己, 少有虧損其所欲, 則乖變逐作, 難保其弗改於義圖矣. 是故君子取交, 觀其義利之素, 可以決其得失之歸.

도를 지키는 자는 신의로써 서로 기약할 수 있다. 이익을 좋아하는 사람은 오직 자기를 이롭게 하는 것만 알기 때문에 조금이라도 그 하고자 하는 바에 손해가 있으면 변고를 끝내 일으키니, 그 의도를 바꾸지 않음을 지키기 어렵다. 이 때문에 군자는 교유를 취할 때 평소 의리가 순수한가를 관찰하고 그 득실이 돌아가는 바를 결정할 수 있다.

군자는 사람을 사귈 때 상대의 평소 의리에 대한 태도를 관찰하여 득실을 미리 예견한다.

109

虛而靈者爲魂, 神之至也; 實而覺者爲魄, 精之至也, 百體皆會焉. 邵子曰: 心之靈曰神, 膽之靈曰魂, 脾之靈曰魄, 腎之靈曰精. 分析

破碎, 殊乖至理.

비어있으면서 영명한 것은 혼魂이 되는데 신神이 지극한 것이다. 실제로
있으면서 지각하는 것은 백魄이며 정精이 지극한[1] 것으로 백체百體가 모두
모인다. 소자邵子가 말하기를 "마음의 영명함은 신神이라 하고 쓸개[膽]의
영명함은 혼魂이라 하며 지라[脾]의 영명함은 백魄이라 하고 콩팥[腎]의 영
명함은 정精이라 한다"[2]고 했는데 분석이 깨어지고 부서졌으며 특히 지극
한 이치에 어긋났다.

注

1 《좌전·소공昭公 7년》: 人生始化爲魄, 既生魄, 陽曰魂. [인간이 태어나 비
로소 기화하여 백이 되고, 이미 생겨난 백에서 양을 혼이라 한다.]라고
하였는데 공영달이 "魂魄神靈之名, 附形之靈爲魄, 附氣之神爲魂也 [혼백
은 신령한 것의 이름이다. 형태가 영명하여 백이라 하였고 기가 신령
하여 혼이라 하였다]"라고 해석했다.

2 소자邵子는 소옹(邵雍, 1011~1077)이다. 소옹은 어려서부터 소문산蘇門山의
백원사百源寺에 머물러 사람들이 '백원선생'이라 불렀다. 혼백에 대한
글은 그가 지은 『어초문답漁樵問答』과 황종희의 『송원학안·백원학안百源
學案』에 나온다.

소옹이 마음은 신神으로, 쓸개[膽]는 혼魂으로, 지라[脾]는 백魄으로, 콩
팥[腎]은 정精으로 영명함을 나타냈는데, 이 분석은 이치에 어긋난다.

110
人臣患得患失之心根於中, 則於人主之前論事不阿諛則逢迎, 恐逆

鱗而獲罪矣. 不論是非, 一切順從, 豈不壞國家之事? 雖聖明之主
能受盡言, 亦被其蒙蔽, 安望有弼違輔養之功? 始也爲君德之蠹,
終也爲社稷之賊.

신하가 득실을 근심하는 마음이 내면에 뿌리박혀 있다면 군주 앞에서 일
을 논하면서 아부하여 영합하지 않으면 뜻을 거슬러서 죄를 얻을까 두려
워할 것이다. 시비를 따지지 않고 일체 순종한다면 어찌 나라의 일을 무
너뜨리지 않겠는가. 비록 훌륭한 임금이 모든 말을 받아들일 수 있더라도
또한 그 속임을 당할 것인데 어찌 보필하고 보양하는 공로를 바라겠는가.
처음에는 군주의 덕을 해치는 벌레였다가 끝내는 사직의 도둑이 된다.

> 신하가 득실을 따져서 군주 앞에서 아첨하여 비위를 맞춘다면 결국
> 그는 사직의 도둑이 되는 것이다.

111

維持國命, 在紀綱修擧, 使君臣志氣委靡, 無振奮激烈之圖, 必一槪
苟且了事, 此紀綱之日蠹也. 久久習成, 不免奸雄竊機以乘之矣. 晉
之中葉疆臣悍將居外承制, 廢置自由, 天子徒擁虛器於上. 唐之末
造, 方鎭據地逆命, 雖奉正朔, 實於列國無異. 國勢至此, 紀綱絶矣.
動爲厲階, 莫敢誰何, 雖欲不亡, 豈可得乎?

나라의 운명을 유지하는 것은 기강을 다스리는 데 있으며, 군신의 지기志
氣가 약하여 분발하고 격렬한 의도가 없으면 반드시 모두 구차하게 일을
마치니, 이 때문에 기상이 날로 무너질 것이다. 오래되어 습관이 되면 간
웅이 엿보고 기회를 타는 것을 면하지 못할 것이다. 진晉나라 중엽에 강한

신하와 사나운 장수가 조정 밖에서 승제承制[1]하고 폐치廢置[2]가 자유로워 천자는 한낱 위에서 유명무실한 권력을 껴안고 있었다. 당唐나라 말기에는 방진方鎭에서 지역을 차지하고 명을 어겼는데 비록 천자의 호를 받들었지만 실로 열국들과 차이가 없었다. 국가의 운세는 이에 이르러 기강이 끊겼다. 움직이면 여계厲階[3]를 만들지만, 감히 누구냐고 묻지 못하고 비록 망하게 하지 않으려고 할지라도 어찌 가능하겠는가.

注

1 승제承制는 조정의 재가를 받지 않고 편의대로 적절히 권한을 행사하는 것을 말한다.

2 폐치廢置는 폐지하고 설치하는 것이다. 폐지하여 방치하는 것도 해당한다.

3 여계厲階는 재앙의 근원을 뜻한다. 『시경·대아·상유桑柔』에서 "誰生厲階, 至今爲梗.[누가 재앙의 빌미를 만들어 지금의 병폐를 만들었나]"라고 하였다.

국운은 기강의 회복에 달려있다. 과격하고 급진적인 시도가 자칫 일을 망치게 하고 오래 계속되면 간웅이 기회를 타 기강은 점점 무너진다.

112

得時得位, 聖人亦所欲也, 爲行道之資耳. 聖人俟命焉, 不苟得也; 餘人不奔競以求, 則諛佞而餂, 可鄙也! 是豈純王之道也哉? 故曰有可以得天下之道, 而無取天下之心, 乃可與言王矣. 然非有道者不能也.

때를 얻고 지위를 얻는 것은 성인도 역시 원하는 것인데 도를 행하는 바
탕으로 삼을 뿐이다. 성인은 명을 기다리는데 구차하게 얻으려 하지 않는
다.[1] 나머지 사람들은 다투어 구하지 않으면 아부하여 꾀어내니, 비루하
구나! 이것이 어찌 순수하게 왕의 도리이겠는가? 그래서 "천하의 도를 얻
을 수 있는데 천하를 취할 마음이 없다면 왕과 더불어 말할 수 있다."라고
말한 것이다. 그러나 도를 지닌 자가 아니면 불가능하다.

注

1 『논어·이인里仁』: 子曰, 富與貴是人之所欲也, 不以其道得之, 不處也. 貧與
賤是人之所惡也, 不以其道得之, 不去也.[공자가 말하길, 부귀는 사람들
이 바라는 것이지만 도로서 얻는 것이 아니라면 처하지 않는다. 빈천
은 사람들이 싫어하는 것이지만 도로서 그것을 얻지 않으면 버리지 않
는다.] 부귀와 빈천은 하늘의 명을 기다릴 뿐 구차하게 얻으려 하거나
버리려 하지 않는 것이다.

지위를 얻는 것은 성인이 바라는 것이다. 도를 행하는 바탕으로 삼지
만, 명을 기다리고 구차하게 얻으려 하지 않는다.

113

喜怒哀樂其理在物, 所以喜怒哀樂其情在我, 合內外而一之道也.
在物者感我之機, 在我者應物之實. 不可執以爲物, 亦不可執以爲
我, 故內外合而言之, 方爲道眞.

희로애락은 그 이치가 사물에 있고, 희로애락이 생기는 이유는 그 감정이
나에게 있기 때문에 내외를 합하여 하나의 도이다. 사물에 있는 것은 나

를 감촉하는 계기이고, 나에게 있는 것은 사물에 응하는 실질이다. 고집하여 사물이라 할 수 없고, 또한 고집하여 나라고 할 수 없다. 그래서 내외를 합하여 말한 것인데 바야흐로 도의 참됨이 된다.

> 희로애락은 그 이치가 사물에 있지만, 그 감정은 나에게 있기에 내외를 합하여 하나의 도가 된다.

114

博學, 是於古今, 常變, 因革, 治亂, 幽明, 上下之道無不究極也, 非不論其是非邪正, 兼收而博取之. 故古人之學謂之該博, 後人之學不過博雜而已. 觀其緯說異端無不遵信, 九流百氏罔知決擇, 循世俗之淺見, 以爲誇多鬪靡之資, 豈非惑歟? 南宋諸儒擇焉不精, 至今爲世大惑, 以此.

박학은 고금古今, 상변常變, 인혁因革, 치란治亂, 유명幽明, 상하上下의 도에 대하여 끝까지 탐구하지 않음이 없고, 그 옳고 그름과 사특하고 바름을 논하지 않는 것이 아니며 두루 수집하여 널리 취하는 것이다. 그래서 옛사람의 학문은 해박하다고 하지만 후인의 학문은 불과 박잡博雜할 뿐이다. 그 위설緯說을 보면 이단으로 존숭하여 믿지 않음이 없고 구류백씨九流百氏를 결정하여 선택할 줄 모르고, 세속의 잘못된 견해를 따르며 사치와 호화로움을 서로 비교하며 다투는 것[1]을 바탕 삼으니 어찌 의심하지 않겠는가? 남송南宋의 제유諸儒[2]들은 선택에 정밀하지 못하여 지금 세상에서 크게 미혹하게 된 것은 이 때문이다.

1 과다투미誇多鬪靡는 사치와 호화로움을 서로 비교하며 다툼을 이르는
  성어이다. 즉 사치를 다투는 것이다.
2 남송의 제유諸儒는 주자학파들을 가리킨다.

> 박학은 옳고 그름과 바름과 잘못됨을 논하는 것이니 두루 수집하고
> 널리 취하는 것이다.

115

爲學不先治心養性, 決無入處. 性情苟不合道, 則百行皆失中庸之
度矣. 故學當先養心性.

학문은 마음을 닦고 본성을 양성하는 것을 우선하지 않으면 결코 들어올
곳이 없다. 성정性情이 만약 도에 합치하지 않는다면 백 가지 행동이 모두
중용中庸의 법도를 잃게 될 것이다. 그래서 학문은 마땅히 심성을 양성하
는 것을 우선해야 한다.

> 학문은 마음을 닦고 성을 양성하는 것[治心養性]을 우선으로 해야
> 한다.

116

張橫渠云: 讀書以維持此心, 一時放下則一時德性有懈. 此與維摩
詰數念珠何異? 學者貴收養其心, 不令放縱耳, 何必用書以爲維持
之具? 但能操在純熟, 則心有定向, 不待持之而無不存矣.

장횡거가 말하기를 "독서로써 이 마음을 유지하는데, 일시라도 풀어놓으면 일시에 덕성에 나태함이 있게 된다."[1]고 했다. 이는 유마힐維摩詰[2]이 염주念珠를 세는 것과 무엇이 다른가? 학자는 그 마음을 거두어 양성함을 귀하게 여기고 방종하지 않도록 할 뿐이지, 어찌 반드시 책을 사용하여서만 마음을 유지하는 도구로 삼을 수 있겠는가? 단지 능숙하게 마음에 간직하면 마음에 정해진 지향이 있게 되니, 유지하기를 기대하지 않아도 있지 않음이 없게 된다.

注

1 『송원학안』, 18권, 「횡거학안」에 나온다.
2 유마힐維摩詰은 불교에서 불명이다. 석가모니와 동시대 사람이다.

> 공부하는 사람은 독서로 그 마음을 양성하며 게을리함지 않아야 한다.

117

古人有身教焉, 今人惟恃言語而已矣, 學者安望其有得? 近世復有以清心, 靜坐, 解悟教人者, 求諸義理, 德性, 人事之實, 則茫然不達, 此又言語之不如也.

옛 사람은 신교身教가[1] 있었지만 지금 사람은 오직 언어만을 믿을 뿐인데, 배우는 사람이 어찌 그 얻은 바가 있기를 희망하는가? 근세에 다시 청심淸心, 정좌靜坐, 해오解悟로써 다른 사람을 가르치는 자들이 의리義理, 덕성德性, 인사人事의 실질을 구한다면 막연하여 달성할 수 없으니, 이것은 또한 언어만도 못한 것이다.

1 신교身教는 몸소 자기의 행동으로 가르치거나 실천적 모범으로 가르치
 는 것이다.

 가르치는 사람은 신교身教로 가르치는 것이 최선이다. 다음이 말로
 가르치는 것이고 정좌나 해오를 통하여 남을 가르쳐서는 안 된다.

118

天地之道, 惟其悠久, 故能成物; 聖王久於其道, 而天下化成, 一而
已矣. 欲速見小以爲治, 便非天地王道氣象.

천지의 도는 오직 천지의 유구함 때문에 사물을 이룰 수 있다. 성왕聖王이
그 도를 오래도록 행하니 천하에 교화가 이루어졌다.[1]고 했는데 한가지
일 뿐이다. 신속히 작은 것을 보여서 다스림으로 삼고자 하는 것은 곧 천
지 왕도王道의 기상氣象이 아니다.

注

1 『주역·항괘恒卦』: 聖人久於其道, 而天下化成.[성인이 그 도를 오래하여
 온 천하에 교화가 이루어진다.]

 성왕聖王이 오랫동안 도를 행하게 되면 나라 안에서 교화가 이루어
 진다.

119

儒者動以心爲至虛至明之物, 此亦自其上智之人論之可也. 心拘於氣, 人有至死不能盡虛盡明者, 不可一槪論也. 以是人也而責之復初, 亦迂矣.

유학자는 걸핏하면 마음을 지극히 허령하고 지극히 밝은 사물로 여기는데[1] 이는 또한 그 상지上智의 사람이 논한다면 가능하다. 마음은 기에 구속되어 있기 때문에 사람 중에 죽을 때까지 진허盡虛 진명盡明[2]을 할 수 없는 자가 있으니 한 가지로 논할 수 없다. 이 때문에 사람은 처음으로 돌아가기를 요구하는데 또한 우활하다.

注

1 주희, 『맹자집주·진심』: 蓋聖人之心 至虛至明 渾然之中 萬理畢具.[대개 성인의 마음은 지극히 허령하고 지극히 밝아서 혼연 중에 온갖 이치가 다 갖추어져 있다]
2 진허盡虛, 진명盡明은 완전히 비우고 분명하게 밝음을 뜻한다.

   주희는 "사람의 마음은 지허至虛, 지명至明하다."고 주장하는데 이는 태어날 때부터 지혜를 지닌 사람에게만 해당한다. 사람은 기로 생명을 받기 때문에 일괄적으로 모든 사람에게 적용할 수 없다.

120

君子有不必計於心者, 有終身不可不計於心者. 世間萬事, 變化起伏, 浮沉得失, 轉盻之間, 盡爲陳跡, 浮雲散滅, 何與太空? 但當隨寓而安, 不足置之胸臆以汩亂神明可也, 此不必計於心者也. 孟子曰: 夭壽不貳, 修身以俟之 此守道盡性, 死而後已之事也, 雖造次顛沛, 一時不可違者. 故仲由結纓, 曾子易簀, 至終其身不倦, 此不可不計於心者也.

군자는 반드시 마음에서 헤아릴 필요가 없는 것이 있고, 종신토록 마음에서 헤아리지 않을 수 없는 것이 있다. 세간의 만사는 변화가 일어나는데, 떠오르고 가라앉는 것과 이득과 손해에 눈을 돌리는 짧은 시간에 모두가 묵은 자취가 되고, 뜬구름처럼 흩어져 사라지니 어찌 태공太空[1]과 함께 하겠는가? 단지 마땅히 머무는 곳에 따라 편안하고 가슴 속에 그것을 두고서 신명神明을 어지럽게 하지 않는 것이 옳은데 이것이 반드시 마음에서 헤아릴 필요는 없다. 맹자孟子가 말하기를 "요절과 장수는 다르지 않아서 몸을 닦고 천명을 기다린다."[2]고 했는데 이는 도를 지키고 성을 다하는 것이다. 죽은 후 일을 마치니 비록 위급하고 중대한 순간이라도 일시라도 어길 수 없다.[3] 그래서 중유仲由는 모자 끈을 바르게 했고[結纓][4] 증자는 대자리를 바꾸어 깔았으며[易簀][5] 죽을 때까지 그 몸을 게을리 하지 않았다. 이는 마음에서 헤아리지 않을 수 없는 것이다.

注

1 태공太空은 높고 먼 하늘인데 우주를 뜻한다.

2 『맹자·진심상』: 夭壽不二, 修身以俟之, 所以立命也.[요절하는 것이나 장수하는 것이나 다르지 않다. 몸과 마음을 수양하여 천명을 기다려야 비로소 몸이 편해지고 마음이 안정된다.]

3 조차造次는 창졸지간倉猝之間을 가리킨다. 급작스럽게, 갑자기 등 의미이다. 전폐顛沛는 곤궁에 빠지는 것이다. 그래서 '雖造次顛沛一時不可違者'은 비록 갑자기 곤궁에 빠져도 잠시도 어길 수 없다는 뜻이다.

4 『좌전·애공 15년』: 子路說遂結纓而死.[자로는 갓끈을 묶고 비로소 죽었

다] 중유仲由의 자가 자로이고 공자의 제자이다. 결영結纓은 자로가 위나라에서 전쟁이 일어나 죽게 되었을 때 '군자는 죽을 때에도 바른 모습을 보여야 한다.'라고 여기고 자신이 쓰고 있던 모자의 끈을 다시 묶고 죽었는데 그 일을 말한다. 『사기·중니제자열전』에도 나온다.

5 역궤易簀에서 역易은 바꾸는 것이다. 궤簀는 대나무 자리이다. 증자가 죽게 되었을 때 자리를 바꾸었다. 결영結纓과 역궤易簀는 공자의 제자 자로와 증자에 의해 평생토록 군자가 지녀야 할 예법이 되었다.

> 군자에게 반드시 마음에서 헤아리지 않아도 될 것과 평생 마음에서 헤아려야 하는 것이 있다.

121

「天地之相磨, 虛空與有物之相推, 而風於是焉生, 執之而不可得也, 逐之而不可及也.」又云:「力生於所激, 而不自爲力, 故不勞; 形生於所遇, 而不自爲形, 故不窮.」此東坡論風之所由. 蓋謂天地, 物也, 相磨則相推也; 天地之間乃虛空也, 故曰虛空與有物之相推, 而風於是乎生. 執之而不可得者, 無形也; 逐之而不可及者, 力迅也. 生於所激, 因天之動也, 曾何自力而作勞? 激以動氣, 氣滿兩間, 隨寓皆然也, 曾何自形而有窮? 此於風之理, 似爲有得. 但春多東風, 夏多南風, 秋多西風, 冬多北風, 與夫冬春多大而累日不息, 夏秋多小而暫時卽已, 則猶有說耳.

"하늘과 땅이 서로 마찰하고 허공과 사물이 서로 밀어내니, 바람이 여기에서 생겨나는데 잡아서 얻을 수 없고 쫓아가도 미칠 수 없다."[1]고 하고, 또 말하기를 "힘은 격동하는 곳에서 생겨나고, 스스로 힘을 이룰 수 없기 때문에 힘쓰지 않는다. 형태는 우연하게 생겨나고 스스로 형태를 이루지 않기 때문에 다함이 없다."²고 했다. 이는 소동파가 바람이 일어나는 이유를 논한 것이다. 대개 하늘과 땅, 사물은 서로 마찰하면 서로 밀친다. 하늘과 땅의 사이는 곧 허공이기 때문에 "허공과 사물이 서로 밀치니, 바람이 여기에서 생겨난다."고 했다. '잡아서 얻을 수 없는 것'은 형태가 없는 것이다. '쫓아가도 미칠 수 없다'고 한 것은 힘이 신속하기 때문이다. '격동하는 곳에서 생겨난다.'는 것은 하늘의 움직임으로 인한 것인데 일찍이 어찌 자력으로 힘을 썼겠는가? 격동은 기를 움직이고, 기가 양쪽 사이에 가득 차고 머무는 곳에 따라 모두 그러하다. 일찍이 어찌 스스로 형태를 이루어 다함이 없었겠는가? 이는 바람의 이치에 대하여 터득함이 있는 듯하다. 다만 봄에는 동풍이 많고, 여름에는 남풍이 많고, 가을에는 서풍이 많고, 겨울에는 북풍이 많다는 것과 저 겨울과 봄에는 큰바람이 많은데 여러 날 동안 멈추지 않으며 여름과 가을에는 작은 바람이 많은데 잠시동안에 곧 그친다는 것은 오히려 설說이 있을 뿐이다.

注

1 소식蘇軾, 『청풍각기清風閣記』: 天地之相磨, 虛空與有物之相推, 而風於是焉生, 執之而不可得也, 逐之而不可及也.[하늘과 땅이 서로 마찰하여 허공과 사물이 서로 밀어내니, 바람이 여기에서 생겨나는데 형태가 없으니 잡아서 얻을 수 없고 빨라서 쫓아가도 미칠 수 없다.] 소식(蘇軾, 1036~1101)의 자는 자첨子瞻이고 호는 동파東坡이다. 송왕조의 문호로 지금까지 높이 칭송받고 있다.

2 소식蘇軾, 『청풍각기清風閣記』: 生於所激, 而不自爲力, 故不勞; 形生於所遇, 而不自爲形, 故不窮.[하늘의 움직임으로 기가 격동하여 바람이 생기고 스스로 힘을 만들지 않아도 사방에 가득하다. 그 때문에 애쓰지 않는다. 형태는 우연한 곳에서 생겨나고 스스로 형태를 만들지 않기 때문

에 다함이 없다.]

소동파가 바람을 일으키는 원리를 말했는데 왕정상이 기를 보충하여 설명한다.

122

佛氏之道爲己之性命, 故禪悟生死之說, 耽寂靜勝之士多好之, 然於世道終無益也. 聖人之道爲天下國家, 故道德, 仁義, 禮樂, 刑法並用, 是以人道淸平, 宇宙奠安, 通萬世而可行. 世無君長則已, 有則必取孔子之道以爲生民准, 何也? 有益於治云爾. 佛氏精神性命之微, 與夫止觀定慧之習, 亦未常無可取者, 故上智之士始知而好之. 但世之人, 上智者常二三, 中人以下者常千百, 是佛氏之道, 化及物者其分常少, 而不能化者其分常多. 且人皆淸淨禪定, 世道孰與拯救, 斯于人道也何益? 惟孔子之道, 虛心寡欲, 定靜安慮, 道德率民, 刑法齊物, 以之治己則性命修和, 以之治人則綱紀畫一, 與佛氏一偏之學遍矣懸隔. 但聖道渾渾, 無門戶科條, 儒者無精義入神之學, 以超入於聖室, 猝聞禪伯淸淨定慧之說, 未有不駭心詫魄, 欣欣然入於其中矣, 可勝歎哉!

불교에서 도는 자기의 생명을 위한 것이기 때문에 선오생사禪悟生死의 설[1]이 있는데 탐적정승耽寂靜勝[2]의 선비들은 그것을 대부분 좋아하지만, 세상의 도에는 끝내 무익하다. 성인의 도는 천하 국가를 위하기 때문에 도덕, 인의仁義, 예악禮樂, 형법을 아울러 사용한다. 인도人道로서 청렴하고 공평하게 하니 우주宇宙가 평안하고 안정되어 온 세상을 통하여 행할 만하다. 세상에 군주가 없다면 그만이지만, 있다면 반드시 공자의 도를 취하여 생민을 위한 법으로 삼았을 것이다. 무엇 때문인가? 다스림에 유익하기 때문일 뿐이다. 불교에서 정신성명精神性命의 미묘함과 저 선정지혜[止觀定慧]의 습성[3]은 또한 취할 만한 것이 없지 않았기[未嘗] 때문에[4] 상지上智의 선비가 처음 깨닫고 좋아하였다. 다만 세상 사람들은 상지자上智者는 항상 두셋이고, 중인中人 이하의 자는 항상 천백인데 이 때문에 불교의 도가 교화하여 사물에 미치는 것은 그 양이 늘 적고, 교화할 수 없는 것은 그 양이 항상 많다. 또 사람들 모두가 청정선정淸淨禪定[5]에 들어간다면 세상의 도는 누가 구원에 참여하며 이것이 인도人道에 무슨 이익이 있겠는가? 오직 공자의 도는 마음 비우고 욕심을 적게 하며 안정定靜하고 안려安慮하여 도덕으로 백성을 이끌고 형법으로 사물을 가지런하게 하여서 자신을 다스린다면 성명性命이 닦여져 화평하고 그로써 남을 다스린다면 강기綱紀가 획일畫一할 것이고, 불교의 한쪽으로 치우친 학문과는 두루 미침에 있어 거리가 멀다. 다만 성인의 도는 혼탁하여 문호門戶의 규정이 없고 유학자들은 정의입신精義入神하는 학문[6]이 없어서 성실聖室로 넘어 들어가니 갑자기 선불교의 청정정혜淸淨定慧의 설을 들으면 마음을 놀라게 되면서 혼을 속이지 않음이 없으니 기쁘게 그 안으로 들어가게 된다. 탄식할 만하구나!

注

1 선오생사지설禪悟生死之說은 선승禪僧인 오조五祖 홍인弘忍이 "守本眞心, 勝念十方諸佛[본래의 참 마음을 잘 지키는 것이 시방제불을 염불하는 것보다 공덕이 뛰어나다]"라고 하였고 육조六祖 혜능惠能은 "常念陀佛, 不免生死[늘 나무아미타불만 염불하면 생사윤회에서 벗어나지 못할 것이다.]"라 하였다. 생사윤회에서 벗어나는 이론을 선오생사의 설이라한다.

2 탐적정승耽寂靜勝의 선비는 적막함에 빠지는 것을 최고로 여기는 선비

를 말한다.

3 지관止觀은 정적명찰靜寂明察하는 것이다. 정적명찰은 선정에 들어 고요
함에서 자신의 마음을 밝게 들여다보는 것이다. 정혜定慧는 선정지혜禪
定智慧로 참선하여 삼매경三昧境에 이르는 것이다.

4 미상未常은 미상未嘗과 서로 통한다. 『논어·옹야雍也』: 非公事未嘗至於偃
之室也.[공적 일이 아니면 일찍이 제 집무실에 온 적이 없다.]

5 청정선정淸淨禪定은 편안하게 참선하여 삼매경에 이르는 경지이다.

6 『주역·계사하』: 精義人神, 以致用也.[사물의 이치를 치밀하게 생각하
여 신묘한 경지에 들어서는 것은 세상에 널리 쓰게 하기 위함이다.] 정
의입신精義人神은 사물의 이치에 정통하고 신묘한 경지로 들어가는 것
이다.

불교에서의 도를 논하며 이는 세상을 사는 도와는 관계없음을 말하
였다.

123

存養在未有思慮之前, 省察在事機方蒙之際. 大學心有所忿忿懥,
有所好樂, 有所恐懼, 有所憂患, 則皆不得其正, 是教人靜而存養之
功也. 能如是, 則中虛而一物不存, 可以立廓然大公之體矣. 論語非
禮勿視, 非禮勿聽, 非禮勿言, 非禮勿動, 以克去己私, 是教人動而
省察之功也. 能如是, 則己克而一私不行, 可以妙物來順應之用矣.
聖人養心慎動之學, 莫大於此, 學者當並體而躬行之, 則聖人體用
源之域, 可以循造矣.

존양存養[1]은 사려하기 이전에 있지 않고, 성찰省察[2]은 일의 기미가 바야흐

로 숨어있을 때 있다. 『대학』에 마음에 성내는 바가 있고, 즐거워하는 바가 있고, 두려워하는 바가 있고, 근심하는 바가 있는 것은 모두 그 바름을 얻지 못한 것이다.³고 했는데 이는 사람에게 고요히 존양할 것을 가르친 공功이다. 이같이 할 수 있다면 마음이 비어서 한 가지 사물도 존재하지 않으니, 확연히 대공大公⁴의 체體를 세울 수 있다. 『논어』에 "예가 아니면 보지 말고, 예가 아니면 듣지 말고, 예가 아니면 말하지 말고, 예가 아니면 행동하지 말라."⁵고 했는데 이는 사람들에게 행동에서 성찰할 것을 가르친 공이다. 이같이 할 수 있다면 스스로 극복하고 한 가지 사사로움도 행하지 않으니, 신묘한 물物이 와서 순응하는 작용을 할 수 있다. 성인이 마음을 양성하고 행동을 신중하게 하는 공부를 하는데 이것보다 더 큰 것은 없다. 학자가 마땅히 아울러 체득하고 몸소 실천한다면 성인이 체용體用한 근원의 영역에 좇아서 이를 수 있을 것이다.

注

1 『맹자·진심하』: 存其心, 養其性, 所以事天也.[그 마음을 보존하고 그 본성을 수양하는 것은 하늘을 섬기는 것이다.] 존양存養은 그 마음을 보존하고[存] 성을 기르는[養] 것이다. 존양은 내면의 생각을 바로잡는 공부이다.

2 성찰省察은 자신의 일을 반성하며 깊이 살피는 것이다.

3 『대학』, 7장: 所謂修身在正其心者, 身有所忿懥, 則不得其正; 有所恐懼, 則不得其正; 有所好樂, 則不得其正; 有所憂患, 則不得其正.[이른바 몸을 닦는 것은 그 마음을 바르게 하는 데 있다고 하는데, 몸은 성내는 바의 것을 소유하고 있으니 곧 그를 바르게 할 수 없고, 두려운 바의 것을 소유하고 있으니 곧 그를 바르게 할 수 없고, 즐거움을 좋아하는 바의 것을 소유하고 있으니 곧 그를 바르게 할 수 없고, 근심하고 걱정하는 바의 것을 소유하고 있으니 곧 그를 바르게 할 수 없는 것이다.]

4 정명도,「정성서定性書」에 장재에게 보낸 글에서 '廓然大公 物來順應[넓고 환하게 꿰뚫어 사물이 다가오면 순응할 수 있다]'라고 적었다.

5 『논어·안연』: 非禮勿視, 非禮勿聽, 非禮勿言, 非禮勿動.[예가 아니면 보지 말고 예가 아니면 듣지 말며 예가 아니면 말하지 말고 예가 아니면 행동하지 말라]

> 존양存養은 사려思慮 전에는 없고 성찰省察은 일의 기미가 생겨날 즈음에 있게 된다. 학자는 마음을 양성하고 행동을 신중히 하며 아울러 체득하고 실천해야 한다.

124

聖人之學有養有爲, 合動靜而一之, 非學顧如是, 乃造化人物之道, 會其極, 詣厥成, 自不能不如是爾. 周子倡爲「主靜立人極一之說, 誤矣. 夫動靜交養, 厥道乃成, 主於靜則道涉一偏, 有陰無陽, 有養無施, 何人極之能立? 緣此, 後學小生專務靜坐理會, 流於禪氏而不自知, 皆先生啟之也. 嗟嗟! 立言者, 可不愼乎哉!

성인聖人의 학문에는 수양이 있고 행위가 있는데 동정動靜을 합하여 하나가 된다. 학문하면서 이처럼 마음에 새기지 않으면 곧 인물을 조화롭게 하는 도道가 그 궁극에서 모이고 그것이 성공에 이르러 스스로 이와 같지 않을 수 없을 뿐이다. 주자가 주장한 "정靜을 위주로 하고 인극人極을 세운다."[1]는 설은 잘못이다. 저 동정動靜은 서로 양성해야 그 도가 이루어지는데 정을 위주로 한다면 도는 한쪽으로 치우치게 되고, 음은 있는데 양은 없고, 양성은 있는데 시행은 없게 되니, 어찌 인극이 세워지겠는가? 이에 연하여 후학 소생小生들이 오로지 정좌이회靜坐理會에 힘써서 선불교에 빠져도 스스로 알지 못하는 것은 모두 선생이 그것을 연 것이다. 아! 말을 내는 자는 신중하지 않을 수 없구나!

注

1 주돈이, 『태극도설太極圖說』: 主靜立人極.[고요함을 위주로 하여 사람의 표준을 세운다] 주자周子는 북송의 주돈이(周敦頤, 1017~1073)이다. 자字는 무숙茂叔이고 호號는 염계濂溪이다.

성인의 학문은 마음을 기르는 정靜과 실천과 행동함[動]이 합해져 하나가 되는 것이다.

125

學校之禮樂, 官府之刑法, 皆聖人修道之具也. 故圄於中者, 則變其性而移其習, 由之爲善則安, 爲惡則愧. 久矣, 民之會於道也, 雖王者相代, 易姓受命, 而此道之在人心者, 生生相繼, 未嘗一日泯滅. 聖人修道之功, 被于人心者, 大哉遠矣! 世儒動以人性皆善爲出於自然, 而不論聖人修道立教之功所致, 闇矣而不達於道術者也.

학교의 예악과 관부의 형법은 모두 성인이 도를 닦는 도구이다. 그래서 마음에 둔 자는 그 성性을 변화시키고 그 습관을 바꾸는데, 그로 말미암아 선행을 하면 편안해하고, 악행을 하면 부끄러워한다. 오래되면 백성들이 도에 모이게 되며 비록 왕이 대를 이어 천명으로 받은 성姓을 바꾸어도 이 도는 사람의 마음에서 생겨나고 또 생겨나 서로 계승하며 단 하루도 사라진 적이 없다. 성인의 도를 닦은 공功이 인심에서 이루어진 것인데 크고 멀구나! 세상의 유학자들은 걸핏하면 인성은 모두 선하다는 것을 자연에서 나온다고 여기고, 성인이 도를 닦고 가르침을 세운 공[1]이 불러온 것은 논하지 않으니, 어둡고 도와 술에 통달하지 못한 자들이다.

注

1 『중용』: 修道之謂敎.[도를 닦는 것을 가르침이라 한다] 하였으니, 이는 도를 닦아 가르침을 세운다고 한 것이다.

유학자들은 인성이 모두 선하며 자연에서 나온다고 하며 성인이 수도하여 입교한 공을 논하지 않았다.

126

道學雖明於宋儒, 而孔子高明廣大之度, 反以之晦, 過化存神之妙, 無由而傳, 乃世道幸中之不幸也. 孔子之道與太虛同量, 與天地同體, 不競氣上人, 不植立門戶, 不泥惑流俗, 宋儒有是哉? 率性緣識, 守而不化, 聖規神矩, 日與之遠, 無怪乎旁行多歧, 詭僞百出, 日異乎孔子之學矣.

도학道學은 비록 송나라 유학자에게서 밝혀졌으나 공자의 고명하고 광대한 정도는 도리어 어둡게 하여 과화존신過化存神[1]의 묘妙가 전할 길이 없어졌는데, 세도世道의 다행한 중의 불행이었다. 공자의 도는 태허太虛와 동량同量이며 천지와 동체同體이다.[2] 기를 다투지 않는 상지上智의 사람은 문호門戶를 세우지 않고 유속流俗에 미혹되지 않는데 송나라 유학자에게 이런 것이 있었던가? 성性을 따르고 지식에 연유하여 고수하며 변화하지 않으니, 성규聖規와 신구神矩[3]는 날로 멀어지고 옆길과 많은 갈림길에서 거짓이 수없이 드러났으며 날로 공자의 학문과 달라짐이 괴이하지 않다.

1 『맹자·진심상』: 君子所過者化, 所存者神.[군자가 지나는 곳은 교화되고, 마음에 보존하면 신묘해진다.]라고 하였다. 정이, 『정씨유서』: 所過者化, 身之所經歷處, 所存者神, 存主處便是神. 如立之斯立, 道之斯行, 綏之斯來, 動之斯和.[소과자화所過者化는 몸이 지나가는 곳을 말하고 소존자신所存者神은 주로 존재하여 있게 되는 곳은 신령한 곳이다.]라고 해석했다. 또 주희가 『사서집주·맹자·진심상』: 所過者化, 身所經歷之處, 即人無不化, 所存者神, 心所存主處, 便神妙不測, 德業之盛, 乃與天地同運行.[소과자화所過者化는 몸이 지나가는 곳에서 사람들이 반드시 교화되고 소존자신所存者神은 마음에 주로 보존한다.]라고 해석하였다. 또 『순자·의병議兵』: 仁人之兵所存者神, 所過者化.[어진 사람의 군대는 주둔하는 곳마다 신적 기운이 감돌고 지나가는 곳마다 교화가 이루어진다]고 하였다.

2 여태허동량與太虛同量에서 태허는 우주를 뜻한다. 공자의 도가 우주와 동량인 것은 도가 넓고 크다는 의미이다. 여천지동체與天地同體는 천지와 한 몸이라는 뜻이다.

3 성규聖規는 성인의 법도이고 신구神矩는 신의 법도이니 이 둘은 분명한 법도이다.

송나라 유학자는 도학을 밝혔으나 공자의 공명 광대함의 유학과는 달라졌다.

127

聖人之心虛, 故喜怒哀樂不存於中; 聖人之心靈, 故喜怒哀樂各中其節. 是喜怒哀樂因事而有者也, 惟中本無, 故事已卽已, 虛如常焉. 程子曰「聖人情順萬事而無情」, 以此.

성인의 마음은 비었기 때문에 희로애락이 마음에 존재하지 않으며 성인의 마음은 신령하기 때문에 희로애락이 각각 그 절도에 맞는다. 이 희로애락은 일로 인하여 있게 된 것인데 오직 근본에 맞는 것이 없기 때문에 일이 끝나면 곧 그치고, 평소처럼 빈다. 정자程子가 말하기를 "성인의 정情은 만사를 따르지만 무정無情하다"[1]고 한 것은 이 때문이다.

注

1 정이程顥, 「정성서定性書」: 夫天地之常, 以其心普萬物而無心, 聖人之常, 以其情順萬事而無情, 故君子之學莫若廓然而大公, 物來而顧應.[천지의 불변함은 그 마음이 만물에 있되 무심하며, 성인의 불변함은 그 정이 만사에 순응하되 무정하다. 그래서 군자의 학문은 확연하고 공명정대하여 만물이 다가오는 것을 보고 순응하는 것이다.]

희로애락은 일로 인하여 있게 되기에 일이 끝나면 다시 마음이 평소처럼 비워지게 된다.

하편
下篇

128

上古之樂, 詞章簡約, 聲調平淡, 以是在樂之聲不能盡用, 故曰有遺
音者矣, 言不能盡用其音也. 今之雅調猶近之, 俗部則詞繁聲數, 淫
沃焦殺, 備極聲腔矣, 尙安有所謂遺音者哉? 觀今之琴曲, 吟揉引
綽, 無所不極, 豈獨鄭, 衛乃爲可放?

옛 음악은 사장詞章이 간략하고 성조聲調가 평담하였다. 이로서 음악에서
의 소리는 다 사용할 수 없었기 때문에 "남은 음이 있다."[1]라고 한 것이며
그 음을 다 사용할 수 없음을 말한 것이다. 지금의 아악이 오히려 그것에
가까운데, 속악은 번다하고 소리는 빠르며, 음이 지나치게 부드럽거나 급
박하고, 곡조를 지극히 갖추니 오히려 어찌 남은 음을 말하는 사람이 있
겠는가? 지금의 금곡琴曲을 보면 읊조림이 부드럽고 완만함을 이끌어[2] 극
에 이르지 않음이 없으니, 어찌 다만 정鄭나라와 위衛나라 음악만을 추방
하겠는가?[3]

1 『예기·악기(樂記)』: 一唱而三歎, 有遺音者矣.[한 사람이 앞서 노래하면 세 사람이 따라 감탄하며 노래하는데 그 여음이 있다] 유음遺音은 여음餘音이다.

2 금을 타는 방법은 왼손에 금을 누르고 현을 왕복으로 옮겨가며 움직인다. 부드럽게 느리게 탄다.

3 『논어·위령공』: 放鄭聲, 遠佞人.[정나라 음악을 몰아내고 말을 꾸며서 하는 사람을 멀리해야 한다] 정鄭나라와 위衛나라의 소리는 음란한 소리이다. 공자가 방정성放鄭聲이라 한 것은 음란한 정나라 음악을 몰아내어 철저히 근절해야 한다고 한 것이다.

> 옛 음악은 소리와 음조가 평담한데, 지금의 속악은 음이 지나치게 부드럽거나 급박하고, 곡조를 지극히 갖추고 있다.

129

吳宰嚭私于越, 勾踐滅吳而誅嚭, 謂其不忠於主而與己比周也, 此與漢高誅丁公同. 然則賣國於敵者可以三思乎哉!

오吳나라 재상 백비伯嚭[1]는 월越나라와 개인적으로 통했는데 구천勾踐이 오나라를 멸망시킨 후 백비를 죽이고, 백비가 주군에 불충하였다고 말하고 자신은 주周에 비유했다고 했다. 이는 한고조漢高祖가 정공丁公을 죽인 것과 같다.[2] 그렇다면 적에게 나라를 판 자는 심사숙고해야 할 것이다!

1 『사기·오태백세가吳太伯世家』에 오나라 재상 백비는 오나라와 뇌물을 받

으며 내통하였다. 월왕 구천이 오나라를 멸망시키고 백비를 죽였다. 그가 자신의 주군을 배신했기 때문이다.

2 『사기·계포열전季布列傳』에 정공丁公은 초楚나라 항우의 장군이었으며 계포의 외삼촌이다. 항우의 군대가 유방의 군대와 싸워 이겼는데, 그가 한고조 유방을 도망치게 도왔다. 또 그는 한고조 아래에서 초나라를 멸망시켰는데 한고조는 정공을 베었다. 그리고 말하길, "항우의 신하로서 나를 풀어주어 항우에게 불충하고 또, 항우가 천하를 잃게 만든 자가 바로 정공이다. 후세의 신하들은 정공을 본받지 못하게 하겠다."라고 하였다.

오나라 백비의 예를 들어 적에게 나라를 판 자는 결국 믿음을 얻지 못한다는 것을 강조했다.

130

史氏列傳稱儒者之學, 不曰兼綜風角, 河圖, 七緯, 則曰, 善風角, 星算, 六日七分; 不曰好學博古, 善天文, 陰陽之術, 則曰該博經史, 兼通內緯. 夫旣非圖讖駁正陰陽矣, 而復爲此等詞以奇之, 豈非誨邪耶? 故曰史氏無識.

사씨의 열전列傳에서 유학자의 학문을 말하면서 "풍각風角과 하도河圖와 칠위七緯를 종합하여 한데 모았다."[1]고 말하지 않고 "풍각風角과 성산星算과 육일칠분六日七分을 잘 하였다.[2]"고 말했다; "학문을 좋아하여 옛것에 박식하고, 천문과 음양의 術술을 잘했다."라고 하지 않고, "경전과 역사에 해박하고, 내위內緯를 겸하여 정통했다.[3]"라고 했다. 저것은 도참圖讖[4]이 음양을 논박하여 바로잡은 것이 아닌데 다시 이런 등속의 말을 기이하게 여겼으니, 어찌 사악함을 일깨워 준 것 아니겠는가? 그래서 "사씨는 무식하다"
라고 말했다.

注

1 『후한서後漢書·번영전樊英傳』, 권82: 善風角, 星算, 河洛, 七緯, 推步災
異.[풍각, 성산, 하도와 낙서, 칠위를 잘하는 것은 재이를 관측하는 것
이다.] 풍각風角은 사방과 네 모퉁이의 바람을 궁, 상, 각, 치, 우의 다섯
음으로 구별해서 길흉을 점치는 방술을 말한다. 하도河圖는 『상서』에
"복희씨가 다스릴 때 마룡馬龍이 나타났는데 그 무늬를 따라 하도를 만
들었다."고 하고 또 거북이[神龜]가 나타나 『낙서洛書』를 만들었다고 한
다. 이는 『역경』의 효시가 되었다.

칠위는 『역易』위, 『서書』위, 『시詩』위, 『예禮』위, 『악樂』위, 『효경孝經』위,
『춘추春秋』위 등 일곱 경전의 위서를 말한다. 모두 35권의 위서가 전하
는데 수나라 양제 때 위서가 근절되었고 위서로 비롯된 학문도 사라졌
다. 하지만 명·청 이후에 다시 모두 수집하여 기록하였다.

2 『후한서·낭의전郎顗傳』: 善風角, 星算, 六日七分.[풍각, 성산, 6일7분을
잘하였다]라고 하였는데 성산星算은 천문과 음양으로 길흉화복을 미리
아는 것이다. 6일7분六日七分은 괘효를 설명한 것이며 이頤, 진晉, 정井,
대축大畜괘는 모두 5일14분이고 그 나머지 모두 6일7분이며 재앙과 길
흉의 좋거나 패하는 일을 점치는 데에 그쳤다. 음양의 변화를 관찰하
는 데에는 뒤섞여 혼란하여서 밝지 못했다.

3 『후한서·양해전襄楷傳』: 好學博古, 善天文, 陰陽之術.[학문을 좋아하여
옛것을 폭넓게 공부하고 천문과 음양 술수에 뛰어났다.] 또 『진서晉書
·색정전索靖傳』: 該博經史, 兼通內緯.[경사에 해박하였고 겸하여 내위
에 통달하였다] 라고 하였다. 내위內緯는 곧 참위讖緯이고 내학內學은 도
참圖讖의 서적을 말한다. 그 일이 비밀이기 때문에 내內라고 이름을 붙

였다.

4 도참圖讖은 앞날의 길흉을 예언하는 술법術法이다. 또는 그런 내용을 적은 책이다. 『정감록鄭鑑錄』이 대표적이다.

사마천의 『사기·열전』에 유학자들이 풍각風角과 성산星算과 육일칠분六日七分을 잘하였다고 말하는데 이는 사마천이 잘못 안 것이다.

131

古人論小學, 如農圃, 醫卜, 曆象, 干支之類, 非謂八歲小入學也; 若然, 所謂諸侯貢其小學之異者, 移於天子之小學, 亦八歲之童稚乎? 愚嘗謂小學, 所學之小者, 卽農圃等事也, 故諸侯每歲貢之, 入於天子之小學, 蓋術藝之精者也, 非所謂小子之學也. 大學, 所學之大者, 卽詩, 書, 禮, 樂, 修身, 齊家, 治國, 平天下之道, 故六鄕三歲大比, 賓與賢能, 而進於天子之大學, 蓋德行道藝之純者也, 非所謂大人之學也. 若學其大, 則自八歲以至十五, 其學非有二本. 後世乃將小學, 大學, 以年歲大小歧而二之, 殊非古人之義, 此不可不辯.

옛사람이 소학을 논한 것은 논농사·밭농사, 의술·점술, 역상曆象과 간지의 부류 같은 것이고, 8살 아동이 학문에 입문하는 책이 아니다.[1] 만약 그렇다면 이른바 제후가 그 소학의 다른 것을 바쳐서 천자의 소학으로 옮긴 것은 또한 8살 아동을 위한 것이었겠는가? 나는 소학은 배움이 적은 것이라고 말한 적이 있었는데, 즉 농사짓고 채소 가꾸는 등의 일이다. 그래서 제후가 매년 세금을 바치는데 천자에게 소학에 들여보내는 것이고 대체로 기술과 예술이 정밀한 것이고, 아동의 배움을 말한 것이 아니다. 대학

大學은 배우는 것이 큰 것으로서 시詩, 서書, 예禮, 악樂과 수신修身, 제가齊家, 치국治國, 평천하平天下의 도이다. 그래서 육향六鄕에서 3년마다 대비大比를 한다.² 고 한 것은 빈객이 어진 자, 유능한 자를 추대하여 천자의 대학 공부에 나아가는 것인데 대개 덕, 도, 예술의 순수한 것이다. 대인大人의 학문을 말하는 것이 아니다. 만약 그 큰 것을 배운다면 8세부터 15세까지이고, 그 학문은 두 가지의 다른 책이 아니다. 후세 사람들이 소학과 대학을 나이가 많고 적음으로 나누어 두 가지로 한 것인데 특히 옛사람의 뜻이 아니니, 이는 따지지 않을 수 없다.

注

1 『대대례·보부保傅』: 太子入於小學.[태자가 소학에 입문했다] 하였는데 노식盧植의 주에 "太子八歲人小學, 十五人大學也[태자는 8세에 소학에 들어가고 15세에 대학에 들어간다]"고 하였다. 『백호통白虎通·벽옹辟雍』에도 "八歲入小學, 十五人大學."이라 하였는데 『왕정상전집·문론文論』에서 소학과 대학에 입문하는 것은 나이로 구분하지 않음을 분명히 하였다.

2 『주례·지관地官·소사도[小司徒]』: 乃頒此法於六鄕之大夫 使各登其鄕之眾寡 以施教令.[여섯 고을의 대부에게 이 법을 반포하였다. 각기 마을 사람이 많고 적음을 적어내게 하여 가르침을 시행하도록 명령을 내렸다.]라고 하였다. 고대에 육향은 주周나라 제도의 행정 구역 단위를 의미한다. 성밖 100리 이내를 6개 향으로 나누었다. 각향에는 향대부가 있었다. 『주례·지관·향대부鄕大夫』: 三年則大比, 考其德行道藝而興賢者能者. 興賢者能者[3년이면 대비과를 치렀다. 덕행과 도예를 고려하고 현자와 능한 자를 추대하였다]"라고 하였다. 대비大比는 3년마다 관리官吏를 뽑을 때 실시하던 시험이다.

옛사람들은 소학을 아동의 학, 대학을 나이 들어 배우는 학으로 분류
하지 않았다.

132

問宋景熒惑退舍, 曰: 五緯進退有定度, 時適其退耳. 反風禾起, 曰:
風一日數變, 亦適風變耳, 皆常理也.

송경宋景[1]이 묻기를, 형혹성이 궤도를 돌다 물러나 머무는가?[2] 하고 물으
니, 말하기를 "오위五緯[3]의 진퇴進退는 정해진 법도가 있으니, 시기가 물러
남에 적당했을 뿐이다." 하였다. 역풍에 벼가 자라는[4] 것을 물으니, 말하
기를, "바람은 하루에도 여러 번 변하는데 또한 바람의 변화에 맞추었을
뿐이고, 모두 일상적 이치이다." 라고 하였다.

注

1 송경宋景은 춘추시대 송나라 군주였던 경공을 뜻한다.

2 형혹熒惑은 오성五星중 하나인 화성의 다른 이름이다. 『사기·진시황본
기』: 三十六年, 熒惑守心.[진시황 36년에 화성은 심성을 침범했다.]라
고 하였는데 형혹熒惑은 형혹성으로 화성이고 수심守心은 28숙二十八宿에
서 심心과 같은 가치의 별을 가리키며, 심心은 송대의 별자리인 분야分
野에 속한다.
『사기·송세가宋世家』: 宋景公三十七年, 司天文者說 "將有禍於國君, 但這
災禍可移於宰相, 也可移於民, 也可轉移於年歲的收成," 宋景公對這三種轉
移都不同意, 於是管理天文的子韋說 "君有至德之言三, 天必有三賞". 於是
熒惑星果然移動三度, 每度當七年, 宋景公可以延壽21年.[송 경공景公 37
년에 천문을 담당한 자가 "장차 군주에게 화가 있을 것인데, 이 재앙은

재상에게 옮겨 갈 수도 있고, 백성에게 옮겨 갈 수도 있고, 또 그해 수
확에도 옮길 수 있다."고 하였다. 송 경공이 이 세 가지 옮겨감에 모두
동의하지 않자, 천문을 다스리는 자위子韋는 "군주에게 지덕이 있는 말
씀 셋이 있으니, 하늘이 반드시 세 가지 포상을 주실 것"이라고 하였
다. 그러자 형혹성은 세 번씩 이동하였고, 한번 이동하는 데 7년이 걸
렸다. 그래서 송 경공은 21년 더 장수할 수 있었다.]

3 오위五緯는 곧 금성, 목성, 수성, 화성, 토성의 다섯별을 가리킨다.

4 『상서·금잠金縢』에 "反風花尽起[역풍이 부니 꽃이 핀다]"라고 하였는데
여기서는 "반풍화기反風禾起"라고 했다. 앞의 문장에도 소개했는데 "成王
出郊, 天乃雨, 風向相反, 禾木皆扶起, 歳則大熟[성왕이 교외로 나아가니
비가 왔고 바람이 반대로 불어 벼가 일으켜 세워졌다] 하였다.

별자리가 움직임, 물러남과 나아감, 바람의 변화 등 일상적인 이론으
로 설명하였다.

133

北虜生生之資, 仰給畜牧, 績毛飲湩, 以爲衣食. 各安土風, 狃習勞
事, 不見紛華異物而遷. 故家給人足, 戎備完整. 歴代以來, 雄者便
能虎視四方, 金太祖, 元世祖是也. 中國風俗之敝, 季運之際, 奢侈
無度, 財用損耗, 人情偸惰, 民窮盜起, 遂至兵事不振. 吁! 可畏哉!
有天下者宜存遠計.

북로北虜[1] 가 살아가는 바탕은 목축에 의존하여 털을 짜고 가축의 젖을 마
시는 것을 의복과 음식으로 여겼다.[2] 각자 풍토에 편안히 여기고 힘든 일
에도 익숙하고 번잡하게 화려하고 기이한 물건들을 보지 않고 옮겨간다.

그래서 가족이 넉넉하고 전쟁 준비가 완벽하게 정돈되어 있다. 역사 이래로 웅자雄者는 범이 사방四方을 노려보는 것 같았는데, 금의 태조와 원의 세조가 그들이다.[3] 중국의 풍속이 피폐해지고 말세의 운에 처했을 때 사치가 무절제하여 재용財用이 소모되고, 인정人情은 안일만을 탐하고, 백성은 궁벽한데 도둑이 일어나고, 마침내 군사 작전이 부진하게 되었다. 아! 두려울 만하다! 천하를 지닌 자는 마땅히 원대한 계책을 살펴야 한다.

注

1 북로北虜는 북방의 소수민족이다.

2 『목천자전穆天子傳』, 4권: 具牛羊之湩, 以洗天子之足[소와 양의 젖을 구비하여 천자의 발을 씻는다.] 하였다.

3 금나라 태조 아골타(阿骨打, 1068~1123)는 금나라를 건립한 인물이다. 요遼나라의 영토를 차례로 점령하고 여진女真문자를 만들었다. 원나라 세조 쿠빌라이(忽必烈, 1215~1294)가 칭기즈칸의 손자로 연경에 도읍을 정하고 원 16년(1279)에 금나라를 멸하였다. 그들을 웅자雄者라 하였다.

인간의 본성이 안일만을 탐하기 때문에 백성이 가난하게 되면 도적질한다. 그래서 나라를 다스리는 자는 원대한 계획을 세워야 한다.

134

古者四十始仕, 經歷多, 涵養深, 識見精, 義理純, 天下之事可以數計而運之掌. 以若人而御國, 其於治也何有? 今之士類以文辭舉之, 少年德性未成, 義養未至, 利害可以怵, 疑似可以惑, 雖才質有爲, 取敗多矣, 此謂之罔材.

옛날에는 40살에 비로소 벼슬에 나갔는데[1] 경력이 많고, 함양涵養이 깊으며 식견은 정밀하고, 의리는 순수하여서 천하의 일을 헤아려서 운행함을 장악할 수 있었다.[2] 이와 같은 사람이 나라를 다스리면 그 다스림에 무슨 문제가 있겠는가? 지금의 선비들은 문사文辭로서 기용되는데, 소년 시기에 덕성이 완성되지 못했고, 의리의 양성에도 이르지 못했으며 이익과 해로움에 두려워하고, 의심에는 미혹되니 비록 재질才質을 이루었더라도 실패가 많을 것이다. 이런 사람을 망재罔材[3]라고 한다.

注

1 『예기·곡례曲禮 상』: 四十日強而仕.[나이 사십을 강이라 하여 벼슬에 나아갔다] 『예기』의 전고로 인해 나이 40세 장정을 강사強仕라고 불렀다.

2 『맹자·공손추상』: 以不忍人之心, 行不忍人之政; 治天下可運之掌上.[사람을 불쌍히 여기는 마음으로 사람을 불쌍히 여기는 정치를 행함으로써 손바닥 위에서 천하를 움직이는 것과 같았다.] 정신이 온전히 함양되어야 정치를 잘할 수 있다고 한 것이다.

3 망재罔材는 재주나 재능이 없는 사람을 일컫는다.

> 요즈음 문장 능력으로만 벼슬아치를 뽑기 때문에 소년 시절에 덕성이 완성되지 않아 그들에게 나랏일을 맡기면 실패하기 쉽다.

135

龜山宣和之出何如. 曰: 撥亂反正, 扶顚持危, 非大聖之力不可, 下此者當俟時量己. 宣和事勢去矣, 況權不自由乎. 謂之傷闇.

"구산龜山이 선화宣和 연간에 나온 것은 어째서인가?"[1] 말하기를, "어지러운 세상을 바로잡아[2] 정상을 회복하고, 넘어진 것을 일으키고 위태로운 상황을 구조하는 것은 대성大聖의 힘이 아니면 불가능한데 그 이후의 사람은 마땅히 시기를 기다려서 자신의 역량을 헤아려야 한다. 선화의 사세는 거리가 먼데도 여전히 권세가 자유롭지 않을 수가! 이를 상암傷闇[3]이라 한다."

注

1 구산龜山은 이정二程의 문인이었던 양시楊時의 자이다. 선화宣和는 북송 말 휘종의 연호이다. 양시는 국가가 위험에 처한 때에 벼슬길에 나갔다. 『송사·도학전道學傳·양시전楊時傳』과 『송유학안宋元學案』, 25권, 「구산학안龜山學案」에 나온다. 참고로 성리학은 이정二程의 학문에서 시작하여 양시가 이었고 나종언에게 전하여 이동李侗에게로 갔다. 이동의 제자가 주희朱熹이며 주희가 집대성하였다.

2 『춘추공양전·애공哀公 14년』: 撥亂反正.[어지러운 세상을 바로잡아 정상을 회복하다]

3 상암傷闇은 어둠 속에서 헤매는 것이다. 암담과 같다.

　　: 양시楊時가 출사했던 선화 연간은 암담했음을 논한 것이다.

136

北辰乃天體之中, 觀極星不動而衆星四面旋繞可知. 中國在天之南, 日月之光有限, 故光照之處則爲晝, 光不到處則爲夜. 明亦以次而明, 暗亦以次而暗, 非在一處而天下皆明也. 然亦常常在天, 非入地下. 其遠日而寒, 近日而暑, 四方無不然矣. 在極之南, 則北多寒而南多暑; 在極之北, 則北多暑 而南多寒; 在極之東, 則東多暑而

西多寒; 在極之西, 則西多暑而東多寒, 無疑矣. 何也? 極不運轉,
日有常次, 以南而推三方, 其理一爾. 至於日之正午, 杳無定端, 各
從得明得暗之中, 以爲午位. 如閩, 廣午末, 梁州午正, 印度午初,
以西之國尙在己卯, 西北之國日光未出, 雖有遲早, 同是一日耳. 寒
暑四時無少差別, 以日進退之度同也. 但人以眼所及見處爲論, 而
不推及所不見者, 故謂日入地下爾, 其實不然. 古以周髀之法論天,
言天如覆蓋, 日月繞蓋緣而行, 正合予之所論, 惜乎其法今不傳也.
孤竹, 北戶, 北向日也.

북극성은 천체天體의 중심인데,[1] 북극성은 움직이지 않고 많은 별이 사방
에서 둘러싸고 있는 것을 보면 알 수 있다. 중국은 하늘의 남쪽에 있어서
해와 달의 빛에 제한이 있기에 빛이 비추어지는 곳은 낮이 되고 빛이 이
르지 못한 곳은 밤이 된다. 밝음도 차례로 밝고 어둠 역시 차례로 어두워
지는데, 한 곳이 아니고 천하가 모두 밝다. 그러나 해는 항상 하늘에 있고
땅에 들어가지 않는다. 해에서 멀면 춥고 해에 가까우면 더운데 사방이
그렇지 않음이 없다. 남극에 있을 때는 북쪽이 몹시 춥고 남쪽은 몹시 덥
고, 북극에 있을 때는 북쪽이 몹시 덥고 남쪽은 몹시 추우며, 동쪽의 극에
있을 때는 동쪽이 몹시 덥고 서쪽은 몹시 춥고, 서쪽의 극에 있을 때는 서
쪽이 몹시 덥고 동쪽은 몹시 추운 것을 의심할 수 없다. 무엇 때문인가?
극은 운행하지 않고, 해는 일정한 순서가 있어서 남쪽에서 다른 세 방향
으로 밀어내는데 그 이치는 하나일 뿐이다. 해가 정오正午에 이르는 것은
아득히 정해진 단서가 없지만 각자 좇아서 밝음을 얻고 어둠을 얻는 중심
을 정오의 위치로 삼았다. 마치 복건성과 광동성이 정오의 후반이면, 양
주梁州는 정오이고,[2] 인도印度는 정오의 초반이다.[3] 서쪽 나라는 해가 오히
려 묘시에 있는데 서북쪽 나라는 햇빛이 아직 나오지 않았다. 비록 늦음
과 빠름이 있지만 하나의 같은 해일뿐이다. 춥고 더운 사시四時는 조금도

차별이 없고 해의 진퇴 정도는 동일하다. 단지 사람이 눈으로 볼 수 있는 곳으로 논한다면 볼 수 없는 곳은 추론할 수 없기 때문에 해가 지하로 들어간다고 말하는 것일 뿐이고, 그 실질은 그렇지 않다. 옛날에는 『주비周髀』[4]의 법으로써 하늘을 논했는데 하늘은 덮개와 같고, 해와 달은 덮개의 가장자리를 따라서 두르며 나아간다고 했으니 내가 논한 바와 정확히 합치한다. 애석하게도 그 법은 지금은 전하지 않는다. 고죽국과 북쪽 창은[北戶][5]은 북쪽으로 해를 향한다.

注

1 북진北辰은 북극성이다. 『이아·석천釋天』: 北極謂之北辰.[북극성은 북진이라 불린다] 하였다.

2 양주梁州는 옛 구주 중 하나이다. 『상서·우공禹貢』: 華陽黑水誰梁州.[화산의 남쪽 흑수는 옛 양주였다] 여기서 동쪽 경계인 화산은 남쪽까지 장강이 흐르고 가장 북쪽은 양주가 있다. 우임금이 산과 내로 구분하여 구주를 나누었는데 흑수黑水를 기준으로 서쪽은 기주冀州이고 동쪽은 양주梁州이다.

3 인도印度는 양주梁州의 서쪽에 있다.

4 『주비산경周髀算經』에서 "天如罩, 蓋著地.[하늘이 그물 같아서 땅을 덮고 있다]라고 하였다.

5 『이아爾雅·석지釋地』: 解竹, 北戶, 西王母, 日下, 謂之四荒.[해죽, 북 창은 서왕모가 동쪽을 사방이 황무지라고 말했다]라고 하였는데 곽박의 주에서 "孤竹在北, 北戶在南, 西王母在西, 日下在東, 皆四方昏荒之國.[고죽국은 북쪽에 있고 북창은 남쪽을 향해 있으며 서왕모는 서쪽에, 일하日下는 동쪽에 있다. 모두 사방의 황무지 나라이다.]"라고 해석했다. 좌태충左太沖의 『오도부吳都賦』에 "開北戶以向日[북쪽 창을 열어 해를 향하게 하다.]고 하였다.

> 북극성이 천체의 중심이 되고 뭇별들이 사방으로 빙빙 돈다.

137

外戚侵政, 衰世之漸; 奄宦擅權, 亡國之本. 斯人也, 篾公道, 無遠識, 快佞志, 喜勢利, 便於私家而不顧傷其國計, 利於私人而不顧戕其邦本. 禍亂之由, 莫大於此, 有天下者愼哉!

외척外戚이 정치를 침범하는 것은 세상이 쇠락할 조짐이고, 환관이 권력을 멋대로 하는 것은 나라가 망하는 근본이다. 이런 사람들은 공도公道를 능멸하고 멀리 볼 식견이 없고 아부하는 뜻을 유쾌하게 여기고 세력과 이익을 기뻐하고 개인의 집은 편하게 하면서 그 나라의 계책을 손상하는 것은 돌보지 않고, 사적인 사람에게는 이익을 주고, 나라의 근본을 해치는 것은 돌보지 않는다. 화란禍亂의 유래가 이보다 더 큰 것은 없으니, 천하를 지닌 자는 신중해야 하리라!

> 외척이 정치를 침범하니 세상이 점점 쇠락해지고 내시나 환관들이
> 권력을 마음대로 쓰니 나라가 망하는 지름길이다.

138

諸葛孔明云:「來敏亂群, 過於孔文擧.」夫君子立人之朝, 視其群何如耳. 使群皆正人, 固不可亂以阻格; 使當邪人之群, 爲孔文擧, 不亦可乎? 操畜無漢之心, 裁制異己, 而文擧以正相刺, 論議日廣, 遂被操害. 明哲保身之智, 在文擧則失之. 秉正直之論, 而不附於邪人之黨, 此融之所以爲漢純臣也. 諸葛公謂之亂群, 幾於失言.

제갈공명[1]이 말하기를 "내민來敏[2]의 어지러운 무리는 공문거孔文擧[3]보다 더 지나치다."고 했다. 군자는 조정에서 벼슬살이하며 그 무리가 어떠한지를 살필 뿐이다. 만일 무리가 모두 바른 사람이면 정말로 법을 어겨가며 어지럽힐 수 없는데 사악한 사람의 무리에 대적한다면, 공문거가 될 것이니, 괜찮겠는가? 조조는 한나라를 없애고자 하는 마음을 축적하고 자신과 견해가 다른 사람을 제어하였다. 공문거는 올바른 말로서 꾸짖으며 논의가 날로 넓어져 마침내 조조에게 살해당했다. 명철보신明哲保身의 지혜[4]는 공문거에게 실패한 것이다. 정직한 논의를 지니고 사악한 무리에 아부하지 않았으니, 이는 공융이 한나라의 순수한 신하가 된 이유이다. 제갈공명이 어지러운 무리라고 한 것은 거의 실언이다.

1 제갈공명諸葛孔明은 촉의 책사 제갈량(諸葛亮, 181~234)이다.

2 내민來敏은 촉한의 대부이다. 『삼국지·촉서蜀書』: 語言不節, 擧動違常.[언어가 절도에 맞지 않고 행동은 상식에 위배된다.] 라고 하였다.

3 공문거孔文擧는 공융(孔融, 153~208)의 자이다. 후한 말의 관원이자 삼국시대 초기의 인물이다. 공자의 후손으로 명망이 높았다. 더불어 그의 작품은 전해지진 않지만, 그는 몹시 뛰어난 문제를 지녔으며, 건안칠자 중의 한 명이었다.

4 명철보신明哲保身은 원래 현명한 사람이 자신에게 위험할 수 있는 일에 참여치 않는 것을 일컬었으나, 지금은 총명하고 사리에 밝아 일을 잘 처리하여 자기 몸을 보존하는 것을 말한다.

: 제갈공명이 공융을 어지러운 무리라고 하였는데 이 말은 실언이다.

139

兩漢舉賢良文學對策, 蓋既舉其賢而又取其言, 以觀其才. 卽成周
以德行道藝與賢之遺意也. 其舉孝廉, 則取其德行而不察其謀論,
則人雖純行, 無推行政事之才, 亦無益於國矣. 故左雄謂郡國孝廉,
古之貢士, 出則甯民, 宣協風教, 若其面牆, 則無所施用. 況多庸鄙
之流, 以權勢而得. 故假諸生試家法, 文吏課箋奏之法, 以革謬妄濫
竽, 以補察廉舉孝之不及. 雖未如賢良對策之盛, 抑本末兼備, 不徒
塊然孝廉矣. 今之選舉, 不問其人品德行何如, 徒以文章合格而舉
之, 無惟其入仕之狼狽也. 誠能 於既仕之後, 再設賢良, 孝 廉, 政
事異等, 合爲一科, 敕撫, 按官會布, 按二司, 公同薦之於上, 則人
才未必無所感激, 而邪汙行辱之撄或亦可以少息, 雖成周鄉舉, 里
選, 亦不過是矣.

양한兩漢은 현량문학지사賢良文學之士[1]를 등용했는데, 먼저 현인을 등용하
고 또 말을 취하여 그 재주를 관찰하였다. 바로 주나라[成周][2]가 덕행과 도
예로서 현재賢才를 찾았다는 뜻이다. 그렇게 효렴孝廉[3]의 인물을 천거하여
그가 덕행을 지녔으나 그 어떤 논의도 살피지 않는다면 인간이 비록 순수
한 행실이 있더라도 정사政事를 잘하는 재주를 널리 시행할 수 없으니 역
시 국가에 무익하다. 그래서 좌웅左雄[4]이 말하기를 "군국郡國에서 효렴孝廉
은 옛날에 공사貢士[5] 천거하던 것인데 지방관으로 나가면 백성을 편안하
게 하고 풍교風敎를 선양하고 화합하게 하였지만 만약 그가 면장面牆[6]이라
면 실행할 바가 없다"고 했다. 하물며 용렬하고 비루한 무리가 많으니, 권
세로써 얻는다. 그래서 임시로 재생에게 가법家法[7]을 시험하고 문리文吏에
게 전주箋奏의 법을 시험하여 유망남우謬妄濫竽[8]를 혁파하여서 효렴을 행함
에서는 미치지 못한 점을 보완하였다. 비록 현량대책賢良對策[9]이 성대한 것
보다 못할지라도 그렇지 않으면 본말이 겸비될 것이니 다만 효렴孝廉만이

아닐 것이다. 지금은 선발하여 등용하는 것이 그 인품과 덕행이 어떠한지를 묻지 않고 단지 문장의 합격으로써 등용하니, 그 벼슬에 들어가는 낭패가 괴이하지 않다. 참으로 이미 벼슬한 후에 능하게 하려면 다시 현량, 효렴, 정사政事, 이등異等[10]을 합하여 일과一科로 삼고 칙무救撫, 안관회포按官會布, 안이사按二司는 공동公同으로 위에 추천한다면 인재가 반드시 감격하는 바가 없지 않을 것이고, 간사하고 추악한 행위를 하는 자들의 옹호도 혹시라도 약간 그치게 할 수 있을 것이니, 비록 주나라 향리에서 추천하거나 마을에서 뽑았더라도 또한 이에 불과했을 것이다.

注

1 『한서·동방삭전東方朔傳』: 武帝初即位, 征天下舉方正賢良, 文學材力之士, 待以不次之位[무제가 즉위 초에 천하를 손에 넣고 방정하고 현량하며 문학에 재능이 있는 인사는 기다렸다가 다음 순서로 기용하였다] 하고, 『한서·동중서전』에 "무제가 즉위한 뒤 현량문학지사賢良文學之士를 발탁하자 동중서가 현량과 학문으로서 대책한 것이다."라고 했다.

2 주나라 동도東都였던 낙읍洛邑을 가리킨다. 여기서 성주는 주나라를 뜻한다.

3 한漢나라에서 관리를 등용할 때는 효렴孝廉을 중시했는데 효孝는 효행이고 염廉은 청렴결백이다. 또 한 무제가 동중서의 건의를 받아들여 발전시켰는데, 그 과목으로는, 효렴孝廉·현량賢良·방정方正·직언直言·문학文學·계리計吏, 수재秀才 등이 있었다. 후한에서도 그대로 시행되었으나, 수재라는 명칭은 광무제 유수劉秀의 이름을 피휘하여 무재茂才가 된다. 후한 시기가 되면 광무제가 유교를 중시하는 정책을 내세워 선거 과목 중에서도 특히 효렴이 중시되었다.

4 좌웅左雄은 자가 백호伯豪이고 후한의 남양南陽 사람이다. 『후한서·좌웅전』에 그가 효렴에 대해 논한 내용이 적혀있다.

5 공사貢士는 중국 주周나라 때, 제후가 재능과 학식을 갖춘 인물로 중앙
에 추천한 사람이다.

6 면장面牆은 담장을 마주하고 서 있다는 뜻이니 곧 앞이 안 보이는 것이
고 즉 견식이 없음을 나타낸 것이다. 즉 '無所見, 不能行[무식하면 그
업무를 수행할 수 없다.]'을 가리킨다. 『상서·주관周官』: 不學牆面, 莅事
唯煩[공부하지 않아 무식하면 업무에 임하여도 어려움이 따른다]"고
했다.

7 가법家法은 『후한서·좌웅전』: 儒有一家之學, 故稱家法.[한 가정이 학문
을 지니는데 그래서 유학은 가법이라 말해진다] 하였다. 가법은 유학
을 뜻한다.

8 유망남우謬妄濫竽는 머리 숫자만 채우는 것이다. 여기서 유망은 황당무
계荒唐無稽하다. 터무니없다는 뜻이고 남우는 능력이나 실력보다 높은
지위에 있다는 뜻이다. 이는 옛날 제齊나라에 우(竽. 생황)를 불지 못하는
사람이 악인樂人 사이에 끼어 있었다는 이야기에서 나왔다.

9 한 무제에게 동중서가 〈원광원년거현량대책元光元年擧賢良對策〉이라는 글
을 올려 이글이 전고가 되어 인재 등용에 현량대책이라는 말이 쓰이게
되었다.

10 이등異等은 남달리 재능才能이 뛰어난 것이다.

전한과 후한에서 인재를 등용할 때 먼저 현명하면서 말을 잘하는 자
를 뽑았다. 지금은 인품과 덕행을 묻지 않고 겨우 문장 능력만으로
등용한다.

140
朱子稱張南軒不惑於陰陽, 卜筮, 奉其親以葬, 苟有地焉, 無適而不

可也, 天下之決者何以過之? 及先生自處, 則陰陽, 卜筮, 風水, 星
命無不信惑, 豈賢者之見亦有未能拔乎流俗者耶? 亦各有攸見耶?
吾於欽夫則敬服之矣.

주자가 장남헌張南軒이 음양과 복서에 미혹 당하지 않고 그 부친의 유지
를 받들어 장례 치른 것을 칭찬했다. 진정 땅을 소유하였지만 그를 따르
지 않을 수 없는데 천하에 결단하는 자들이 어찌 과오를 범하겠는가?[1] 선
생[2]은 자신이 처함에 음양, 복서, 풍수風水, 성명星命을 믿고 미혹하지 않음
이 없었다. 아마 현자賢者의 견해도 또한 유속流俗을 뽑아버릴 수 없는 것
이 있던가? 또한 제각기 보는 바가 있는가?[3] 나는 흠부欽夫[4]에게 경복敬服
한다.

注

1 장남헌(張南軒, 1133~1180)은 이름이 장식張軾이고 자는 경부敬夫, 낙재樂齋이
   며 호가 남헌南軒이다. 광한廣漢 사람인데 형양衡陽으로 옮겨 살았다. 주
   희는 장식의 논조를 진량의 묘지명 글에서 인용하였다. 진량의 『용천
   문집』, 권28, 『하무굉묘지명何茂宏墓志銘』: 昔亮嘗見朱海論, 廣漢張敬夫不
   惑於陰陽, 卜筮, 雖奉其親以, 苟有地焉, 無適而不可也, 天下之決者何以過
   之.[옛날 진량은 주해朱海의 이론을 보고 광한의 장경부는 음양, 복서卜
   筮에 미혹되지 않았고 비록 그 부친의 뜻을 받들어 진정 땅을 소유하였
   을지라도 그를 따르지 않을 수 없었으니, 천하의 결단을 내린 자가 어
   찌 과오를 범하겠는가?] 하였다.

2 선생先生은 주희朱熹를 말한다.

3 『이아爾雅·석언釋言』: 各有攸見.[각자 보는 바가 있다] 유攸는 소所이다.

4 흠부欽夫는 경부敬夫를 잘못 적은 것으로 보인다. 문맥의 흐름은 경부이
   고 흠부는 장식의 호나 자가 아니다.

주자가 장식이 음양과 복서에 미혹되지 않고 장례를 치른 데 대해 칭찬한 것이다.

141

「星隕如雨」, 予嘗疑之. 今嘉靖十二年十月七日夜半, 衆星隕落, 真如雨點, 至曉不絶, 始知春秋所書「夜中星隕如雨」, 當作如似之義, 而左氏乃謂「星與雨偕」, 蓋亦揣度之言, 不曾親見, 而不敢謂星之落真如雨也. 然則學者未見其實跡, 而以意度解書者, 可以省矣. 所隕者, 星之光氣, 星之體實未隕也.

'별들이 비처럼 떨어진다'라는 말을 나는 의심한 적이 있다. 지금 가정^{嘉靖} 12년 10월 7일 한밤중에 많은 별이 떨어졌는데 참으로 빗방울과 같았고, 새벽까지 끊이질 않았다. 비로소 『춘추^{春秋}』에 기록된 "밤중에 별들이 비처럼 떨어졌다."[1]라고 한 것은 마땅히 유사한 의미를 지은 것임을 알았는데 좌씨^{左氏}[2]는 이에 말하기를 "별이 비와 함께 있은 것이다."[3]고 했는데 대개 추측한 말이고, 직접 본 적이 없어서 별이 떨어지는 것이 참으로 비와 같다고 말하지는 못했다. 그렇다면 학자가 그 실적^{實跡}을 보지 못하고 의도^{意度}로써 글을 해석한 것이니, 반성할 만하다. 떨어지는 것은 별의 광기^{光氣}이고 별의 몸체는 실제로 떨어지지 않는다.

注

1 『좌전·장공 7년』: 夜中星隕如雨.[밤중에 성운이 비 같았다.]

2 좌씨는 『춘추좌씨전^{春秋左氏傳}』을 지은 좌구명^{左丘明}이다.

3 『좌전·장공 7년 여름』: 星與雨偕.[별과 비가 함께 있다.]

: 『춘추』에 "성운어우星隕如雨"라고 한 것에 대해 논했다.

142

突厥歲侵無已, 宇文士及請避寇遷樊, 鄧, 而群臣多贊行者, 獨太宗
不肯, 言能假數年, 願取可汗以報, 卒滅而臣之. 由此觀之, 雖當興
王之時, 未嘗無爲亡國之計者, 在君上聽之何如耳. 周公雖營東都
洛邑, 其居仍在鎬京; 至平王有犬戎之變, 必不得已而後遷. 若無大
故, 輕致遷徙, 是自拔根本, 動搖人心, 雖中才之人不肯爲, 而況聖
賢乎? 景泰初徐有貞遷都之說, 亦士及之流也, 幾於敗國家.

돌궐突厥이 해마다 침범하기를 그치지 않자,[1] 우문사급宇文士及[2]이 적을 피
하여 번樊이나 등鄧[3]으로 천도하기를 청하니 많은 신하가 시행에 찬동함
이 많았지만 유독 태종太宗[4]만이 옳게 여기지 않고 "몇 년만 빌릴 수 있다면
가한可汗을 잡아다가 보답하겠다."라고 했는데 마침내 멸망시키고 신하로
삼았다. 이로 보건대 비록 흥왕興王의 시기에 당했더라도 망국의 계책을
이룸이 없은 적이 없는데 군상君上이 어떻게 들어주는가에 달려있을 뿐이
다. 주공周公은 비록 동도東都 낙읍洛邑을 경영했지만, 그 거처는 여전히 호
경鎬京[5]에 있었다. 평왕平王 때에 견융犬戎의 변란이 있었는데 반드시 부득
이한 이후에 천도했다. 만약 큰 변고가 없는데도 경솔하게 천도하는 것은
스스로 근본을 뽑는 것이고, 인심을 동요시키는 것이니, 비록 중간 정도
재주를 지닌 사람일지라도 하려고 하지 않으려 하는데 하물며 성현聖賢이
그렇게 하겠는가? 경태景泰[6] 초에 서유정徐有貞[6]의 천도설은 또한 사급士及
의 동류였으니, 나라를 패망시킴에 가까웠다.

1 돌궐突厥은 서북의 소수민족이다. 돌궐의 통치자는 오랜 세월 당나라를 침범했다.

2 우문사급宇文士及은 당나라 중서시랑中書侍郎이다.

3 번樊과 등鄧은 양번襄樊과 등주鄧州 일대를 말하는데 종남산終南山의 남쪽에 있다.

4 태종은 이세민李世民을 가리킨다.

5 호경鎬京은 서주의 도읍이다. 지금의 서안 근교이다.

6 경태는 영종英宗의 연호이다. 영종 시기 북방의 오라이트가 먼저 명나라를 침공하였다. 영종은 제대로 준비도 하지 못하고 대군을 이끌고 싸우러 갔다가 포로로 잡혔다. 시강 서리徐理가 말하기를, "별자리 모양이 변하니 남쪽으로 천도해야 합니다."라고 하였다. 서리徐理는 서유정의 본명이다.

나라의 도읍을 경솔하게 옮기는 것은 스스로 근본을 뽑는 것이며 민심이 동요한다.

143

夢之說二: 有感於魄識者, 有感於思念者. 何謂魄識之感? 五臟百骸皆具知覺, 故氣淸而暢則天遊, 肥滯而濁身欲飛揚也而復墮; 心豁淨則遊廣漠之野, 心煩迫則局蹐冥竇; 而迷蛇之擾我也以帶系, 雷之震於耳也以鼓入; 饑則取, 飽則與, 熱則火, 寒則水. 推此類也, 五臟魄識之感著矣. 何謂思念之感? 道非至人, 思擾莫能絶也, 故首尾一事, 在未寐之前則爲思, 旣寐之後卽爲夢, 是夢卽思也, 思卽夢也. 凡舊之所履, 晝之所爲, 入夢也則爲緣習之感; 凡未嘗所見,未嘗所聞, 入夢也則爲因衍之感; 談怪變而鬼神罔象作, 見臺榭而天闕王宮至, 殲蟾蜍也以踏茄之誤, 遇女子也以瘞骼之恩, 反復變化, 忽魚忽人, 寐覺兩忘, 夢中說夢. 推此類也, 人心思念之感著矣. 夫夢中之事, 卽世中之事也, 緣象比類, 豈無偶合? 要之漫渙無據, 靡兆我者多矣.

꿈에 두 가지 이론이 있는데 백식魄識의 감응이 있고 사념思念의 감응이 있다. 무엇을 '백식의 감응'이라 하는가? 오장백해五臟百骸는 모두 지각知覺을 갖추었기 때문에 기氣가 맑으면 펴져서 막힌 데 없이 자유롭고 비대하여 막히면 탁한 몸이 날아오르다가 다시 추락한다. 마음이 열려서 깨끗하면 광막廣漠한 들에서 노닐고 마음이 번거롭고 촉박하면 두려워하며 구멍에 숨는다.[1] 뱀으로 착각한 것이 나를 어지럽히는 것은 허리띠가 이어진 것이고, 천둥소리가 귀를 진동하는 것은 북소리가 들어온 것이다. 배고프면 취하고 배부르면 나눠주고, 더운 것은 불 때문이고 추운 것은 물 때문이다. 이런 종류로 추론하면 오장백식五臟魄識의 감응이 드러난다. 무엇을 '사념의 감응'이라 하는가? 도는 지인至人이 아니면 어수선한 사념을 끊을 수 없기에 처음부터 끝까지 한 사건을 잠자기 전에 생각했으면 이미 잠든 후에 곧 꿈을 꾸게 된다. 이 때문에 꿈은 곧 생각이고 생각은 곧 꿈이다. 대개 예전에 행한 것이나 낮에 행했던 것이 꿈에 들어오는 것은 연속되는 습관의 감응이다. 대개 일찍이 본 적이 없었던 것과 들은 적이 없던 것이 꿈으로 들어오는 것은 변화를 따르는 것에 응하기 때문이다.[2] 괴변怪變을 말하면 귀신과 망상이 일어나고[3] 누각이나 전각을 보면 궁궐과 궁실이 이르고 두꺼비를 죽인 것은 가지를 밟은 착각이었고 여자를 만난 것은 해골을 묻어준 은혜였고, 반복하여 변화하여 갑자기 물고기가 되었다가 갑자기 사람이 되고 잠에서 깨어나서는 둘 다 잊어버리니 꿈속에서 꿈을 이야기하는 것이다. 이런 종류로 미루어 보건대 사람의 마음은 사념의 감응이 드러난 것이다. 저 꿈속의 일은 곧 세상 안의 일이고, 형상에 근거하여 비슷한 것인데 어찌 우연히 맞을 때가 없겠는가? 요컨대 모호하고 근거가 없는 것이 나에게 징조가 아닌 것이 많다.

注

1 명두冥竇는 음암지혈陰暗之穴의 뜻이며 어두컴컴한 굴을 말한다.
2 인연因衍은 『장자·제물론』: 因之以曼衍[끝없는 변화에 따라 내맡긴다]라고 했는데 여기서 인因은 따르는 것이고 만연曼衍은 변화이다.
3 『국어·노어魯語 하』: 水之怪曰龍, 罔象.[물속의 도깨비를 용이라 하는데 망상이다]하고 『회남자·기론훈記論訓』: 水生罔象.[물 안에 망상이 생긴다]라고 하였다. 망상罔象은 물속에 사는 귀신이다.

꿈은 귀신에 감응하거나 생각에 감응하는 것이다.

144

祭義曰: 「衆生必有死, 死必歸土, 此謂之鬼. 骨肉斃於下, 陰爲野土; 其氣發揚於上, 爲昭明, 焄蒿悽愴, 此百物之精, 神之著也.」故曰「視之而不見, 聽之而不聞.」有所聞見者, 必附於物形而後著, 非附於物則不能也. 若夫山都木客, 魅魑魍魎, 罔象之類, 及猿狐之精, 皆有形體, 與人差異耳, 世皆以此爲鬼, 誤矣. 上古之時, 山川草木未盡開闢, 此等物類與人相近, 亦能來遊人間, 與人交接; 蓋此類視人則不如, 視禽獸則又覺靈明也. 今去鴻荒日遠, 深山大澤開闢無餘, 人盡居之, 雖犀象龍蛇, 避人爲害, 益遠去, 況此類尤靈於物者而不避之耶? 人不多見, 遂以爲鬼神, 習矣而不察者也.

『제의祭義』[1]에 "모든 생명은 반드시 죽음이 있고, 죽으면 반드시 흙으로 돌아가는데 이를 귀신[鬼]라고 한다.[2] 뼈와 살이 땅속에서 부패하여 음의 들판에서 흙이 되는데[3] 그 기氣는 위로 발양發揚하여 밝게 드러나거나[昭明] 무럭무럭 피어오르며[焄蒿] 사람을 슬프게 하니[悽愴] 이는 온갖 만물의 정精과 신神이 드러난 것이다."[4]라고 했다. 그래서 "보려 해도 볼 수 없고 들으려 해도 들을 수 없다."[5]고 했다. 듣고 보는 것은 반드시 사물의 형태에 부착된 후에 드러나고 사물에 부착되지 않으면 드러날 수 없다. 만약 산 귀신[山都木客][6], 물 귀신[魅魑魍魎][7]과 같은 망상罔象의 부류와 원숭이와 여우의 정령精靈은 모두 형체가 있는데 사람과 차이가 있을 뿐이다. 세상에서 이들을 모두 귀신이라고 하는 것은 잘못이다. 상고 때에는 산천초목이 다 생겨나지 않아서 이런 등속의 물류物類들은 사람과 서로 가까웠고, 또한 인간 세상에 와서 노닐면서 사람들과 서로 접촉할 수 있었다. 대개 이런 부류들이 사람을 보면 자신이 더 나아 보이고, 금수禽獸를 보면 또한 자신이 영명靈明함을 깨닫는다. 지금은 먼 옛날 홍황鴻荒과의 시간적 간격이 날로 멀어져서 심산대택深山大澤이 남김없이 생겨났고 사람들이 모두 그곳에 거주하는데 비록 코뿔소·코끼리·용·뱀일지라도 사람에게 해를 당하는 것을 피하여 더욱 멀리 떠나갔다. 하물며 이런 종류는 다른 생물보다 더욱 영명하니 피하지 않겠는가? 사람들은 많이 볼 수 없어서 마침내 귀신이라 여기게 되었는데 익숙해져서 살피지 않은 것이다.

注

1 제의祭義는 『예기』의 편명이다. 『예기·제의』: 衆生必有死, 死必歸土, 此謂之鬼. 骨肉斃於下, 陰爲野土; 其氣發揚於上, 爲昭明, 焄蒿悽愴, 此百物之精, 神之著也.[모든 생명은 반드시 죽음이 있고, 죽으면 반드시 흙으로 돌아가는데 이를 귀신이라고 한다. 뼈와 살이 땅속에서 부패하여 들의 흙이 되는데 그 기氣는 위로 발양하여 밝게 드러나거나 무럭무럭

피어오르며 사람을 슬프게 하니 이는 온갖 만물의 정신이 드러난 것이
다.] 하였다.

2 『이아·석훈釋訓』: 鬼之爲言, 歸也[귀鬼는 돌아간다는 말이다], 『열자·천
서天瑞』: 精神者天之分, 骨骸者地之分. 屬天淸而散, 屬地濁而聚. 精神離
形, 各歸其眞, 故謂之鬼. 鬼, 歸也, 歸其眞宅[정신은 하늘의 몫이요, 육체
란 땅의 몫이다. 하늘에 속하는 것은 맑으니 흩어지게 되고 땅에 속하
는 것은 혼탁하니 모이게 된다. 정신은 형체에서 분리되면 각각 그의
본원으로 돌아가므로 그것을 귀鬼라고 말한다. 귀鬼는 돌아가는 것歸이
며 그 본래의 위치로 돌아간다는 의미이다.]

3 『예기·제의祭義』: 衆生必有死, 死必歸土, 此謂之鬼. 骨肉斃於下, 陰爲野
土. 이를 정현이 주에서 "言人之骨肉蔭於地中爲土壤[사람의 형체는 땅
그늘진 곳의 흙이 됨을 말했다.]"라고 했다. 귀신을 음陰과 양陽 두 기운
으로서 말하면 귀鬼는 음의 영靈이고 신神은 양의 영靈이며, 한 기운으
로서 말하면 이르러 펴짐은 신神이 되고 돌아가 되돌아감은 귀鬼가 되
니, 그 실제는 한 물건일 뿐이다.

4 『예기·제의』: 其氣發揚於上, 爲昭明, 焄蒿悽愴, 此百物之精, 神之著
也.[그 기氣는 위로 발양하여 밝게 드러나거나 무럭무럭 피어오르며 사
람을 슬프게 하니 이는 온갖 만물의 정신이 드러난 것이다] 여기서 훈
호焄蒿는 정현이 주에서 "훈은 전煎과 같으며 향기香氣를 말한다. 호蒿는
기가 증발하는 것을 말한다고 하였다. 처창悽愴은 구슬프고 애달픈 감
정인데 이에 대해 공용이 소疏에서 "감정에 있어 사람은 동물과 비슷하
나 정이 많아 특별히 신神이라 부른다. 『예기』에서 사람을 논하는 것도
인신人神에 따라 백물百物을 논한 것이라고 하였다.

5 『중용』: 鬼神之爲德, 其盛矣乎. 視之而弗見, 聽之而弗聞, 體物而不可
遺.[귀신의 덕이 크구나! 보려고 해도 보이지 않고 들으려 하여도 들리
지 않으나, 사물의 형체에 빠트릴 수 없다.]

6 산도목객山都木客에서 산도山都는 상상 속의 짐승인 성성猩猩이이고 목객木客은 전설에 나오는 산중의 짐승이다. 산도목객은 산에 사는 귀신이다.

7 『좌전·선공宣公3년』: 螭, 魅, 罔, 兩, 莫能逢之.[이, 매, 망, 량은 만날 수 없다]고 하였는데 이를 주에서 "리螭는 산 귀신이고 매魅는 물체이다. 또 망량은 물귀신이다."라고 하였다. 매리망량魅螭罔魎은 산귀신과 물귀신 모두를 말한다. 산귀신과 물귀신은 인간이 만나지 않을 수 있어서 인간이 물에 들어가거나 산에 들어가도 해를 피할 수 있다.

귀신은 보려 해도 볼 수 없고 들으려 해도 들을 수 없다. 보고 들을 수 있는 것은 반드시 사물에 붙은 후라야 가능하다.

145

呂氏月令乃牽合傅會之書, 柳子厚論之詳矣.「聘名士, 禮賢者」, 何時不可? 獨於季春之月何居?「令奄尹, 申宮令」,「謹房室必重閉, 省婦事勿得淫」, 四時皆不可不謹者, 何獨於仲冬之月行之? 季夏之月,「不可以合諸侯, 起兵動衆」, 時有亂民敵國之變, 將止而不舉耶? 孟冬之月,「命太史釁 龜筴占兆, 審卦吉凶」, 使他時有大疑大事, 將不得占邪? 故曰:「有俟時而行之者, 敬授人事者也; 有不俟時而行之者, 此類是也, 不可以概擬也.」嘗謂月令之書, 出於夏小正, 成於周時訓解, 其日次, 星中, 東風解凍之類, 皆以天時授民事, 與夏小正義同, 至當而不可易者. 其反時令, 則有大水, 寒氣, 寇戎來, 征夫多, 沉陰, 淫雨早降, 兵革並起之類, 卽時訓解所謂「風不解凍, 號令不行; 獺不祭魚, 時多盜賊; 鷹不化鳩, 寇戎數起」之類是也, 此皆術士災應誣罔之論, 非聖人之所擬. 其謂日甲乙, 帝太

皥, 神勾芒, 其蟲鱗, 其音角, 其數八, 其味酸, 其臭膻, 天子居靑陽
左個, 乘鸞輅, 載靑旂, 衣靑衣, 服蒼玉」等類, 無非牽合傅會之義.
說者謂其采三代之文而爲之, 不無古意, 其所許亦淺矣. 君子講學,
在辯其義理是 非而已, 古與不古, 又烏足論? 柳子謂瞽史之語, 非
出於聖人, 予以爲至論.

『여씨월령呂氏月令』[1]은 곧 이치에 맞지 않는 말을 억지로 끌어 붙인 책인데
유자후柳子厚[2]가 논한 것이 상세하다. "명사名士를 초빙하여 현자를 우대한
다"[3]는 것은 어느 때인들 불가하겠는가? 유독 늦봄의 달이라고 한 것은
무슨 근거인가? "엄윤奄尹에게 명하여 궁령宮令을 선포하게 했다"라고 했
고 "방실房室을 경계하여 반드시 중복하여 닫게 하고, 부녀자의 일을 살펴
서 힘들지 않게 해야 한다"[4]고 했는데 사철에 모두 경계하지 않을 수 없
는 것들이니, 어찌 유독 중동仲冬의 달에만 행할 것인가? 늦여름의 달에
"제후들을 모아서 군사를 일으키고 대중을 동원할 수 없다"[5]고 했는데 그
때 백성들이 난동과 적국이 침범하는 변란이 있더라도 장차 중지하고 병
사를 일으키지 않겠는가? 초겨울의 달에 "태사太史에게 명하여 희생의 피
를 거북껍질과 시초[龜筴]에 발라 조짐을 점치게 하여 괘의 길흉을 살피게
한다"[6]고 했는데 만약 다른 때에 크게 의심이 되는 큰일이 생긴다면 점치
지 않을 것인가? 그래서 "때를 기다려서 행해야 하는 것은 백성에게 마땅
히 해야 할 일을 맡기는 것이고 때를 기다리지 않고 행하는 것은 위에서
언급한 일들이다. 둘 다 일률적으로 논할 수 없다"고 하였다. 일찍이 '월
령은 「하소정夏小正」에서 나와서 주대에『시훈해時訓解』[7]가 완성되었고, 그
일차日次, 성중星中, 동풍해동東風解凍의 류[8]는 모두 천시天時로써 민사民事에
주어지며 「하소정」의 뜻과 동일하니 지극히 마땅하여 바꿀 수 없다. 비수
기에 명령은 홍수, 추위, 오랑캐의 침입, 잦은 원정, 음침함, 장맛비가 일
찍 내림, 전쟁이 일어남이 함께 일어나는 것이 있는데 즉, 『시훈해時訓解』

에서 말한 "바람이 얼음을 녹게 하지 않으면 호령하지 않는다. 수달이 물고기를 늘어놓고 제사를 올리지 않으면 그때 도적이 많고, 매가 비둘기로 변하지 않으면 오랑캐가 자주 일어난다."라는 부류가 그것인데, 이는 모두 술사術士가 재난을 빙자하여 남을 속이는 의론이고, 성인이 헤아릴 바가 아니다. 그가 "날은 갑을甲乙이고 제帝는 태호太暭이며 신神은 구망勾芒이고 그 충蟲은 인麟이며 그 음音은 각角이고 그 수數는 팔八이고 그 맛은 시고 그 냄새는 누리며 천자는 청양靑陽의 좌개左個에 거주하는 데 난새가 끄는 수레를 타고 푸른 깃대를 싣고 푸른 옷 입고 창옥蒼玉을 복용한다"고[9] 말한 등속의 부류는 견강부회한 뜻이 아닌 것이 없다. 어떤 자가 말하기를 "그것은 삼대三代의 글을 따서 지은 것이니 옛 뜻이 아닌 것이 없다"고 했는데 그 허용한 바가 또한 천박하다. 군자의 강학은 그 의리와 시비를 변별하는 데 있을 뿐이니 예스럽고 예스럽지 않은 것을 또한 어찌 논하겠는가? 유자柳子가 말한 고사瞽史라는 말[10]은 성인에게서 나오지 않았지만 나는 옳은 이론이라고 여긴다.

注

1 「여씨월령」은 여불위가 지은 『여씨춘추』 책 중 12기紀이다. 『예기』의 「월령」을 고쳐 적은 것이다.

2 유자후(柳子厚, 773~819)는 당대 시인이고 철학가이며 고문가였던 유종원柳宗元이며 자가 자후이다.

3 『여씨춘추·계춘기季春紀』에 나온다.

4 『여씨춘추·중동기仲冬紀』에 나온다. 엄윤奄尹은 환관의 우두머리로 궁중의 관리이다.

5 『여씨춘추·계하기季夏紀』에 나온다.

6 『여씨춘추·맹동기孟冬紀』: 甲骨爲龜, 蓍草爲筮, 用以占吉凶.[갑골은 거북이고 시초는 산가지이며 길흉을 점칠 때 사용한다]

7 「하소정夏小正」은 시령時令을 기록한 것이고 주나라의 『일주서逸周書』, 권 6, 「시훈해時訓解」 또한 시령을 기록한 것이다.

8 『예기·월령月令』과 『여씨춘추·맹춘기孟春紀』에 나온다. "일차日次는 날짜의 차례로 1년 12개월 동안 매월 해와 달, 별들의 위치를 가리킨다. 성중星中은 별 가운데 매일 아침과 저녁에 보이거나 예상되는 하늘의 별과 위치를 말한다. 동풍해빙東風解凍은 계절의 변화를 가리킨다.

9 『예기·월령』, 『여씨춘추·맹춘기』: 日甲乙, 帝太皞, 神勾芒, 其蟲鱗, 其音角, 其數八, 其味酸, 其臭膻, 天子居青陽左個, 乘鸞輅, 載青旂, 衣青衣, 服蒼玉.[날은 갑을甲乙이고 제帝는 태호太皞이며 신神은 구망勾芒이고 그 벌레는 비늘이며 그 음音은 각角이고 그 수數는 팔八이고 그 맛은 시고 그 냄새는 누리며 천자는 청양青陽의 좌개左個에 거주하는 데 난새가 끄는 수레를 타고 푸른 깃대를 싣고 푸른 옷 입고 창옥蒼玉을 복용한다.]

10 고사瞽史는 음양을 다스리는 악관의 이론이다.

∴ 『여씨춘추』는 견강부회한 서적임을 논했다.

146

廣陵散慢其商弦, 與宮同音, 言臣將奪君也. 王陵都督揚州, 謀立荊王彪. 母丘儉文欽諸葛誕, 前後相繼爲, 揚州都督, 咸有匡復魏室之謀, 皆爲司馬懿父子所殺. 叔夜以揚州故廣陵之地, 故名其曲焉. 廣陵散, 言魏氏散亡自廣陵始也.

《광릉산廣陵散》[1]은 그 상현商弦을 느리게 타는데 궁宮과 같은 음이고, 장차 군주 자리를 빼앗을 것이라고 하는 내용이다. 왕릉은 양주揚州의 도독都督이었는데 형왕荊王 표彪를 세울 것을 모의했다.[2] 모구검母丘儉과 문흠文欽과

제갈탄諸葛誕 [3]은 전후로 서로 이어서 양주 도독이 되었는데 모두 위나라를 광복匡復하려고 모의하다가 다 사마의司馬懿 부자에게 살해당했다. 숙야叔夜 [3]는 양주가 옛 광릉廣陵의 땅이기 때문에 일부로 그 곡조의 제목으로 지은 것이다. 《광릉산》은 위씨魏氏가 망한 것이 광릉에서 비롯된 것임을 말한다.

注

1 《광릉산廣陵散》은 위진시대 죽림칠현 중 한 명인 혜강嵇康이 연주한 거문고 곡이다. 이 곡은 섭정과 엄중자의 의리를 칭찬하며 자살한 섭영의 절개를 칭찬하는 이야기를 주제로 만들어졌다. 혜강은 사마의司馬懿 집안이 위왕을 폐하고 진晉나라를 세운 데에 불만을 폭로하며 이 금곡을 자주 연주했다.

2 위나라 무제 조조曹操는 25명의 아들이 있는데 손희孫熙가 낳은 초왕楚王 표彪가 그중의 한 명이다.

3 『위서魏書』, 28권에 무구검毋丘儉, 문음文欽, 제갈탄諸葛誕이 나온다.

《광릉산》은 금에서 상현商弦을 느리게 타는 곡조인데 궁음과 같은 음이다. 신하가 군주의 자리를 뺏는 것이 내용이다.

147

宋太祖既定天下, 魯之學者始稍稍自奮. 白袍擧子, 大裾長紳, 雜出戎馬介士之間. 父老見而相指以喜曰:「此曹出, 天下太平矣.」蓋以兵戈擾攘, 民生難保, 且人厭亂離, 又思念承平之舊, 見士人物色, 意卽悅而安之矣. 此足以見儒者興起, 實太平之具也.

송 태조가 이미 천하를 평정했는데, 노나라 학자들이 비로소 점차 스스로 분발했다. 백포白袍[1]를 걸친 거자擧子[2]들이 큰 옷자락[大裾]과 긴 띠[長紳] 차림으로 융戎馬를 탄 병사들 틈에서 섞여 나왔다. 어르신들이 보고서 서로 지적하며 기쁘게 말하기를 "이 무리가 나왔으니, 천하가 태평하구나!" 라고 했다. 대개 전쟁으로 소란하면 민생을 보호하기 어렵고, 또한 사람들이 난리를 싫어하고 또한 승평承平했던 옛날을 생각하는데 사인士人들의 생김새나 복색服色을 보고 속으로 곧 기뻐하고 편안하게 여긴 것이다. 이것으로 유학자의 흥기를 볼 수 있으니 실로 태평이 갖추어진 것이다.

注

1 소식蘇軾, 〈최시관고교催試官考較〉시에 "門外白袍如鵠立.[문밖의 흰옷은 마치 흰 고니가 서 있는 것 같다]"라고 하였는데, 대마호代馬縞, 『중화고금주·포삼袍衫』: 庶人白袍.[서민은 흰옷을 입는다] 라고 주석을 달았다.
2 거자擧子는 과거에 응시하는 수험생이다.

⋮ 유학자들의 흥기를 보고 태평성대가 되었다고 한 것을 논한다.

148

德行在己, 君子亦要其自修無歉而已; 官秩在人, 崇卑惟存乎際遇如何耳, 於 我何與? 張玄素孫伏伽在隋皆令史. 太宗對群臣, 嘗問玄素曰:「卿在隋何官.」對曰:「縣尉.」又問未爲尉前時, 曰:「流外.」玄素以爲辱, 出閤殆不能步, 色如死灰. 伏伽嘗於廣座中自陳往事, 一無所隱. 況於對君之際, 敍其素履, 又何辱之有? 嗟乎! 此可以占二公之識量矣.

덕행은 자신에게 달려있으니, 군자는 또한 그 자신의 수양에 부족함이 없어야 할 따름이다. 관직과 녹봉은 남에게 달려있으니, 높고 낮음은 오직 기회를 만남이 어떠한지에 달려있을 뿐이지 내가 어찌 간여하겠는가? 장현소張玄素와 손복가孫伏伽는 수隋나라에서 모두 영사令史였다. 당 태종이 신하들을 마주하고 일찍이 현소에게 묻기를 "경卿은 수나라에서 무슨 관직이었는가?"라고 하니, 대답하기를 "현위縣尉였습니다."라고 했다. 또 현위 이전의 때를 물으니, "유외流外였습니다"[1]라고 했다. 현소는 모욕으로 여기고, 문을 나설 때 거의 걸을 수 없었고 안색은 다 탄 재 같았다. 손복가孫伏伽는 일찍이 넓은 좌중에서 스스로 지난 일을 진술했는데 하나도 숨김이 없었다. 하물며 군주를 대할 때 과거의 이력을 진술하는 것이 무슨 굴욕입니까? 아! 이것으로 두 사람의 식견과 도량을 점칠 수 있다.

注

1 수당隋唐 시기 9품까지 관직은 유내流內였고 9품 이하 관직은 유외流外였다.

> 덕행은 자신이 스스로 수양하는 것이다. 관직의 높고 낮음은 때를 만나는 것에 달려있다.

149

連嵩卿寄朱文公書云:「寥子晦言天地之性卽我之性, 豈有死而遽亡之理.」因引大全集中堯, 舜託生之語爲證. 朱子與方伯謨云:「渠諸人未有以折子, 伯謨可與克明各下一語, 便中見喩.」今亦不見伯謨如何答此. 但易曰:「精氣爲物, 遊魂爲變」, 魂而能遊, 是卽死而不亡矣. 堯, 舜託生, 雖無稽考, 人生而猶記其前身者, 世間往往有

之; 是死而神氣不滅, 亦不可誣, 但不能人人盡如是耳.

연숭경連嵩卿이 주문공朱文公에게 보낸 편지에서 "요자회寥子晦가 말하기를 '천지의 성性은 나의 성이니, 어찌 죽어서 갑자기 없어지는 이치가 있겠는 가.'라고 했다. 『대전집大全集』에서 요堯와 순舜이 탁생託生[1]했다는 말을 인 용한 것으로 증거를 삼았다. 주자朱子가 방백모方伯謨에게 편지를 보내 말 하기를 "저 모든 사람은 그 잘못을 지적하기에 부족하니 백모伯謨는 극명 克明과 함께 각각 한마디는 할 수 있으니 그 가운데에서 알 수 있도록 하 라."[2]고 했다. 지금은 백모의 이에 대한 답변이 어떠했는지는 알 수 없다. 다만 『역경』에 "정기精氣는 사물이 되고, 혼이 떠돌아 변함이 된다"[3]고 했 는데 혼이 노닐 수 있다면 이는 곧 죽어서 없어지지 않은 것이다. 요와 순 의 탁생은 비록 계고稽考할 수 없지만, 사람이 태어나서 오히려 그 전생을 기억하는 것이 세간에서 종종 있다. 이 때문에 죽어서도 신기神氣가 없어 지지 않는 것 또한 거짓일 수 없는데 단지 사람마다 다 이와 같을 수 없을 뿐이다.

注

1 탁생託生은 전세前世의 인연因緣으로 중생衆生이 모태母胎에 몸을 붙여서 태어나는 것이다.

2 『주자문집』, 41권에 주자와 연호경連嵩卿의 대화가 나온다. 『주자문집』, 44권에 주자와 방백모方伯謨의 대화가 나온다. 방백모의 이름은 사요士 繇이다.

3 『역·계사상』, 4장, 주자 주에 "陰精陽氣, 聚而成物, 神遊魄降, 散而爲變 [음의 정精과 양의 기氣가 모여서 만물을 이루는 것은 신神의 펴짐이요. 혼魂이 돌아다니고 백魄이 내려와서 흩어져 변화한 것은 귀鬼의 돌아감 이다.]" 하였다.

요자회廖子晦가 천지의 성性과 나의 성性이 같다고 했다. 그렇다면 죽어서도 사라지지 않는 것이다.

150

律呂九分爲寸, 只是要簡易易算, 與三分損益相合, 卽十寸之尺勻
爲九寸, 非除卻一寸, 止用九也. 蔡氏律呂新書以十分爲寸, 則大萬
大千, 碎瑣奇零, 必有空隙不齊之數, 難以定律矣.

율려律呂[1]는 9등분을 한 마디로 삼는데 단지 간단하고 쉬운 계산을 요구
하였고 3등분하여 손익이 서로 합해진다.[2] 곧 10마디의 자를 균일하게 9
마디로 삼은 것인데 한 마디를 제거한 것은 아니고 단지 9를 사용한 것이
다. 채씨蔡氏[3]의 『율려신서律呂新書』는 10등분을 한 마디로 삼았는데 매우
크고 자질구레하고 기괴하며, 반드시 빈틈이 있고 가지런하지 못한 숫자
가 있어서 음율을 정하기 어렵다.

注

1 중국 고대 음악은 12음계를 나누었다. 양陽이 6인데 이를 율律이라 하
고 음陰이 6인데 이를 여呂라고 하여 합하면 12 율려가 된다.

2 각 음의 고저와 순서를 가리킨다. 셋으로 나누어 하나를 버리고 또 셋
으로 나누어 하나를 더하는 방법으로 계산하니 이를 삼분손익三分損益
이라 한다.

3 채씨는 남송 이학자 채원정(蔡元定, 1135~1198)이며 자는 계통季通이다. 주
자의 영향을 크게 받아《율려전서律呂全書》등을 집필하였다.

율려律呂는 9등분을 한 마디로 삼으니 간단하고 쉽게 계산할 수 있다.

즉 10마디의 자가 9마디가 된다. 한 마디를 제외한 이유는 9를 사용하기 위해서이다.

151

鴻荒之先, 人與禽獸等, 蚩蚩共居, 丕丕並遊, 至與物合而不知擇, 故精氣雜揉, 有馬人, 犬人之異象. 是以人入獸群不亂, 鳥巢之卵可探而得. 久而愛惡情盛, 各利所生, 人擇其人相匹, 遂與禽獸日遠, 而禽獸見之驚且疑矣. 又久而人道日利, 其類日廣, 禽獸日被其害, 漸微而漸遠矣. 中古之時, 猶有蛇龍犀象, 遍於中國; 今山澤開治, 盡爲民居, 而毒蟲猛獸之類滅其跡, 豈非勢所必至乎哉?

홍황鴻荒[1] 이전에는 사람과 금수禽獸 등이 혼란스럽게 함께 살고 큰 무리 지어 함께 노닐고 심지어 사물과 교합하고 가려낼 줄 몰랐기 때문에 정기精氣가 뒤섞여서 마인馬人과 견인犬人 같은 기이한 형상이 있었다. 이 때문에 사람들이 금수의 무리에 들어가더라도 어지럽지 않았고, 새 둥지의 알을 찾아서 얻을 수 있었다. 세월이 오래 되자 애증의 정情이 왕성해지고 각자의 이익이 발생하니 사람들은 사람들 중에서 짝을 선택하게 되어 마침내 금수와 날로 멀어지고, 금수들이 사람을 보고 놀라고 의심했다. 또세월이 오래되어 인도人道에 날로 이익이 되니 그 부류가 날로 광대해져 금수는 매일 피해당하니 점차 미약해지고 점차 인간에게서 멀어졌다. 중세 때에는 여전히 뱀, 용과 코뿔소와 코끼리가 중국에 두루 퍼져있었는데, 지금은 산택山澤이 개발되어서 모두 백성의 거처가 되니 독충과 맹수의 부류가 그 종적을 없애버렸다. 어찌 형세가 필연적으로 미친 것이 아니겠는가.

1 홍황鴻荒은 혼돈하고 몽매한 상태, 아득하여 헤아리기 힘든 상태를 말하는데 여기서는 지금과는 먼 아주 옛날인 태고를 뜻한다.

태고 이전에는 사람과 짐승들이 함께 살고 함께 놀았다. 지금은 산과 연못이 생겨나서 모두 다 사람 사는 곳이 되었다. 그래서 사람과 짐승은 날로 멀어졌다.

152

趙充國將四萬騎, 屯緣邊九郡, 匈奴聞之引去. 九郡: 五原, 今靈州以西之地是也. 朔方, 今華馬池以東是也. 雲中今大同. 代郡, 今蔚州, 廣昌靈丘之地. 鴈門, 今朔州, 馬邑. 定襄, 今定襄. 北平, 今永平, 昌黎. 上谷, 今宣府, 居庸, 昌平. 漁陽, 今薊州, 平谷. 乃北邊六大鎭, 幾四千里, 戍卒二十餘萬, 虜人往往入寇, 至不能敵; 而充國將四萬而分布之, 使匈奴畏服而引去, 豈非將在智勇, 卒在精而不在多耶.

조충국趙充國[1]이 4만 기병을 거느리고 북쪽 주변 아홉 군에 주둔하자 흉노匈奴가 그 소식을 듣고 무리를 끌고 물러갔다. 아홉 군은 다음과 같다; 오원五原은 지금의 영주靈州 서쪽 땅이다. 삭방朔方은 지금의 화마지華馬池 동쪽이다. 운중雲中은 지금의 대동大同이다. 대군代郡은 지금의 울주蔚州와 광창廣昌 영구靈丘의 땅이다. 안문鴈門은 지금의 삭주朔州와 마읍馬邑이다. 정양定襄은 지금의 정양定襄이다. 북평北平은 지금의 영평永平과 창려昌黎이다. 상곡上谷은 지금의 선부宣府와 거용居庸과 창평昌平이다. 아양漁陽은 지금의 계주薊州와 평곡平谷이다. 이는 북쪽 변경의 여섯 대진大鎭으로 거의 4천 리이고 병졸은 20여 만이지만, 오랑캐들이 종종 침입하여 노략질하는데도 대적할 수 없었다. 조충국이 4만을 거느리고 분산하여 포진하고 흉노를 두렵게 하며 복종시켜서 무리를 이끌고 떠나가게 했으니 어찌 장군은 지용智勇에 달려있고 병졸은 정예병에 달려있으며 병졸의 수가 많음에 달려있지 않다.

注

1 조충국趙充國은 한 무제와 선제宣帝 때 사람이며 장군이었다. 침착하고 용감하며 지략이 뛰어났다.

> 장군은 지혜와 용맹함이 있어야 하고 병사는 정예병이 중요하며 숫자가 많은 것이 중요하지 않다

153

家語載曾子耘瓜, 誤斬其根, 曾晳建大杖以擊其背. 曾子伏地, 不知人事, 良久而蘇, 起進曰: 大人用力教參, 得無疾乎? 乃退, 援琴而歌, 使知體康. 孔子聞而怒. 愚謂此皆非實. 誤斬瓜根, 厥過甚細, 何至遽建大杖, 擊至伏地, 殊非浴沂氣象. 小誤即受大杖幾死, 亦非啟手足者之所忍. 以二賢素履度之, 有亦不至杖, 杖亦不爲受, 受則成父之過, 不直傷體也.

『공자가어』[1]에 실려 있기를, "증자[2]가 오이밭에 김을 매다가 잘못하여 그 뿌리를 베었는데 증석[3]이 큰 지팡이를 세워서 그 등을 쳤다. 증자는 땅에 엎어져 인사불성이었다가 오랜 시간 후에 소생하여 일어나서 말하기를 '아버지께서 힘써 저를 가르쳤는데 병을 얻으신 것은 아닌지요?'라고 했

다. 이에 물러 나와서 금琴을 타며 노래하며 몸이 나았음을 알게 되었다. 공자가 이 소식을 듣고 화를 냈다"고 했다. 나는(필자) 이는 모두 사실이 아니라고 생각한다. 잘못하여 오이의 뿌리를 벤 것은 그 허물이 몹시 작은데 어찌 갑자기 큰 지팡이를 세워 들고 쳐서 땅에 엎어지게 했겠는가? 특히 욕기浴沂⁴의 기상氣象이 아니다. 작은 과오로 큰 지팡이로 맞아서 거의 죽을 뻔했던 자⁵가 참을만한 일이 아니다. 두 현인⁶의 평소 행실을 헤아려 볼 때, 지팡이를 휘두르지 않았을 것이고, 지팡이를 또한 맞지 않았을 것이다. 지팡이를 맞았다면 부친의 허물이 되었을 것이기에 단지 몸을 상하게 하지는 않았다.

注

1 위왕魏王 숙肅은 고서를 종합해『공자가어』위서를 편찬했다. 하지만 많은 고사 자료가 보존돼 있다.

2 증자(曾子, BC505~BC432)는 이름이 삼參이고 공자의 제자이다. 증자의 운과 耘瓜 고사는『공자가어』4권에 나온다.

3 증석曾晳의 이름은 점點이고 증삼曾參의 부친이며 부자가 모두 공자의 제자이다.

4 『논어·선진』: 浴乎沂, 風乎舞等, 詠而歸[기수에서 목욕을 하고 무우에서 바람을 쐬고는 노래를 읊조리며 돌아오겠습니다] 증점이 자기의 뜻을 공자에게 피력하였다. 공자께서 감탄하시며 말씀하셨다. "나는 증점과 함께 하겠다."고 하였다.

5 계수족啟手足은 계수계족啟手啟足을 생략한 말로 천수를 다하고 죽음을 맞는다는 뜻이다. 『논어·태백』: 曾子有疾, 召門弟子曰, 啓予足, 啓予手 [증자가 병이 생겨 죽을 때가 되자 제자들을 불러놓고 이불을 걷고 내 발을 보아라, 내 손을 보아라]고 한 데에서 비롯하여 계수계족이 임종의 뜻으로 쓰이게 되었다.

『근사록』: 父母全而生之, 子全而歸之, 若曾子之啓手啓足, 則體其所受乎親者而歸其全也[부모는 온전하게 낳고, 자식은 온전하게 되돌린다. 예컨대 증자가 '이불을 걷어 손을 보라고 하고, 발을 보라'고 한 것은 부모에게서 받은 몸을 잘 간직하여 온전하게 되돌린다는 것이다] 라고 하였다.

6 이현二賢은 증점曾晳과 증삼曾參 부자를 말한다.

『공자가어』에 실린 "증자가 오이밭에 김을 매다가 잘못하여 그 뿌리를 베었던 일"을 논하고 있다.

154

或問豺祭獸, 獺祭魚, 鷹祭鳥, 然乎? 曰: 非也. 時鳥獸魚多, 食不可盡, 故狼藉陳之如祭耳. 彼物也, 豈知祭其祖先? 若曰祭獸魚鳥之先, 以其類而祭之, 尤爲不通. 此出上古質樸之見, 後人弗察而信之, 過矣. 上古無義理之事, 後世因仍不改者甚多, 不獨此.

어떤 사람이 묻기를 "승냥이가 짐승으로 제사 지내고, 수달이 물고기로 제사 지내고,[1] 매가 새로 제사 지낸다는 데 그러한가?" "그렇지 않다. 마침 새와 짐승과 물고기가 많아서 다 먹을 수가 없기에 낭자하게 진열해 놓은 것이 제사 지내는 것과 같을 뿐이다. 저 동물들이 어찌 그 선조에게 제사 지낼 줄 알겠는가? 만약 짐승과 물고기와 새의 선조에게 제사한다고 한다면 그 부류로써 제사하는 것으로 더욱 통하지 않는다. 이는 상고上古의 질박한 견해에서 나온 것인데 후인들이 살피지 못하고 믿었으니 지나치다. 옛날 이치가 없는 일들이 후세에서 그대로 답습하여 고치지 않은 것이 이것뿐만이 아니다."

1 『예기·왕제王制: 獺祭魚, 然後虞人人澤梁, 豺祭獸, 然後田獵[수달이 물고
기로 제사 지낸 뒤에야 우인虞人들이 물고기를 잡으러 어량에 들어간
다.] 우인虞人은 산과 연못[山澤], 동산이나 채밭[苑圃], 사냥[田獵]을 관리
하는 사람이다.

승냥이가 짐승으로 제사하고, 수달이 물고기로 제사 지내는 것은 잘
못된 것이다. 짐승은 조상의 제사를 지내지 않는다.

155

邪術異端, 禍人國家多矣, 惟天文讖緯爲禍尤甚世有等不上不下之
人, 略知文義, 專務駁雜, 以惑愚俗, 每遇災祥, 卽有竊議. 幸君臣
政化淸平, 無釁而起. 但稍有頹隳, 以侵紀綱, 而庸愚之徒的然信
之, 遂生異謀, 結扇竊發, 縱事無成, 亦能始禍, 有國者不可不預爲
之計也. 北虜占太白以寇中國, 亦此.

사술邪術과 이단異端이 사람과 국가에 재앙을 미친 것이 많은데 오직 천문
참위天文讖緯가 재앙이 되는 것이 더욱 심하다. 세상에는 상上도 아니고 하
下도 아닌 무리의 사람이 있는데 대략 문장의 뜻을 알고 오로지 잡박함에
힘을 써서 어리석게 세속에 현혹되어서 매번 재앙이나 상서로움을 만나
면 즉시 남몰래 상의한다. 다행히 군신의 정치, 교화가 맑고 공평하면 그
틈에는 일어나지 않는다. 다만 약간이라도 무너짐이 있으면 기강을 침범
하여 용렬하고 우매한 무리가 사술을 옳다고 믿고서 마침내 선동을 맺어
몰래 드러내는데, 설령 일이 성공하지 못하더라도 또한 나라에 화를 비롯
하게 할 수 있다. 나라를 지닌 자는 미리 그것에 대비하지 않을 수 없다.

북로北虜가 태백太白을 점령하고[1] 중국을 노략질하는 것도 또한 이런 것이다.

注

1 태백太白은 금성金星이고 다른 이름은 계명성啟明星이라고 한다.
『사기』, 27권, 「천관서天官書」: 察日行以處位, 太白日西方. 太白日西方, 秋, 日庚辛, 主殺.[태양의 운행을 관찰하면 태백太白의 위치를 판정할 수 있다. 금성은 서방을 상징하고 가을을 주관하고 경庚, 신辛의 날짜에 배합되며, 주살을 관장한다.]라 하였다. 여기서 태백을 점령했다는 것은 북로가 쳐들어왔음을 의미한다.

사특한 술수와 이단異端이 사람과 국가에 재앙을 끼치는데 천문참위天文讖緯는 재앙이 되는 것이 더욱 심하다.

156

正統己巳之變, 兵部徵各省兵入禦虜. 時天下承平日久, 軍政弛緩, 逃故不清, 徒具尺籍, 應者無幾. 當時大臣建議, 設立民壯, 以備倉卒, 法古兵出於農之義, 三時在野力田, 一時入城講武, 若有徵調, 卽同正軍. 此舉獨出漢, 唐, 宋發募刺配之上, 又陰蓄重兵於天下, 一時卒用, 旬日可集. 但歲月積久, 其法浸壞, 人不揀選, 委弱備數者有之; 籍無定名, 戶人輪役者有之; 人無定戶, 均徭流編者有之; 甚至徭銀在官, 顧覓遊手者有之, 此皆有司之失政也. 提撕整頓, 使復舊貫可也. 而後生末學, 不達前人至計遠慮, 睹目前役占之苦, 便欲從而罷之, 爲休息民隱, 是以國家大計等爲兒戲喜怒. 吁! 何其淺哉!

정통正統 기사己巳년의 변란[1]은 병부가 각 성省의 병사들을 모집하여 오랑캐를 방어했다. 당시 천하에 태평한 날이 오래였는데 군정軍政이 느슨해지고 도망해도 분명하게 처리하지 못하고 단지 척적尺籍[2]만 갖추니 응하는 자가 거의 없었다. 당시 대신이 건의하여 민병을 설립하여 창졸간의 일에 대비하려 했는데 옛날 병사가 농부에서 나왔다는 뜻을 본받아 세 계절은 들에서 힘써 농사짓게 하고 한 계절은 성城으로 들어와서 무예를 익히도록 하며 만약 징집이 있으면 즉시 정군正軍과 함께 하도록 했다. 이 조처는 특히 한漢나라, 당唐나라, 송宋나라가 모병하며 자배刺配[3]했던 것에서 나왔는데 역시 몰래 천하에 중병重兵을 비축하여 일단 필요하면 10일이면 모집할 수 있었다. 단지 세월이 오래 쌓여서 그 법이 붕괴되어 사람을 가려서 뽑을 수 없어서 위약委弱자로 숫자를 채우는 일이 있게 되었다. 호적에 정해진 명단이 없고 세대의 사람들이 번갈아 가며 요역[4]을 하는 일도 있게 되었으며 사람들은 정해진 세대가 없고 '균등 부역법'은 민가에 부담을 주며 심지어 관청에서 부역을 대신하여 은을 받으니, 일손을 찾는 일이 생겼다. 이는 모두 실무자의 잘못된 정치이다. 정돈하여 옛 관습을 회복하는 것이 옳다. 후일 후배 학자가 선인의 깊은 계책과 먼 장래를 내다보지 못하고 눈앞의 부역이 점유하는 고통만 보고서 곧 좋아서 폐지하여 백성들을 은밀히 휴식하게 하니 이 때문에 국가의 대계를 아이들 장난으로 삼았으니 아 얼마나 천박한가!

注

1 정통正統은 명나라 영종 정통제 연호이다. 정통 14년(1449)에 명나라군은 토목보에서 에센의 오이라트군에게 포위당하다가 기습 공격으로 대참패를 당했다. 이때 정통제는 탈출에 실패해 오이라트군의 포로가 되었다. 이를 토목보土木堡의 변란이라고 한다.

2 척적尺籍은 민호民戶의 다소에 따라 군정軍丁의 수를 알맞게 배정하여

만든 호적戶籍이나 군적軍籍이다.

3 죄인의 얼굴에 자자刺字해서 먼 곳으로 유배시키는 것인데 먼 곳에서
복무하게 하였다.

4 균요均徭는 명나라 부역법이다. 명나라 요역은 이갑里甲·균요均徭·역전
驛傳·민장民壯 등으로 다양하게 이루어졌다. 납세자의 토지 소유 면적과
인구수에 따라 결정된 세액을 은으로써 일괄 납부하게 하였다.

정통의 토목보의 변란 이후 농민을 훈련시켜 위급 시 정예병으로 삼
았다.

157

呂才陰陽書序擧論祿命, 地理, 擇日之謬, 大賢之識鑒也, 而後世謂
之儒者反泥之, 何哉? 其論祿命云:「長平坑卒, 未聞盡犯三刑; 南
陽貴人, 豈必俱當六合? 同年同祿而貴賤懸殊, 共命共胎而壽夭各
異.」其論葬法云:「古之葬者, 皆於國都之北, 兆域有常處, 是不擇
地也. 今葬書以爲子孫富貴, 貧賤, 壽夭皆因卜葬所致, 可乎? 楚子
文爲令尹而三已, 柳下惠爲士師而三黜, 計其丘壟未嘗改移, 亦何
所關 耶.」其論擇日云:「按禮, 天子, 諸侯, 大夫葬有月數, 是古人
不擇年月也. 春秋九月丁巳葬定公; 雨, 不克葬; 戊午日下昃, 乃克
葬, 是不擇日也. 鄭葬簡公, 司墓之室當路, 毁之, 則日中而窆, 子
產不毁, 是不擇時也.」嗟乎! 其論正矣哉! 而儒者反爲鄙俗惑之,
安足以言學?

여재呂才[1]의 「음양서陰陽書」 서문에서 녹명祿命, 지리地理, 택일擇日의 오류
를 거론하여 현인들의 지식이 거울이 되었는데 후세의 유학자들이 도리

어 침체된 것은 무엇 때문인가? 그 녹명을 논한 것은 "장평長平의 갱졸坑卒이 모두 삼형三刑의 죄를 받았다는 것은 듣지 못했는데[2] 남양南陽의 귀인貴人이 어찌 반드시 모두 육합六合에 합당할 것인가? 같은 나이에 같은 봉록을 받는데도 귀천이 현격히 다르고, 같은 부모에게서 쌍둥이로 태어나도 장수와 요절이 각각 다르다"[3]고 했고, 그 장례의 법을 논하기를 "옛날의 장례를 거행하는 자는 모두 도읍의 북쪽에 있었고 묘역은 정해진 곳이 있어서 땅을 가리지 않았다. 지금의 장서葬書에는 자손의 부귀, 빈천, 장수와 요절이 모두 장지를 정하는 것에서 기인한 것이라고 여기는 데 옳은 것인가? 초楚나라 윤자문은 영윤을 세 번 지냈고,[4] 유하혜는 사사士師가 되어 세 번 쫓겨났지만,[5] 그들 묘소를 헤아려서 옮긴 적이 없는데 또 무슨 연관된 바가 있겠는가?"라고 했다. 그 택일을 논하여 말하기를 "예禮를 살펴보니 천자, 제후, 대부의 장례는 월수月數가 있는 것은 옛사람이 세월을 가리지 않은 것이다."[6] 『춘추春秋』에 "9월 정사丁巳일에 정공을 장례했는데 비가 내려서 장례를 마치지 못했다. 무오戊午일에 해가 아래로 기울 때 장례를 마쳤다'고 했다. 이는 택일하지 않은 것이다.[7] 정鄭나라에서 간공簡公을 장례할 때 묘를 관리하는 자의 집이 길에 있으니, 그것을 허문다면 아침나절에 하관할 수 있었지만 자산子産이 허물지 못하게 했다. 이는 때를 택하지 않은 것이다."[8]고 했다. 아! 그 논의가 올바르다! 그런데 유학자들이 도리어 비속하여 미혹되니, 어찌 학문을 말할 수 있겠는가?

注

1 여재(呂才, 600? ~665)는 당나라 초 학자이다. 『구당서舊唐書』, 79권에 나온다.

2 왕충王充, 『논형·명의命義』: 秦將白起坑趙降卒於長平之下, 四十萬眾同時皆死[진나라 장군 백기가 장평 아래에서 항복하였고 40만 무리가 한꺼번에 다 죽었다] 『논형』에 장평 전투에서 져서 많은 병사가 죽었다

고 적혀있을 뿐이다.

삼형三刑은 사주팔자라는 용어이다. 고대 점성가는 12간지와 오행으로 사방에 배합하여 생극生克의 이치에 따라 길흉을 점쳤다. 자묘子卯는 1형이고, 인사寅巳는 2형이고, 축술丑戌은 아직 3형까지는 되지 않았을 때다. 삼형을 당하는 것은 가장 흉하다.

3 남양南陽은 후한 광무제의 고향으로 남양 귀인貴人은 광무와 함께 거사를 일으킨 인물을 말한다. 구당육합俱當六合에서는 출생한 시간[生時], 월의 간지[月建]와 일의 간지[日辰]가 합하여 길한 날이 된다. 「녹명서」에는 육합과 오행의 관계에 대해 '자축子醜이 합하여 토土가 되고 인해寅亥가 합해져 목木이 되고, 묘술卯戌은 합해져 화火가 되고, 신유辰酉가 합해져 금金이 되고, 사신巳申은 합해져 수水가 되며, 오미午未는 태양과 태음太陰이 된다고 하였다.

4 『논어·공야장公冶長』: 子張問曰, 令尹子文, 三仕爲令尹, 無喜色, 三已之, 無慍色, 舊令尹之政, 必以告新令尹, 何如? 子曰, 忠矣.[자장이 묻기를, 영윤인 자문은 세 번이나 벼슬에 나아가 영윤이 되었으나 기뻐하는 기색이 없었고, 세 번이나 벼슬을 그만두게 되어서도 성내는 기색이 없어 전에 영윤이 하던 일을 반드시 새로운 영윤에게 알려주었는데 그는 어떤 사람입니까? 하니 공자께서 말씀하시길, 충성스럽다.]

5 『논어·미자微子』: 直道而事人, 焉往而不三黜.[바른 도로 사람을 섬기는데 어디를 간들 여러 번 쫓겨나지 않겠소.] 위와 같이 유하혜가 말하였다.

6 『예기·왕제王制』: 天子七日而殯, 七月而葬. 諸侯五日而殯, 五月而葬. 大夫, 士, 庶人三日而殯, 三月而葬.[천자는 7일 빈객을 맞고 7개월 장사지내고, 제후諸侯는 5일 빈객을 맞고 5개월 만에 지내며 대부大夫와 사士와 서인庶人은 3일 빈객을 맞이하고 3개월 장사지낸다.]

7 『춘추·정공 15년』: 九月丁巳, 葬定公, 雨, 不克葬. 戊午, 日下昃, 乃克葬.

是不擇日也.[9월 정사丁巳일에 정공을 장사지내는데, 비가 내려서 장사를 지낼 수가 없었다. 무오일에 해가 기울 때 마침내 장사를 지낼 수가 있었으니 이는 택일하지 않은 것이다.]

8 『좌전·소공12년』: 司基之室, 有當道者, 毀之則朝而期, 弗毀則日中而塴, 子產說諸侯之賓來會吾喪, 豈憚日中, 遂弗毀".[묘를 관리하는 자의 집이 길을 막았는데 그것을 허문다면 아침나절에 하관할 수 있었지만, 그날 허물 지 못하게 했다. 자산이 말하길, 제후의 빈객들이 모이는데 어찌 좋은 날에 허물겠는가? 하고는 허물지 않았다.]

여재呂才의 『음양서陰陽書』 서문에 기록된 녹명祿命, 지리地理, 택일擇日의 오류를 반박했다.

158

丘瓊臺雜著云:「宣德正統初, 一時賢相, 比稱三楊」, 讜矣. 當其時, 南交叛逆, 軒龍易位, 敕使旁午, 頻泛西洋, 曾無一語. 權歸常侍, 遠征麓川, 兵連禍結, 極於土木之大變, 誰實啟之? 蓋舉其關繫國體之大者, 未能盡如此, 其賢可知矣.

구경대丘瓊臺의 『잡저雜著』[1]에 "선덕宣德 정통正統 초에 한때의 현명한 재상으로 나란히 삼양三楊을 칭했다"[2]고 했는데 바른 사람들이다. 그 시기에 당하여 남교南交가 반역하여 헌룡軒龍이 지위를 바꾸었고[3] 칙사敕使가 어수선하게 빈번히 서양西洋[4]으로 배를 띄웠는데 한 마디 말도 한 적이 없었다. 권력은 환관에게 돌아갔고 녹천麓川으로 원정遠征을 갔는데[5] 병사가 이어지고 화禍가 맺혀서 토목土木의 대변大變[6]에서 극에 이르렀는데 누가 실로 열었던 것이던가? 대개 국체國體의 큰 것에 관계되는 것을 거론하는

데 이처럼 다 할 수 없었으니 그 현명함을 알 수 있다.[7]

注

1 구경대丘瓊臺는 구준丘濬이다. 구준丘濬은 집이 경산瓊山에 있었다. 그의 호가 경대瓊臺이다. 저서에 『경대회고瓊臺會稿』가 있다.

2 삼양三楊은 선종宣宗과 영종英宗 시기의 재상이었던 양영楊榮, 양사기楊士奇, 양부楊溥이다. 세 명이 모두 양씨 성을 지녀 삼양이라 불렀다.

3 남교南交는 안남安南 혹은 월남국이다. 헌룡 역위는 당시 교지국交趾國의 왕 진씨陳氏가 여씨黎氏로 바뀐 것을 가리킨다. 월남을 교지로 이름을 바꾸었다.

4 서양西洋은 지금의 남해 일대를 가리킨다.

5 상시常侍는 진나라, 한나라 시기 관명이다. 여기서는 환관 왕진을 가리킨다. 녹천麓川은 면전緬甸을 가리킨다.

6 토목보土木堡는 회래현怀來縣에서 정통 14년 영종英宗이 오라이트족과 포로로 잡혔다. 이를 토목보의 변란이라고 한다.

7 삼양三楊은 역사상 현명한 재상이라 불린다. 하지만 문학가이기도 한 왕정상은 그들에 대해 다른 관점을 지닌다. 권오향 저, 『실학의 태두 왕정상』 참조.

⋮ 선덕제 정통 초에 재상이었던 양영楊榮, 양사기楊士奇, 양부楊溥의 현명
⋮ 함을 논했다.

159

程子云, 葬須爲坎室乃安. 若懸棺直下, 便以土實之. 虛土易抵凹, 四面流水必趨土虛處, 棺槨雖堅, 恐不能勝許多土頭, 有失『比化

者無使土侵膚』之義. 此誠有之. 在雍冀山阜之域, 土高而堅, 可爲
坎室; 若大陸, 大野土疏之區, 江南, 閩, 越水淺土薄之地, 則不可
能. 縱砌埒石成室, 終爲水窫, 不如築爲灰鬲, 萬無一失也. 予葬先
君, 始爲灰鬲, 心亦未敢必其堅久, 及葬先母夫人, 前後爭三十年,
開壙視之, 已堅如石, 擊之有聲, 用鍫鑱削, 分毫不能入, 始知灰鬲
有益亡者, 又非坎室可得而同矣.

정자程子[1]가 말하기를 "장례는 반드시 감실坎室을 만들어야 편안하다. 만
약 관棺을 매달아 직접 하관하면 곧 흙으로써 채운다. 흙이 없는 곳은 오
목한 곳을 메우도록 바꾸고, 사면의 흐르는 물은 반드시 흙이 없는 곳으
로 흐르도록 하고 관곽棺槨이 비록 견고하더라도 많은 양의 흙을 감당하
지 못할까 두려운 것은 '죽은 자에게 흙이 살에 닿지 않게 해야 한다'는
뜻을 상실한 탓이다"[2]라고 했다. 이는 참으로 그러하다. 옹주雍州와 기주
冀州의 산언덕 지역은 흙이 높고 견고하여 감실을 만들 수 있지만 만약 대
륙大陸[3]과 대야大野[4]의 흙이 적은 구역, 강남江南, 민閩, 월越 같은 곳은 물이
얕고 흙이 얕은 땅이라 가능하지 않다. 섬돌을 늘어놓고 돌을 쌓아 실室을
만든다 하더라도 끝내 물구덩이가 될 것이니, 석회로 벽을 만들어 만에
하나라도 실패함이 없도록 하는 것이 좋다. 내가 선친을 장례할 때 처음
석회로 벽을 만들었는데 마음에서 그것이 견고하여 오래 견디리라고 감
히 기대하지 못했다. 급기야 어머니를 장례 지내고 그 후로 30년 동안 무
덤을 열고 살펴보니 이미 돌처럼 견고해져서 두들기면 소리가 났고, 가래
[鍫]를 사용하여 깎아냈으나 가루조차도 들어갈 수 없었다. 비로소 회격이
망자에게 유익하고, 또 감실이 그와 같을 수 없음을 알았다.

注

1 정자程子는 정호程顥이다.

2 『맹자·공손추하』: 且比化者, 無使土親膚, 於人心獨無恔乎?[또 돌아가신 분을 위해 흙이 피부에 직접 닿지 않도록 하니 마음에 오직 만족함이 있다.]

3 대륙大陸은 호수 가운데에서 물 밖으로 드러나 있는 땅의 이름이다. 즉 대륙택大陸澤이다. 하북성 임현任縣 일대에 있다.

4 대야大野는 옛 연못의 이름으로 지금의 넓은 평야를 말한다. 거야鉅野라 고도 불린다. 『상서·우공禹貢』: 大野既瀦者, 東原底平. 在今山東鉅野一 帶.[대야택大野澤의 물이 이미 호수로 모여들어 동원의 넓은 평야가 만 들어져 지금의 산동성 거야 일대에 있다.] "大野既瀦者, 東原底平"의 의 미는 옛날의 큰 연못이 호수로 통합되어 수해가 사라지고 동쪽의 넓은 토지가 복원되었다는 것이다. 이 말은 대우가 치수治水를 한 뒤의 모습 을 묘사한 것이다.

: 장례 시 망인의 방은 회격灰鬲을 축조하는 것이 견고하다.

160

唐太宗命高士廉撰氏族志, 廉仍以崔, 盧爲首, 太宗不許, 止取今日 官職高, 不作等級, 此兩失之: 以舊族爲重者, 失於不辯凡庸, 門第 衰微而下品陋劣, 偃仰自高; 以今官職爲重者, 失於摧抑賢哲, 亂爭 之世而勇力尊顯, 道德居下. 以之勸表風俗, 皆未爲得. 夫聖賢不繫 世類, 而樗栃不才, 出自望族, 何姓氏之必可崇? 不如以有書契之 世爲始, 皆以受姓之初爲先後而志之, 不惟於序姓爲得, 亦不致賢 哲退抑, 陋劣高視, 庶於勸戒風俗自補.

당태종이 고사렴[1]에게 명하여 『씨족지氏族志』를 편찬하게 하였는데, 사렴이 최崔씨와 노盧씨²를 수장으로 삼으니 태종이 허락하지 않았다. 다만 금일의 관직이 높은 것을 취하고 등급은 짓지 못하게 했는데 이는 두 가지를 잃은 것이다. 구족을 중시하는 것은 평범함을 분별하지 못한 것인데 문벌이 쇠하고 하품下品으로 비루하고 열등한데도 거만하게 스스로 높다고 여기게 된다. 지금 관직을 중시한 것으로 현철賢哲을 억압하는 것을 잃었고 난리와 투쟁의 세상에서 힘을 높이 드러냈으니 도덕은 그 아래에 있게 되었다. 풍속을 권장하여서는 모두 얻지 못할 것이다. 성현은 세류에 얽매이지 않고 도올檮杌³은 재능이 없지만 명망이 있는 집안에서 나왔는데 어찌 성씨를 반드시 숭상할 수 있겠는가? 글자를 써서 약속할 수 있는 세상으로 처음을 삼는 것만 못하지만 모두 성을 받은 처음으로써 선후로 삼아서 기록한다면 성을 차례로 늘어놓는 데에 합당하고 또한 현철을 퇴각시키거나 비루하고 열등한 사람을 높이 보지 않을 것이니, 거의 풍속을 훈계하는 데 있어서 저절로 보완이 될 것이다.

注

1 고사렴高士廉은 태종 시기 관직이 이부상서였다.

2 최崔씨와 노盧씨는 위진 시대 이후 부호들의 성씨이다.

3 도올檮杌은 전설상 고대의 네 흉악한 요괴 중 하나이다. 『좌전·문공 18년』에 "순舜이 사방의 문에서 손님을 맞이하면서 네 흉악한 사흉四凶을 저 멀리 사예四裔의 땅으로 내쫓음으로써 이 괴물 같은 자들을 막았다."라고 하였다. 사흉四凶은 중국 주나라 서쪽 지방에 살고 있는 전설의 동물이자 요괴이며 식탐의 혼돈渾沌, 폭력의 도올檮杌, 교활의 도철饕餮, 흉포의 궁기窮奇이다.

사람이 관직을 구하는 데에 옛 명문 성씨를 중시하는 것은 현철賢哲을 퇴각시키는 것이다.

161

唐初授民田, 有田有租; 迄後法弊, 民得轉易而有田矣. 多少不等, 貧富不齊, 田主逃亡, 靡所考稽, 安得猶以國初授田之法稅之? 故楊炎變爲兩稅, 所謂, 戶無主客, 以見居爲籍; 人無丁中, 以貧富爲差是也. 田不過割, 則主客難別; 不論貧富, 則丁中不分, 安得不變? 後世有謂唐租, 庸, 調法變而取民之制壞者, 蓋不究其始末事體而漫言者也.

당唐나라 초에 백성에게 밭을 주었는데, 밭이 있으니 세금이 있었다. 후세에 이르러 법에 폐단이 있자 백성들은 바꾸어서 밭을 소유했다. 많고 적음이 같지 않고 빈부貧富가 같지 않아서 밭의 주인이 도망가도 살펴볼 바가 없었는데 어떻게 여전히 나라 초기의 밭을 주었던 법으로써 세금을 거둘 수가 있겠는가? 그래서 양염楊炎[1]은 양세법으로 바꾸었는데 이른바 "세대에는 주객主客이 없고 거주하는 것을 보고 호적을 만들고, 사람은 장년과 중년에 관계없이 빈부로써 차별을 둔다."[2]밭은 토지대장의 명의를 변경하지 않으면 주객을 구별하기 어렵고 빈부를 따지지 않으면 장년과 중년을 구분할 수 없는데 어떻게 바꾸지 않겠는가? 후세에 당唐나라 조租, 용庸, 조調의 법이 변하여 백성이 일군 땅을 취했다고 말하는 자가 있는데 그것은 그 시말의 사체事體를 살피지 못하고 함부로 말한 것이다.

注

1 양염楊炎은 당나라의 정치가이며 봉상鳳翔 천흥天興 사람이다. 자는 공남公南이고, 별호는 소양산인小楊山人이며 양번楊播의 아들이다. 문장이 웅장하고 화려했다. 덕종 때 재상으로 양세법을 실시하는 등 재정개혁을 추진하여 중흥의 정치를 이루었다. 번진 세력의 반발로 노기가 재상이 되자 좌천되었다가 살해되었다.

2 양세법은 균전제를 폐지하고, 조租, 용庸, 조調를 합하여 하나로 하여 토지와 재산에 따라 세금을 해마다 두 번 금전으로 걷는 것이다. 『당서·양염전』과 『식화지食貨志』에 나온다.

: 양염楊炎의 양세법兩稅法을 논했다.

162

探物及源, 厥論乃眞. 儒云倉庚鳴春, 非有使之, 厥氣自動, 若於春無與焉. 嘻! 此半塗之論爾. 非春, 倉庚蟄矣; 非日至而北, 時寒矣; 非天之運, 日蔑以附矣. 故知天運日, 日生春, 春鳴倉庚, 此謂眞實. 天之運, 氣機也, 機不可測, 故君子不論.

　사물을 탐구하여 근원에 이르면 그 논의는 참된 것이다. 유학자가 말하기를 "꾀꼬리가 봄에 우는 것[1]은 그것을 하게 한 것이 있지 않고 그 기氣가 스스로 움직이는 것인데 마치 봄이 되는 데에 관여함이 없는 것 같다"라고 한다. 아! 이는 도중에서 그친 논의일 뿐이다. 봄이 아니면 꾀꼬리는 숨어있고, 해가 이르지 않고 북쪽에 있으면 계절이 추울 때이다. 하늘의 운행이 아니면 해는 붙을 곳이 없다. 그래서 하늘이 해를 운행함을 알 수 있는데 해가 봄을 생기게 하고 봄은 꾀꼬리를 울게 하는 것이 진실이다.[2] 하늘의 운행은 기氣의 작용인데 기틀[機]은 예측할 수 없기에 군자가 논하지 않는 것이다.

注

1 『시경·빈풍·칠월』: 春日載陽, 有鳴倉庚.[봄날에 따뜻한 햇살 받으며 꾀꼬리 울고 있네], 『예기·월령』: 仲春之月, 倉庚鳴.[봄날에 꾀꼬리 우네]

라고 하였다. 창경倉庚은 황리黃鸝로 꾀꼬리이다. 봄에 꾀꼬리 우는 것을 자연에서 햇빛이 땅에 비추어 움직이고 사계절이 생기는 것과 같은 자연현상으로 보았다.

2 왕정상은 자연계의 햇빛은 지면에서 움직이며 사계절을 만들어 내기에 봄에는 꾀꼬리가 운다고 강조한다. 이는 하늘의 운행을 설명한 것이다.

⋮ 사물을 탐구하여 근원에 이르는 논의가 바로 참된 것이다.

163

秦檜主和金之議, 欲害岳武穆以罷北伐之師, 乃發金牌十二次止還之. 說者曰: 將在閫外, 君命有所不受, 武穆於斯時, 能奮然討虜, 克復舊京, 清平河, 朔, 功成而請罪, 亦無不可者, 何至退順入朝, 遂死人手乎? 愚乃不然之. 人臣之能成事, 雖出於己之才力, 實藉人君之權, 以鼓動於衆耳. 苟不受命, 是爲逆上, 逆上不臣, 不臣則我之行事無君上之權矣, 又安得鼓動乎衆人也哉? 不但不能動衆, 兵, 危事也, 逆, 大惡也, 孰肯蹈惡履危以速禍乎? 人且將圖我矣. 元擴廓帖木兒, 詔以其兵肅清江, 淮, 分其所部之兵以討川, 陝, 山東之賊, 而扞拒不受詔, 於是屬將貊高關保等皆叛而倒戈共攻之. 夫將士且不與我矣, 尚安得禦敵? 忠智俱失, 較諸武穆順事安命以聽於君, 相去霄淵矣. 君子曰: 成其忠則智得, 武穆蓋有之.

진회秦檜가 금나라와 화의를 주장한 논의는 악무목岳武穆[1]을 해쳐서 북벌의 군사를 그치게 하고자 한 것인데 이에 금패金牌를 12차례나 발령하여 그만두고 돌아오게 했다. 어떤 이가 말하기를 "장수가 변방에 있을 때는 임금의 명을 받지 않는 바가 있으니², 무목은 이때 분연奮然히 오랑캐를 토벌하여 옛 수도를 회복하고 하河와 삭朔³을 깨끗하게 평정하였다. 공을 이루고 죄를 청하니 또한 잘못된 것이 없었는데 어찌 물러나서 순순히 조정에 들어와 끝내 남의 손에 죽었던가?"라고 했다. 나는 그렇지 않다고 여긴다. 신하가 일을 성취할 수 있는 것은 비록 자신의 재력才力에서 나왔더라도 실은 군주의 권력을 빌려서 무리를 고무하여 움직였을 뿐이다. 만약 명을 받지 않았으면 이는 윗사람을 거역한 것이고, 윗사람을 거역한 것은 신하가 아니다. 신하가 아니라면 나의 하는 일에 군주의 권한이 없는데 또한 어찌 무리를 고무하여 움직일 수 있겠는가? 무리를 움직일 수 없을 뿐만 아니라, 병사는 위험한 일이며 거역함은 대악大惡인데 누가 기꺼이 악을 저지르고 위험을 무릅쓰고 화를 제촉하겠는가? 남들이 장차 나를 도모하게 될 것이다. 원元나라 확곽첩목아擴廓帖木兒⁴는 조서를 내려 그의 군대가 강江, 회淮 지역을 숙청하고 그 거느리는 병사를 나누어서 천川, 섬陝, 산동山東의 도적을 토벌하게 했는데 항거하며 명을 받지 않았다. 이에 그의 소속 장수 맥고貊高와 관보關保 등이 모두 반역하여 창을 돌려서 함께 공격하였다. 저 장사將士들이 나와 함께 하지 않았는데 어찌 적을 막을 수 있었겠는가? 충성과 지혜를 모두 모두 상실했고 악무목 순사가 안명安命하여⁵ 군주에게 복종했으니, 비교하면 서로의 거리가 하늘과 연못의 차이이다. 군자가 말하기를 "그 충을 이루면 지혜를 얻는다"고 했는데 악무목은 대체로 그것을 지녔다.

注

1 악무목岳武穆은 남송의 악비(岳飛, 1103~1142) 장군이다. 금나라에 투항한 중국 최고의 명장이자 구국의 영웅이다. 효종 때 무목武穆을 받았다. 진회의 화친이 받아들여 북벌을 주장하던 악비는 반역죄로 39세에 살해되었다. 현재 관우와 함께 한족의 영웅으로 칭송받고 있다.

2 『사기·사마양저열전』: 將在軍, 君令有所不受.[장군이 군사를 지휘할 시
는 군주의 명령은 받지 않은 적도 있었다.]

3 황하 이북의 땅을 하삭河朔이라 불렀다.

4 확곽첩목아擴廓帖木兒는 원말 침구沈丘 사람이다. 성은 왕王씨이고 자는
보보保保이다. 찰한첩목아察罕帖木兒의 조카인데 아들로 키워졌다. 지정
至正 22년(1362) 찰한첩목아가 익도益都에서 살해당한 뒤 태위太尉와 중서
평장정사中書平章政事, 지추밀원사知樞密院事 등을 지내고, 아버지의 병사
를 이어 지휘했다.

5 안명安命은 천명을 편안하게 여긴다는 뜻이다. 『장자·대종사』: 知其不
可奈何, 而安之若命.[내 힘으로 어찌할 수 없는 일이라면 편안하게 운
명으로 받아들여라.]고 하였다.

송대 악비 장군과 원말 확곽첩목아擴廓帖木兒 장군의 충성을 비교하
였다.

164

列子曰: "天傾西北, 日月星辰就焉; 地不滿東南, 百川水潦歸焉."
此非大觀之見也. 天左旋, 處其中順之, 故日月星辰, 南面視之, 則
自東而西, 北面視之, 則自西而東. 北極居中, 日月星辰四面旋繞,
非就下也, 遠不可見也. 日月星辰恒在天也, 人遠而不及見, 如入地
下耳. 論衡曰: "日不入地, 譬人把火, 夜行平地, 去人十里, 火光藏
矣, 非滅也." 此語甚眞. 昆侖山地中極高之所, 故山南之水皆入南
海, 山東之水皆入東海, 山西之水入西海, 山北之水入北海, 此西域
記之論. 中國當昆侖之東, 故江, 淮, 河, 漢皆入東海, 而云 "地不
滿東南"者, 知其委而不知其源者也.

『열자列子』에 "하늘은 서북으로 기울어 있어서 일월성신이 그곳으로 나아간다. 땅은 동남이 가득 차 있지 않아서 모든 냇물과 빗물이 그곳으로 흘러간다."[1]라고 했다. 이는 통찰력 있는 관찰이 아니다. 하늘은 좌측으로 돌고 그 중심에 처하여 따라가기 때문에 일월성신은 남쪽에서 바라보면 동쪽에서 서쪽으로 가고, 북쪽에서 바라보면 서쪽에서 동쪽으로 간다. 북극은 중앙에 있어서 일월성신은 사방에서 돌고 아래로 나아가지 않는데 멀어서 볼 수 없다. 일월성신은 항상 하늘에 있는데 사람은 멀어서 볼 수 없으니, 마치 지하로 들어가는 것 같을 뿐이다. 『논형』에 "해는 땅으로 들어가지 않는데, 마치 사람이 횃불을 들고 밤에 평지를 걸어가는 것처럼 사람과의 거리가 십 리가 되면 불빛이 감춰져 있을 뿐 꺼진 것은 아닌 것과 같다."[2]라고 했다. 이 말은 참으로 진실이다. 곤륜산은 땅 안에서 지극히 높은 곳이기 때문에 산남山南의 물은 모두 남해로 들어가고 산동山東의 물은 모두 동해로 들어가고 산서山西의 물은 서해로 들어가고 산북山北의 물은 북해로 들어가는데 이는 『서역기西域記』의 논의이다.[3] 중국은 곤륜산의 동쪽에 있기 때문에 강江, 회淮, 하河, 한漢[4]은 모두 동해로 들어가는데, 열자가 "땅은 동남이 가득 차 있지 않다"라고 한 것에서 그것이 굽어 있음을 알 수 있지만, 그 근원은 알 수 없다.

注

1 『열자·탕문湯問』: 天傾西北, 故日月星辰移焉; 地不満東南, 故水潦塵埃归焉.[하늘은 서북 방향으로 기울어 있어서 해, 달, 별 모두 이곳으로 이동하고 땅은 동남 방향으로 내려앉아 있어서 냇물이나 빗물이 모두 이곳으로 흐른다.]

2 『논형·설일說日』: 日不入地, 譬人把火, 夜行平地, 去人十里, 火光藏矣, 非滅也.[해는 하늘에 있고 땅에 들어가지 못하니 밤에는 사람이 불을 들고 평평한 땅을 걷는데 사람이 십 리를 가면 불빛이 없어지는 데 빛이

사라지는 것이 아니다.]

3 당현장唐玄奘, 『대당서역기』, 2권: 五印度之境, 周九萬餘里, 三垂大海, 北背雪山, 北廣南狹, 形如半月.[인도는 둘레가 구만여 리나 되고 삼면이 큰 바다로 둘러싸였으며 북쪽으로 설산을 등지고 있는데 남쪽은 좁고 북쪽은 넓어 그 모양이 반달과 같다] 설산은 히말라야산[喜馬拉雅山]이다.

4 강江은 장강長江이고, 회淮는 회하淮河이며, 하河는 황하黃河이고, 한漢은 한수漢水이다.

『열자·탕문』편을 인용하여 해, 달, 별들과 냇물, 빗물의 흐름을 논하였다.

165

日有蝕之, 可算而知, 曆之常也. 鼓於朝, 牲於社, 救之也. 救不救, 日無損焉. 然而猶爲之者, 抑陰扶陽之義云耳. 以爲災變者, 郎顗, 李尋之儔, 誣天人甚矣!

해에 일식이 있는 것은 계산하여 알 수 있는데 역曆이 일정하기 때문이다. 아침을 알리려 북을 사용하고 제사에 희생을 사용하여 일식을 구제한다. 구제하거나 구제하지 못하거나 간에 해는 손실이 없다. 그러나 여전히 그렇게 하는 것은 음을 누르고 양을 붙드는 의미일 뿐이다. 재변災變으로 여긴 자는 낭의郎顗[1]와 이심李尋[2] 무리인데 하늘과 사람을 속인 것이 심하다!

注

1 낭의郎顗는 동한 순제順帝 때 안구安丘사람이다. 자는 아광雅光이고 어려

서부터 부친에게 배워 풍각風角, 성산星算 등 점술에 능했고 재이를 말
하곤 했다. 풍각은 오음五音으로 감별하여서 길흉을 점치는 방술이고
성산은 별을 보고 천문 역수를 헤아리는 방술이다.

2 이심李尋은 한 애제哀帝 때 평릉平陵 사람이다. 『상서』를 통했는데 특히
「홍범」의 재이災異에 관심이 많았다. 천문, 월령, 음양을 공부하였다.

역이 일정하여 일식은 계산해서 알 수 있다. 일식은 재변災變이 아
니다.

166

或問養生鍊氣之道, 曰:「養生者節制之常也, 鍊氣則術也. 何以言
之.」人生元氣所稟, 各有長短. 自有知以來, 爲貪愛侵剝, 暴戾蠹
蝕, 故長者短, 短者促, 不得盡天年而終. 是以聖智之人有養生之
論, 大要不出少思慮, 寡嗜欲, 節飮食, 愼起居, 順時候, 和氣體, 利
關節而已矣. 能由是而行, 則大氣不能 致傷而諸疾不作, 可以盡其
天界元始之氣而以壽終矣. 使非有節, 安能如是? 故曰節制之常.
至於鍊氣之術, 亦有至理. 大抵造化之妙, 陰陽配合而道化生焉.
人之得生, 本諸精氣, 呼吸升降之間, 而運動往來無滯. 故吸則氣
升, 遂以意引之, 注於極上; 呼則氣降, 遂以意引之, 注於極下. 久
之, 極上則髓海盈溢, 遍達於諸骸; 極下則氣海充滿, 透徹於諸脈,
此亦造化自然之機發如此. 使非陰陽得類配合, 虛無之氣雖能升降
流轉, 亦不成化, 故曰「偏陽不生, 孤陰不育」, 又曰「一陰一陽之
謂道」是已, 然則氣無形質, 何以交化? 曰:「氣以虛通, 類同則感,
譬之磁石引針, 隔關潛達; 燈頭有煙, 火光自趨, 天機自然, 非由人
耳. 是道也, 自下而上, 由上而下, 往來運轉, 如環無端, 與天符合,

故曰「觀天之道, 執天之行, 盜天之機」, 豈非術乎? 服食之法何如?
曰: 參同契, 龍虎經, 石函記皆已言之, 蓋疏達腠理, 堅固體質之義
也.「虱處頭而黑, 麝食栢而香, 頸處漢而瘦, 齒居晉而黃」, 乃所食
之氣, 蒸性煉形, 故不期而變, 此亦至理存也. 但伏煉金石, 反以戕
生矣.」

어떤 사람이 생명을 양생하고 기를 단련하는 도에 대해 질문하여, 대답하
기를 "생명을 양생하는 것은 절제가 법이 되고, 기를 수련하는 것은 방술
이다. 무엇을 말하는가?" 사람은 태어나면서 원기元氣를 받는데 각자 장단
이 있다. 스스로 앎이 있게 된 후 탐애貪愛에 의해 가혹하게 침해당하고,
인도人道에서 벗어나 좀 먹듯 했기 때문에 생명이 길었던 것이 짧아지고
짧아지니 빨라져 수를 다하고 생을 마칠 수 없다. 이 때문에 지혜로운 사
람은 양생의 논의가 있게 되었는데 요체는 조금도 근심하지 말고, 욕심을
줄이고 음식을 절제하고 기거起居를 신중히 하고 계절에 순응하고 기를
조화롭게 하고 관절關節에 이롭게 하라는 것일 뿐이다. 이렇게 하면 기氣
가 크게 손상되지 않고 여러 질병이 일어나지 않아서 그 하늘이 준 원래
의 기氣를 다하여 수를 다하고 생을 마칠 수 있다. 절제가 있지 않다면 어
찌 이처럼 할 수 있겠는가? 그래서 "생명을 양생하는 것은 절제하는 것이
일상이 되고, 기를 수련하는 것은 방술이다.'라고 한 것은 또한 지극한 이
치가 있다. 대저 조화造化의 묘는 음양이 배합되어 도가 생기는 것이다. 사
람이 생명을 얻는 것은 정기精氣에 근본을 둔 것인데 호흡이 승강升降하는
사이에 운동의 왕래가 막힘이 없다. 그래서 숨을 들이마시면 기가 올라
가고 마음껏 끌어당겨서 극상極上에서 쏟아낸다. 숨을 내쉬면 마음껏 끌
어당겨서 극하極下에서 쏟아낸다. 오래되면 극상에는 수해髓海[1]가 차서 넘
쳐 여러 뼈에 두루 도달한다. 극하에는 기해氣海가 충만하여 여러 맥脈에
통하게 된다. 이는 또한 조화자연造化自然의 작용이 발동한 것이 이와 같

다. 만약 음양이 같은 배합을 얻지 못하면 허공의 기가 비록 오르락내리락 할 수 있더라도 변화를 이루지 못하기 때문에 말하기를, "양에 치우치면 낳지 못하고 외로운 음은 성장시키지 못한다"고 했으며 또한 '일음일양一陰一陽을 도道이다'고 한 것이 그것이다."라고 했다.² "그렇다면 기는 형질形質이 없는데 어떻게 교화交化하는가?" 답하길, "기는 허로써 통하는데 부류가 같으면 감응한다. 비유하자면 자석이 바늘을 끌어당기는 것처럼 사이를 두고 자맥질하여 이른다. 등불 끝부분에 연기가 있으면 불빛이 절로 따르니, 천기天機는 자연自然스럽고 사람으로부터 비롯되지 않을 뿐이다. 이 도는³ 아래에서 위로 이르고 위에서 말미암아 아래로 이르니 왕래운전往來運轉하여 고리처럼 끝이 없고⁴ 하늘과 부합하기 때문에 말하기를, "하늘의 도를 관찰하고 하늘의 운행을 붙잡고, 하늘의 작용을 훔친다"⁵고 한 것인데 어찌 술수가 아니겠는가?" "복식服食의 법은 어떤 것인가?" "『참동계參同契』,⁶ 『용호경龍虎經』,⁷ 『석암기石函記』⁸에서 모두 이미 언급했는데 대개 피부의 주름을 없애주고, 체질을 견고하게 한다는 의미이다. '이[虱]가 머리에 있으면 머리가 검어지고, 사향노루가 측백나무를 먹으면 향기롭게 되고, 목[頸]이 한漢에 있으면 혹[癭]이 나고, 이[齒]가 진晉에 있으면 누렇게 된다.'라고 한 것은 먹는 것의 기氣가 성을 쪄서 형태을 단련하기 때문에 기대하지 않고도 변하니 이는 또한 지극한 이치가 있는 것이다. 다만 금석金石을 복용하여 단련하는 것은 도리어 생명을 죽이게 된다."

注

1 『오음집운五音集韻』: 髓, 骨中脂也.[수는 뼈 사이에 있는 기름이다.]라고 하였다. 수髓는 수髓와 같다. 수髓는 뼈속에 기름처럼 응고되어 들어있는 골수骨髓를 의미한다.

2 『역경·계사상』, 5장 : 一陰一陽之謂道.[한번 음하고 한 번 양하는 것이 도이다]

3 도道는 기를 수련하는 방법을 가리킨다.

4 『황제내경·소문素問』, 장상론藏象論, 제9: 五運之始, 如環無端.[오행이 운행하는 시작은 마치 고리처럼 끝이 없다]라고 하였다. 왕래운전往來運轉에서 왕래하는 곳은 오행이 운행[五運]하는 곳이다.

5 『황제음부경주』: 意爲觀察天道, 自然而行事, 得到天機.[천도를 관찰하고 자연스럽게 행동하여 천기를 얻는다] 천기天機에서 기기는 기틀의 뜻으로 작용을 의미한다. 하늘의 기틀은 우주의 운행 원리이다.

6 『참동계』는 동한의 위백양魏伯陽이 지었다. 위백양이 『역』의 효상爻象, 수화水火, 음양陰陽으로 연단술을 해석하였는데 후대 사람들이 많은 주석을 달았다.

7 『용호경』은 연단을 적은 책이다. 고대의 많은 연단가는 이 책을 『주역참동계』에 앞선 가장 오래된 단경丹経으로 여겼다. 송대 왕도王道가 주를 달았다. 주희가 『용호경』은 『참동계』를 개괄한다고 하였다.

8 『석함기石函記』는 2권으로 진晉나라 허손許遜이 지었다. 허손은 벼슬을 버리고 강호를 떠돌았으며 세상에서 그를 허진군이라 불렀다.

양생은 절제가 일상이 되어야 하고 기를 수련하는 것은 방술을 써야 한다.

167

雨雪者, 雲氣所化; 人之氣亦能化液, 故閉息伏氣, 可以不食, 龜以吞氣而壽, 卽此. 今之醫動以補陰滋陰爲益血之妙方, 不知血必藉氣而後生, 乃爲眞血; 其水穀藥味之所滲入者, 非元氣之精也. 血必待氣而後運, 使補之有餘, 則陰勝於陽, 久之, 陽不勝陰, 氣不能運血, 留滯脈理, 而諸熱諸瘍之病作矣. 故古之養生者, 只以調氣爲先, 使陽爲一身之主攝, 而陰自生化, 眞異乎世醫之見矣.

비와 눈은 운기雲氣가 변한 것이다. 사람의 기氣 또한 액체로 변할 수 있기 때문에 숨을 죽이고 복식 호흡을 하면 먹지 않을 수 있는데 거북이 기를 삼키고 장수하는 것이 이것이다. 지금의 의사들은 걸핏하면 음기를 기르고 보충함으로 기혈을 이롭게 하는 것을 묘방妙方으로 여기는데 혈은 반드시 기를 빌린 후에 생기는 것이 곧 진혈眞血이라는 것을 모른 것이다. 그 물과 곡식과 약이 혈액 속에 스며든 것은 원기元氣의 정精이 아니다. 혈액은 반드시 기를 기다린 후에 운행되는데 보양하고 남음이 있다면 음이 양보다 이기게 된다. 오래되어도 양은 음을 이길 수 없고 기는 혈을 운행할 수 없게 되며 맥의 흐름이 막히기 때문에 모든 열과 모든 종기의 병이 일어난다. 그래서 옛날의 양생養生하는 자는 단지 기를 조화롭게 하는 것을 우선으로 삼고 양이 몸의 섭생에서 주가 되게 하고 음은 스스로 생겨나도록 했는데 참으로 세간의 의사들 견해와 달랐다.

⋮ 사람의 건강은 기혈의 운행을 순조롭게 하는 것임을 논한다.

168

康節先天圖乃挨排陰陽卦畫爲之, 但知易者皆可能也, 何有精造玄詣寓其間? 細推六十四卦, 皆各自據卦義爲說, 復相對待爲次, 與圖了無相涉; 未有圖之先, 易道不見其不明而少, 圖旣出之後, 易道不見其益明而多. 朱子乃的然信之, 遂牽强附入繫辭, 豈非惑耶? 濂溪太極之論, 本乎易有太極而言, 非杜撰也, 但著一無字稍異耳! 蓋卓乎先天之義, 造化之本, 雖天地, 日月, 四時猶在其後. 朱子乃曰太極不如先天之大, 何耶? 據先天圖論之, 有陰陽, 有天地, 有四時, 有象數, 皆太極已形之餘, 而 謂之先天, 何居? 不符名, 率然標取, 學者迷而不察, 豈不可哀! 或曰: 圖乃方士煉氣之術, 托易而作, 與參同契類, 無乃其然乎!

소강절의 『선천도』[1]는 음양 괘 그림을 배열하여 구성하였다. 다만 『역경』을 아는 것은 모두 할 수 있으나, 어떤 정밀하고 현묘한 도리가 그 안에 깃들었을까? 64괘를 세밀하게 유추해 보니 모두 각자 괘의 의미에 근거하여 설명해 냈고, 서로 대대하여 순서를 만들었다. 『선천도』와는 서로 관련이 없다. 『선천도』가 있기 전에는 『역경』의 도리가 분명하지 않았고 미비했다. 『선천도』가 나온 이후에도 『역경』의 도리는 더 분명해지지 않았다. 주자는 곧 그것을 믿었고 마침내 『역경』의 계사에 끌어다 집어넣었다. 어찌 미혹이 아니겠는가? 주렴계[2]의 태극론[3]에서 '『역』에는 태극이 있다'를 기본으로 말했으니, 근거가 없는 것이 아니다. 단 '무無' 한 글자를 추가했다[4]는 것이 조금 다를 뿐이다. 대개 『선천도』의 뜻을 세웠는데 조화의 근본이 비록 천지, 일월, 사시 등 자연의 이치라 하더라도 오히려 그 뒤에 있다. 주자가 말하기를, 『태극도설』이 『선천도』보다 크지 않은 이유는 무엇일까? 『선천도』에 근거하여 논하자면, 음양이 있고 천지가 있고 사시가 있고 상수가 있는 데 모두 태극이 이미 형성되고 남음이라 '선천'이라 이르는 것이다. 무엇에 근거하는가? 뜻은 명칭에 부합되지 않는데 갑자기 취하여 나타내어 학자들이 미혹되어 살피지 못했으니 어찌 슬프지 않을 수 있겠는가? 어떤 이가 말하기를, 『선천도』는 방사의 기를 수련하는 술수이고 『역경』에 의탁하여 만들어 참동계와 같은 부류라고 하는 것이 아닌가!

注

1 강절(康節, 1011~1077)은 소옹邵雍의 자이다. 〈선천도先天圖〉는 〈복희팔괘방

위도伏羲八卦方位圖〉라고도 한다.

2 염계濂溪는 주돈이(周敦頤, 1017~1073)의 자이다.

3 태극의 이론은 주돈이가 지은 『태극도설太極圖說』을 의미한다.

4 『태극도설太極圖說』의 첫 구가 '無極而太極[무극이 태극이다]'이다. 그 때문에 『주역·계사전』에 '易有太極.[역에는 태극이 있다]'이라 했는데 주렴계가 '무無' 자를 추가했다고 한 것이다.

소강절의 『선천도』는 음양의 괘를 배열하고 있으며, 64괘는 각각 괘 의 의미가 있어 그림과 전혀 관련이 없다.

169

衆形皆化於氣, 氣純一則不化, 氣偏勝則一化而盡, 交勝則交化, 雜揉則屢化而轉, 精靈則化神矣, 不得已之道也. 鷹化爲鳩, 鳩復化鷹; 田鼠化鴽, 鴽復化鼠; 兎以潦而化鼈, 鼈以旱而化兎; 鷸化爲鶉, 鶉化布穀, 布穀復爲鷸; 魚卵之化蝗, 蝗子之化魚, 陰陽以時相勝, 故交化也. 雀入海爲蛤, 雉入淮爲蜃, 腐草爲螢, 老韭爲莧, 男化爲女, 女化爲男, 陰陽偏勝, 故一化而滅, 不復再化. 蜣蜋爲腹育, 腹育爲蟬, 蟬之子爲綠蠐; 糞壤爲蟜蟟, 蟜蟟爲土蛹, 土蛹爲蝴蝶; 松脂爲茯苓, 茯苓爲虎珀, 陰陽雜揉, 故屢化而極. 狸化好女, 猨化老人, 人化爲仙, 精氣蘊靈, 機入於神也.

모든 형체는 기로 인해 화化[1]를 이룬다. 기가 순수하면 화化를 이루지 않으나 기가 어느 한쪽으로 기울면 화化를 이루게 된다. 교대로 기가 기울게 되면 교대로 화化를 이룬다. 기가 뒤섞이면 자주 화化를 이루어 옮겨간다. 정령이 화化를 이루어 신神이 되는데 이것은 부득한 도이다. 매가 화

化하여 비둘기가 되었다가 비둘기가 다시 매로 化화한다. 들쥐가 化화하여 메추라기[2]가 되고 메추라기가 다시 들쥐로 化화한다. 토끼는 큰물로 인해 자라가 되고 자라는 가뭄으로 인해 토끼가 된다. 새매는 왜가리로 化화하고 왜가리는 化화하여 뻐꾸기가 되고 뻐꾸기는 다시 化화하여 왜가리가 된다. 어란은 메뚜기로 化화하고 메뚜기가 물고기로 化화한다. 이는 음양이 때에 따라 서로 이기는 것이고 서로 교대로 化화하는 것이다. 참새는 바다로 들어가 작은 대합이 되고 꿩은 회수로 들어가 큰 대합이 된다. 썩은 풀은 반딧불이가 되고 오래된 부추는 왕골[3]이 된다. 남자는 化화하여 여자가 되고 여자는 化화하여 남자가 된다. 음양이 한쪽으로 편중되어 이기는 것이다. 이 때문에, 한번 化화하여 멸하면 다시 化화할 수 없다. 쇠똥구리는 복육이 되고 복육은 매미가 되며 매미 자손은 갯지렁이가 된다. 분토는 풍뎅이 유충이 되고 풍뎅이는 초파리가 되고 초파리는 나비가 된다. 송진은 버섯류 복령茯苓이 되고 복령은 호박虎珀이 된다. 음양이 뒤섞이어 여러 차례 化화하여 극에 달한다. 살쾡이가 化화하여 훌륭한 여자가 되고 원숭이가 化화하여 노인이 된다. 사람이 化화하여 신선이 되는 것은 정기가 신령함을 지니어 신령한 기틀이 신神으로 들어오는 것이다.

注

1 化화는 기화이며 우주 자연의 조화이다. 화는 변화가 아니다. 변하면 완전히 바뀌는 것이고 化화하면 다시 돌아올 수 있다. 그래서 '변한다' 혹은 '변화한다'로 번역할 수 없다.

2 『예기·월령』: 田鼠化爲鴽.[들쥐가 변하여 메추라기가 된다] ,『본초本草』에서 말하는 안鵪의 이름은 뱁새인데, 문맥상으로는 메추라기이다.

3 『설문해자』: 莞草也. 可爲席.[왕골은 자리를 만들 수 있다]라 하니 환莞은 자리 만드는 왕골이다.

: 만물의 화化를 논했다.

170

山川林藪, 岩洞島澤, 氣所欝積, 靡不含靈. 人有魂魄知覺, 物有變
幻精怪, 雖肙翹之微, 蠕動之蠢, 皆契陰陽妙合之道; 況天得元氣之
全且大, 而其神靈有不尤異者乎? 但人物細夥, 與天相去遠甚, 譬
諸蟯蚘在人, 不能盡攝耳. 責以善惡賞罰之應, 固不能一一盡然矣.
抱樸子曰: 體大綱疏, 不必機發而應, 亦求其實理而不得者之云也.

산천과 숲, 암석과 동굴, 섬과 연못은 기가 가득 쌓여 신령함을 머금고 있
지 않은 곳이 없다. 사람은 혼백과 지각이 있고 만물은 알 수 없는 변화
로 인한 귀신[精怪]이 있다. 비록 초교와 같은 벌레[1]나 꿈틀거리는 작은 미
물도 모두 음양이 오묘하게 합치되는 도와 계합할 수 있는데 하물며 천에
있는 원기가 온전하고 크니 그 신령함은 더더욱 다름이 없겠는가? 다만
사람과 만물은 작으면서 수가 많고 하늘과는 서로 거리가 멀기만 하다.
예를 들어 기생충이 사람의 몸 안에서 모두 다 섭취할 수 없다. 선악의 책
임은 상벌의 응징만 있을 뿐 하나하나 다 할 수는 없다.『포박자』에서 "몸
집은 크나 강목綱目은 약하여 기틀이 발생해도 다 반응할 필요가 없다"고
한 것은 실리를 구하기 위해 말한 것이다.

注

1 『신언·도체道體』: 種類繁則氣擾, 而化生之機息矣. 然有之者, 肙翹之屬
也.[종류가 많아지면 기가 요동하게 되어 변화하여 생성하는 작용機이
멈추게 되었다. 그래서 남아있는 것은 초교肙翹와 같은 작은 벌레뿐이
었다] 초교肙翹는 작은 생물이다.

사람은 혼백과 지각이 있고 만물은 알 수 없는 변화로 인한 귀신[精怪]이 있다.

171

古云磐石之宗, 天下服其强, 以曆世觀之, 殆不儘然矣. 周室大封同姓, 豈不欲强? 及其所以禍罔者, 則秦, 楚, 韓, 魏之國也. 漢人監周, 異姓不得王, 及其所以禍漢者, 非外戚之親, 則州牧之將矣. 魏人監漢, 忌兄弟之屬, 無藩屛之固, 及所以禍魏者, 任事之權臣也. 晉, 宋監魏, 藩輔必置至親, 乃致兄弟逼疑, 自相殘滅, 究其所以禍二代者, 皆握兵之悍帥也. 唐人監此, 宗室之親聚於都下, 封而不任, 卒之亂唐者, 方鎮之兵也. 宋人監此, 收諸將之權, 宗人徧於天下. 眇無事權, 若得矣, 跡其所以禍宋者, 乃漠北之虜耳.

嗟乎! 天下之變, 常出於意料之所不及; 天下之勢, 每重於積習之所不察. 故經理天下者, 調其大略, 取諸利分之多者, 可以法矣. 多歷年所, 必有偏重, 在識其幾兆, 預以反之耳; 不然, 疎慮淺謀, 而寡先幾預待之見, 終不能以壽國家之命.

옛날 사람들이 '반석에서의 종주'[1]를 천하 사람들이 그 강함에 복종한다고 했는데 역대로부터 볼 때 거의 다 그렇지는 않았다. 주의 왕실에서 왕과 같은 성을 왕에 봉했는데 어찌 강하고자 하지 않았겠는가? 급기야 강하여 화를 입은 제후국은 진秦, 초楚, 한韓, 위魏이다. 한나라는 주나라를 거울로 삼아 다른 성을 왕에 봉하지 않았으나, 결국 한나라에 화가 된 이유는 외척의 친지들이 아니고 주와 목의 수령이었다.[2] 위나라는 한나라를 거울삼아 형제 무리를 피했다. 울타리를 쳐주는 단단함이 없어서 급기야 위나라에 화가 된 것은 일을 맡은 권신權臣이었다.[3] 진晉나라와 남조의 송나라는 위魏나라를 거울로 삼았다. 번의 보좌는 반드시 극히 친한 사람을 배치하여 형제들이 핍박하고 의심하는 경지에 이르니 스스로 서로 다투다 멸했다. 두 왕조의 재앙을 깊게 들여다보면, 모두 군대를 장악한 사나운 장수들이다. 당나라 사람들은 이를 거울삼아 종실의 친지는 도성에 모으고 봉해주되 책임을 맡기지 않았다. 결국, 당에 난을 일으킨 자는 바로 지방에 주둔한 병사들이었다. 조광조의 송나라에서는 이를 거울삼아 모든 장수의 권리를 거두었고 종실 사람들이 나라의 권력을 나누었다. 들여다보면 실제로 일을 담당하는 권력은 없었으나 마치 권력을 얻은 것 같았다. 송나라에 재앙이 된 것은 막북의 흉노[漠北之虜]⁴ 뿐이다. 아! 천하의 변고는 항상 예상이 미치지 못하는 곳에서 나오는데, 천하의 형세는 매번 쌓인 습관에서 생긴 것이라 잘 살필 수 없다. 그래서 천하를 관리하는 자는 그 대략을 조사하고 이익을 많이 취하는 자를 법으로 삼아야 한다. 많은 시간이 흐르면 반드시 중히 여기는 것에 치우침이 있게 되니 기미[幾]와 징조를 알아 미리 방비하는 데에 있을 뿐이다. 그렇지 않으면 사려하고 계획하는 것이 거칠고 얕아서 미리 기미를 예견하여 봄이 적고 끝내 국가의 운명을 장구하게 할 수 없다.

注

1 반석지종磐石之宗은 『사기·효문제기孝文帝紀』: 高帝封王子弟, 地犬牙相制, 此謂磐石之宗也.[고제가 자제를 왕으로 봉하여 땅이 개 이빨처럼 맞물려 서로 견제하니 이른바 반석처럼 편안한 종친이 된다.]고 하였다. 천하가 그 강함에 복종하는 것을 중히 여긴다. 『순자·국부國富』에 나라가 반석처럼 편안하다고 하였다. 반석은 견고함이니 나라의 편안하고 강함이 널려있는 큰 바위와 같아서 뽑을 수 없기 때문이다.

2 한 고조 유방은 외척의 등장을 두려워하여 '유씨 성 외에는 왕이 될 수 없다'라고 했으나 여씨가 정치를 한 기간이 있었다. 그런데도 다시 유

씨가 한나라를 그대로 이었다. 다만 전한이 망한 것은 관리로 있던 왕망이 신을 세우며 잠시 한이 멸망의 위기를 맞았고 후한은 지방 수령들의 왕위 쟁탈을 위한 전쟁터가 되어 삼국시대로 나뉘었다. 이 때문에 왕정상은 주와 목의 수령이 화가 된다고 하였다.

3 조씨의 위魏나라를 망하게 한 인물은 명장 사마의의 손자 사마염이었다.

4 막북지로漠北之虜는 막북 지역의 흉노를 일컫는다. 막북은 고비사막의 북쪽으로 흉노의 땅이다. 한 무제 때 한 제국 대장군 위청衛靑과 흉노 선우가 막북漠北에서 최대의 군사적 격돌을 했고 표기장군 곽거병霍去病이 진격하여 승리를 이끌었던 곳이다.

종실의 동성을 봉하되 권력을 주지 않음은 이익과 폐단이 있다. 그래서 미리 기미를 예견하는 것이 중요하다.

172

人之德性聰明和厚者, 本非小人之儔. 但有欲者必貪賄, 背道者必固寵於人; 異己者必愧, 愧必忌, 忌必絶之, 不欲與之共事, 形跡判然, 卽成小人之歸矣. 然終非其本心也, 事勢之必至者也, 可不愼乎哉!

사람의 덕성은 총명하고 온화하며 후덕하여 본래 소인의 무리가 아니다. 다만 욕망이 있는 자는 뇌물을 탐한다. 도리에 맞지 않는 자는 반드시 사람을 총애하는데 자기와 다른 것은 부끄러워하고 부끄러운 것은 반드시 꺼리며 꺼리는 것은 반드시 끊어버린다. 그와 더불어 일하고 싶지 않은 자는 다른 행적으로 소인이 되어 돌아온다. 그러나 결국 그것은 본심은 아니고 일의 세가 필연적으로 이르게 된 것이니 신중하지 않겠는가!

욕심이 있는 자는 반드시 뇌물을 탐하고 도리에 맞지 않는 자는 반드시 특정한 사람을 총애한다.

173

從祀孔庭者, 爲其有功於斯道也. 七十子不論其功與否, 並皆祀之, 此開元議禮者之無識也. 見於經者, 十哲之外猶有議焉, 況姓名不著於當時, 事蹟無聞于方冊, 而儼然享祀, 于義何居? 又況公伯僚, 叔孫武叔毁仲尼者乎? 秉禮者, 此當置議可也. 七十子之次, 歷代推以從祀者, 又三十餘人焉, 亦取其羽翼聖經之功故耳. 雖然, 必其道德不叛于仲尼之門而後可. 今觀馬融附梁冀, 代草以誣忠良之死, 雖能傳經, 人則邪類矣. 揚雄貪生保祿, 不恥事莽; 吳澄爲宋貢士, 忍心事元, 此皆干犯名教, 戾夫君臣之義, 非聖人之徒也. 韓愈刻意文詞, 戲弄自居, 本非有道之士, 乃以竊附程, 朱之列, 不相類合. 邵子假四時定局, 作先天圖以明易, 皆非易中所有之本旨; 排甲子死數, 作經世書, 以明天人之究, 殊非天道人事之自然, 此實異端, 竊附儒者. 觀二程與之居洛二十餘年, 未嘗與之言學, 可知矣. 今融, 雄與澄並皆除黜, 而韓, 邵尚存, 此足以闇道眞, 尤不可不置議者也.

공자 사당 뜰에 배향된 자는 공자의 도에 공이 있기 때문이다. 칠십 제자[七十子]¹는 그 공의 있고 없음을 논하지 않고 모두 공묘孔廟에서 제사 지내는데 이는 당나라 개원 시기 예를 의논하는 사람들이 지식이 부족했다. 경전에서 보면 제자 중 십철十哲² 외에는 오로지 의론만 있을 뿐인데 하물며 이름이 당시에는 드러나지 않았다. 서책에는 사적이 알려지지 않았는데 엄연히 향사를 지내니 의미에서 무슨 근거인가? 또 하물며 공백료

公伯僚[3]와 숙손무숙孫武叔[4]은 공자를 망가뜨린 자가 아닌가? 예禮를 장악한 사람이라면 이는 마땅히 의논하는 것이 맞다. 칠십자의 다음으로 역대로 종사從祀에 올려진 자가 또 삼십여 명이 있는데 성인들이 경전을 짓는 데 보조한 공로로 그리했을 뿐이다. 그렇다 하더라도 필히 도덕이 공자의 문하를 배반하지 않은 후에야 가능하다. 지금 보아하니 마융馬融[5]은 양기梁冀[6]에 붙어 대신 충신 이고李固[7]의 죽음을 무함誣陷하는 글을 초안하였으니 비록 경학을 전수했더라도 그 사람은 사악한 부류이다. 양웅揚雄[8]은 목숨을 탐하고 봉록을 지켰고 일에 경솔한 것을 부끄러워하지 않았으며, 오징吳澄[9]은 송나라 공사였는데 차마 하지 못할 마음으로 원을 섬겼으니 이는 모두 명교名敎를 범한 것이고 군신의 의리에 죄를 지었으니, 성인이 갈 길이 아니다. 한유는 문장과 사를 짓는 데 뜻을 두고 재미 삼아 자처하였을 뿐 본래 도를 숭상하는 선비가 아니었는데 정이천과 주희가 차례대로 슬쩍 들러붙었다. 하지만 부류가 서로 맞지는 않았다. 소옹이 사계절의 정해진 형세를 빌려다 『선천도先天圖』[10]를 지어 『역경』을 밝혔지만 모두 『역』 중에 있는 본래 뜻이 아니다. 60갑자의 고정 숫자를 배열하여 경세서[11]를 지어서 천인 관계를 연구하여 밝혔고 특별히 천도와 인사가 저절로 그러함이 아니니, 이것은 실제로 이단인데 유학자들에게 슬쩍 붙은 것이다. 관찰해보니 이정二程과 소옹은 낙양에서 20여 년간 함께 살면서 언어와 학문을 같이하지 않은 적이 없었으니 알만하다. 지금 마융과 양웅 그리고 오징은 모두 공문의 종사에서 제외되고 내쳐졌으나 한유와 소옹은 여전히 남아있으니 이는 족히 도의 진실을 가렸다고 할만하다. 더욱 의논하지 않을 수 없다.

注

1 『사기·중니제자열전』과 『공자가어·제자해弟子解』에 제자가 모두 77인으로 나온다. 이들을 칠십자七十子라 부른다.

2 『논어·선진先進』: 德行, 顔淵閔子騫冉伯牛仲弓, 言語, 宰我子貢, 政事, 冉有季路, 文學, 子游子夏.[덕행에는 안연, 민자건, 염백우, 중궁이고 언어에는 재아, 자공이며 정사에는 염유, 계로이고 문학에는 자유, 자하이다.] 십철十哲은 '공문십철'이라 부르며 공자 제자 중 뛰어난 10인이다.

3 『논어·헌문憲問』: 公伯寮, 愬子路於季孫, 子服景伯以告曰, 夫子固有惑志於公伯寮. 吾力猶能肆諸市朝, 子曰 道之將行也與, 命也. 道之將廢也與, 命也. 公伯寮其如命何.[공백료가 자로를 계손씨에게 참소하니 자복경백이 공자께 아뢰기를, "계손씨께서 참으로 공백료의 말에 의혹을 품고 계시니 제 힘이 그래도 능히 공백료의 시신을 저잣거리에 버릴 수 있습니다."라고 하니, 공자께서 말씀하시기를, "도가 장차 행해지는 것도 천명이고, 도가 장차 폐해지는 것도 천명이니, 공백료가 그 천명을 어쩌겠는가?"라고 하셨다.] 공백료는 성은 공백公伯이고 이름은 요寮이며 노魯나라 대부이다.

4 『논어·자장子張』: 叔孫武叔毀仲尼, 子貢曰無以爲也. 仲尼不可毀也. 他人之賢者丘陵也, 猶可踰也. 仲尼日月也, 無得而踰焉.[숙손무숙이 공자를 비방하자 자공께서 말하기를, 행할 수 없다! 공자는 비방할 수 없다! 다른 사람들의 현명함은 구릉이어서 그래도 넘을 수 있으나, 공자의 현명함은 해와 달이어서 그것을 깨달아도 넘지는 못한다]라고 하였다. 숙손무숙은 노나라의 대부이며 숙손叔孫이 성이고 이름이 주구州仇이며 무武는 그의 시호이고, 숙叔은 그의 자이다.

5 마융(馬融, 79~166)은 후한後漢의 학자이며 섬서성 무릉茂陵 사람이다. 남군南郡의 태수太守·의랑議郎을 역임하고 병으로 관직을 떠났다. 시·서書·역易·논어·효경孝經·회남자淮南子·노자 등에 주석하고, 정현·노식 등의 제자를 육성하였고 훈고학訓詁學의 조상으로 알려져 있다. 하지만 그는 대장군 양기梁冀를 위하여, 이고를 무고하는 글을 올려 그의 정직함에 부끄러운 오점을 남겼다.

6 양기梁冀는 후한後漢의 권신으로 자는 백거伯車·백단伯丹이다. 감숙성 경천涇川 출생이다. 동생을 순제順帝의 비妃로 바쳤는데, 그녀가 황후가 되자 외척으로서 권세를 휘둘러 대장군大將軍에 임명되었으며, 그의 일족一族이 국정을 좌우하였다. 144년 순제가 죽자, 여동생 양태후梁太后와 함께 제위帝位를 마음대로 폐립廢立하였으며, 특히 8세의 질제質帝는 그에 의하여 독살되었다. 양황후梁皇后가 죽자, 환제는 환관宦官과 짜고 군사를 일으켜 그의 저택을 포위하였다. 그는 처와 함께 자살하였고, 일족은 모조리 목이 잘리고 거리에 버려졌다.

7 이고(李固, 94~147)는 성고城固 사람으로 자는 자견子堅이다. 동한東漢 시기의 대신大臣이었는데 대장군大將軍 양기梁冀에 의해 종사중랑從事中郎에 임명되었고, 그 뒤에 형주자사荊州刺史, 태산태수太山太守, 대장장大匠, 대사농大司農, 태위太尉 등을 역임했다. 질제(質帝, 138-146, 후한 시대의 황제)가 별세한 후 양기와 환제(桓帝, 132~167)의 옹립 문제를 놓고 논쟁하다가 최후에는 양기의 무고로 말미암아 살해당했다.

8 양웅(揚雄, BC53~AD18)은 전한 말의 학자 겸 문인으로 자는 자운子雲이고 사천성 성도成都 출생이다. 그는 한나라를 대표하는 식견을 지녔다. 성제 때 궁정 문인의 한 사람으로 성제의 여행에 수행하며 쓴《감천부甘泉賦》,《하동부》 등은 화려한 문장으로 성제의 사치를 꼬집었다. 하지만 후에 역적 왕망 밑에서 벼슬하였다. 한 황제를 모시던 신하가 한을 망하게 하고, 신나라를 세운 왕망 밑에서 신하를 하였으니 이는 목숨과 봉록을 귀히 여겼고 스스로 부끄러운 줄 몰랐다고 후대 학자들에게 비판받고 있다.

9 오징(吳澄, 1249~1333)은 원나라 무주撫州 숭인崇仁 사람이다. 자는 유청幼淸·백청伯淸이다. 경전經傳에 정통했다. 송나라 함순咸淳 연간에 진사 시험을 봤지만 떨어지고 돌아와 초옥草屋에서 살았다. 원 세조가 정거부程鉅夫를 보내 강남江南에서 인재를 구할 때 경사京師에 불려 갔지만 얼마 뒤

노모老母를 이유로 돌아왔다. 무종武宗이 즉위하자 불려 국자감승國子監丞이 되고, 사업司業으로 승진한 뒤 한림학사翰林學士로 옮겼다. 태정제泰定帝 때 경연강관經筵講官이 되고, 『영종실록英宗實錄』을 편찬할 때 총책임을 맡았다. 그는 몽고족이 한족의 나라를 빼앗아 원을 세웠는데 그 밑에서 일하며 굽신거렸으니, 학자들이 그를 성인의 길을 가지는 않았다고 본 것이다.

10 『선천도先天圖』는 복희씨의 64괘 차례와 방위도를 배열해 놓은 것이다. 소자邵子는 소옹(邵雍, 1011~1077)으로 송나라 학자이며 시인이다. 도가 사상의 영향을 받고 유교의 역학을 발전시켜 특이한 수리철학을 만들었다.

11 『경세서』는 소옹이 지은 『황극경세서皇極經世書』이다.

⋮ 공묘에 배향된 인물의 진실을 밝힌다.

174

揚雄反騷云:「溷漁父之鋪歠兮, 潔沐浴以振衣棄由聃之所珍兮, 跛彭鹹之所遺.」此以明哲保身責原也. 膠柱而不時措於道, 其雄之謂乎? 在平世君臣之時, 或不得行其志, 或被讒賊構陷, 先幾而退, 此義之當也. 原之時, 何時耶? 宗國危阽, 義不可去, 懷沙雖過, 近比干之仁矣. 雄不達此, 獨以保身爲哲, 而不論其時義之可否, 是故賊障篡竊, 君臣顚覆, 猶強顏於朝列而不恥, 與禽獸失其羣主, 終死而不於他儷類者, 不如矣. 豈非臣道之大亂乎? 猶曰"明哲煌煌, 旁燭無疆", 其所旁燭可知矣.

양웅이 〈반소反騷〉[1]에서 말하길, "혼탁함은 어부가 기쁨을 늘어놓은 것이고 깨끗함은 옷을 털고 목욕하는 것이다.² 허유許由와 노담이 보배로 여기는 것을 버리고 팽함彭鹹이 남긴 것을 따르지 못했다."³ 이는 양웅이 명철과 보신의 근본을 책망한 것이다. 그는 고지식하여[膠柱]⁴ 때에 맞는 도와 나란히 하지 못했다. 그것이 양웅의 말이겠는가? 태평한 세상에서 신하가 된 시기에는 어떤 사람은 뜻을 행할 수 없었고 어떤 사람은 참소당해 적의 모함에 빠졌으니 먼저 기미를 살펴 퇴진하는 것이 의리의 마땅함인데 굴원의 때는 어떤 때였는가? 국가의 종족이 위태하니 의리가 떠날 수 없었다. 회사懷沙⁵는 비록 지나치다 해도 비간比干⁶이 인仁을 행하는 데에 접근하였다. 양웅은 이것을 알지 못하여 오직 보신으로 명철을 삼았으니, 그때의 의리가 맞는지 틀리는지를 논의할 수 없다. 이 때문에 도적 왕망이 왕위를 훔쳐 찬탈하여 군주와 신하가 뒤집혔는데도 양웅은 낯짝 두텁게 왕망의 조정에 서서 부끄러워하지 않았다. 금수들과 함께 무리의 군주를 잃었으면 끝내 죽고 다른 무리에 들어가지 않는 것만 못하다. 어찌 신하의 도의 대란大亂이 아닌가? 오로지 양웅은 "명철하게 빛나니 비출 곳이 끝이 없다."⁷고 말했는데 그 비추는 곳을 알만하다.

注

1 〈반소反騷〉는 양웅이 굴원의 〈이소〉에 대해 지은 부이다. 『한서·양웅전』에 나온다. 양웅은 굴원의 〈이소〉에 반하는 글 〈반소〉를 지었다. 〈이소〉에서 어부는 혼탁한 세상에 섞여 사는 법을 말했고 굴원은 깨끗함만 택했다. 이는 도가 사상가 허유와 노자 팽함의 가르침에 버리고 고지식하여 때에 맞는 도와 나란히 하지 못했다고 하니 왕정상은 때를 살펴 평가해야 한다고 지적한다. 나라가 위태할 때는 특히 신하와 군주 사이의 의리가 중요하다. 굴원은 자신을 알아주지 않는 군주와 세상을 원망하며 회사懷沙를 몸에 달고 멱라강에 빠져 죽었고 비간은 인을 행한 어진 신하였는데 군주가 그를 죽였다. 죽음을 택한 그들과 달

리 양웅은 자기 몸을 지키는 것[保身]을 명철明哲로 삼아 나라가 망하자, 자기가 모시던 군주의 자리를 찬탈한 왕망의 조정에서 다시 보신하니 이것은 신하의 도라는 관점에서 볼 때 대란大亂이다. 양웅이 명철하게 빛나 변방에까지 환히 비춘다고 한 것이 군주와 신하의 도리는 상관없이 어디서든 빛만 비추면 된다는 뜻이니 왕정상은 양웅이 후안무치厚顔無恥한 인물이라고 평한다.

2 〈반소反騷〉: 淈漁父之餔歠兮, 潔沐浴以振衣.[혼탁함은 어부가 기쁨을 늘어놓은 것이고 깨끗함은 옷을 털고 목욕하는 것이다.]라고 하였다. 굴원이 어부의 말을 믿지 못하고 세상 사람들과 더불어 오염되어 흘러갈 수 없음을 설명하고 있다.

3 『한서·양웅전』: 棄由聃之所珍兮, 跋彭鹹之所遺. 此以明哲保身責原也.[허유와 노담이 귀한 것을 버렸고 팽함이 남긴 것을 하찮게 여겼으니 이는 명철과 보신으로서 그 근본을 나무란 것이다.] 허유와 노담이 세속의 부귀나 명예만을 따르지 않았고 옛 신하 팽함彭鹹이 남긴 법도에 의지할 수 없었던 것과 같이 결국 굴원도 멱라강汨羅江에 몸을 던져 죽었음을 말하고 있다.

4 양웅, 〈반소反騷〉: 膠柱而不時措於道.[융통성이 없어 도에 맞게 취하지 못했다] 교주膠柱는 악기의 기러기발을 바로잡지 못해 악을 연주하는 것이 엉망임을 뜻한다. 즉, 변통할 줄 모르는 것으로 융통성이 없다는 의미이다. 『회남자·제속훈齊俗訓』: 膠柱鼓瑟.[기러기발을 세우고 금을 탄다]가 나오는데 예부터 상용해 온 성어이다. 『중용』, 제25장: 故時措之宜也.[그러므로 성은 때에 맞추어 베풀어 펼쳐지니 수시로 씀이 마땅하다.] 수시로 상용하여 알맞지 않음이 없어야 한다는 뜻이다.

5 회사懷沙는 굴원이 멱라강汨羅江에 빠질 때 가라앉게 하려고 자신이 안고 빠진 돌이며 「회사懷沙」는 굴원이 지은 『구장九章』의 편명이다. 여기서는 돌을 안고 멱라강에 빠진 일을 뜻한다.

6 비간比干은 인仁을 실천했던 신하였으나 왕의 백성에게 인仁을 베풀어 은殷나라 마지막 왕 주紂에 의해 죽임을 당했다.『사기·은본기殷本紀』에 나온다. 당시 신하는 왕에 대해 충성만 할 뿐 백성에게 인을 베푸는 일은 월권이었다.

7 양웅,『법언·문명서問明序』: 明哲煌煌, 旁燭無疆.[명철함이 반짝반짝하여 사방에 밝히는 데 끝이 없다] 하였다. 이 글은『한서·양웅전』에도 적혀 있다.

: 양웅이 융통성이 없어 시의時宜를 모름에 대해 논한다.

175

孟子金聲玉振, 謂擊鐘以宣其聲於始, 繼而琴瑟, 簫笙, 塤篪, 人歌並舉, 繼而擊磬以收其音於終, 此以一字之聲之始終論之也. 一曲之中, 字字之始終皆如是也. 字各不同, 而音亦不同, 故曰「集大成」, 故曰「始終條理」蓋以編鐘, 編磬言之也. 若曰奏樂之前, 先擊鐘以宣其聲, 樂作之成, 後擊特磬以收其韻, 安有條理可言? 況於樂曲眇無相涉乎? 又況搏鐘, 特磬古無是器乎. 昧儒不精緻思, 解書多類此.

맹자가 '금성옥진金聲玉振'¹이라 한 것은 종을 울려 시작에서 소리를 내고 이어서 금琴과 슬瑟, 피리[簫]와 생황[笙], 질악기[塤]와 죽관악기[篪]², 사람의 노래가 함께 나오며 이어서 경磬을 쳐서 마침에서 음을 거두어들이는 것임을 말했는데, 이로써 한 자의 소리가 시작과 마침임을 논했다. 한 곡조 중에도 매 한 글자의 시작과 마침이 모두 이러하다. 글자가 각기 같지 않고 음 또한 같지 않다. 그래서 말하길, "집대성集大成"이라 하고 또 말하길,

232 아술

"시종조리始終條理"라고 말하였는데 대체로 편종과 편경으로 말한다. 예를 들면 악기를 연주하기 전에 먼저 종을 쳐서 그 소리를 알리고 음악이 완성된 이후에 특경特磬을 두드려 운韻을 거두어들인다.[3] 어찌 조리가 있음을 말할 수 있겠는가? 하물며 악곡에 있어 작게라도 관련이 없겠는가? 또 하물며 종과 특경을 치는 데 옛날에 이런 악기가 없었는가? 송대 유학자들이 정미하고 면밀하게 생각하지 않고 책을 해석하여 많은 것이 이와 같다.

注

1 금성옥진金聲玉振은 시작과 끝이 하나로 이어짐을 말한다. 『맹자·만장하』: 孔子之謂集大成. 集大成也者, 金聲而玉振之也. 金聲也者, 始條理也; 玉振之也者, 終條理也.[공자가 집대성이라 말하는데, 집대성은 쇠로 소리를 내면서 옥으로 떨침이다. 쇠로 소리를 낸다는 것은, 시작의 조리이고, 옥으로 떨친다는 것은, 마치는 조리이다.]

2 금琴, 슬瑟, 소簫, 생笙, 훈塤, 지箎는 모두 악기이다. 『한서·율력지律曆志』: 八音土曰塤, 塤與壎同, 音熏. 箎, 音弛, 管樂, 原書作箎字誤[8음에서 토는 훈이고 훈塤은 훈壎과 같이 쓰는데 발음이 같아서이다. 지箎는 음이 느리며, 관악기이다. 원서에는 지箎가 호箎의 잘못이다] 하였다. 『시경·소아·하인사何人斯』: 伯氏吹塤, 仲氏吹箎[백씨는 훈을 불고 중씨는 지를 분다]라고 하였다. 금슬琴瑟은 거문고 종류의 타는 악기이고, 소簫와 생笙은 대나무로 만든 죽관 악기이다. 훈塤과 지箎 역시 관악기인데 훈塤은 흙으로 만든 토관 악기이고 지箎는 피리[笛]처럼 생겼고 가로로 들고 분다.

3 주희, 『사서장구집주·맹자·만장하』: 先擊鐘以宣其聲, 後擊特磬以收其韻.[먼저 종을 쳐서 그 소리를 알리고 음악이 완성된 이후에 특경을 두드려 운韻을 거두어들인다]고 하였다.

: 맹자가 말한 '금성옥진金聲玉振'을 해석하였다.

176

古今流通國用者有五, 銀, 錢, 布帛, 穀, 鈔是也, 然莫不有弊焉, 皆
小人竊利以敗法耳. 鈔褚易以銷爛, 不可久行, 開創之始, 百物耗
散, 權而行之可也; 用銀市易小物不便, 況和銅作假, 農被奸欺; 布
帛久則日就紕薄, 又不可尺寸而裂; 穀粟久則僞爲濕潤, 又有負載
之難, 皆不堪充資, 是棄有用於無用矣.

惟錢, 隨多寡俱便於市物, 用雖久不易於毀壞, 通工易物, 惟此爲
便. 但日久法弛, 貪利之徒私自鼓鑄, 或鉛鐵僞爲, 甚至輕薄不成肉
好, 周郭, 文字之制, 而但具形象, 可以風飄水浮, 錢法之弊莫甚於
此. 夫泉貨者, 濟物通變, 人主所以權天下者也, 今乃使奸人操其權
而壞其制, 是竊人主制世之具以自利矣, 豈盛世之所宜有乎? 嚴盜
鑄之法, 重僞錢之禁, 所不可已者也. 然欲止私爲於下, 必先定規制
於上. 官不惜銅愛工, 輕重適中, 額以五銖. 錢至五銖, 則銅價過本,
鑄之無利, 誰復爲之? 此官府淸本之大法也. 更能守其禁制, 使鉛
鐵輕薄之錢不行, 則人主制世之權孰復能竊之哉? 今之製錢不異五
銖, 宋之舊錢充滿天下, 而私鑄惡僞日甚, 何也? 曰: 利之所在, 奸
必趁之, 官法漫渙, 弊乃日滋耳. 古謂糾察不精, 無所發覺, 雖有懸
金致賞之名, 竟無報獲酬與之實, 豈非以是乎哉?

예나 지금이나 나라에서 유통하는 데 쓰는 것은 다섯 가지인데 은, 동전,
면포, 곡물, 지폐이다. 그러나 모두 폐단이 없지 않다. 모두 소인들이 이익
을 훔쳐서 법을 훼손하였을 따름이다. 지폐는 닳거나 불에 타기 쉬워 오
래 시행할 수 없다. 처음 시장을 열었을 때 물건을 파는데 저울로 달아서

행하는 것이 가능했다. 시장에서 은을 사용하는 것은 소품을 거래할 때는 불편했다. 게다가 동과 가짜가 만들어져 농부들이 사기를 당했다. 면포[布帛]는 오래되면 나날이 해지고 얇아져 치수를 잴 수 없이 찢어진다. 곡물[穀粟]은 오래되면 인위로 습하게 만들어 등에 지기 어렵게 되니 모두 재화로 충당할 수 없다. 이는 쓸모 있는 것을 쓸모없다고 버리는 것이다. 오직 동전만이 많고 적음에 상관없이 모두 시장에서 사용되기 편리하다. 사용한 지 비록 오래되어도 훼손되기 쉽지 않다. 물건을 유통하고 교역하는 것이 오직 이와 같으면 편리하게 된다. 다만 세월이 오래되면 법이 느슨해져 이익을 탐하는 무리가 사사롭게 주조하거나 혹은 연철로 인위적으로 만들어 심지어 동전의 틀과 그 둘레[周郭]¹ 문자를 찍는 것이 경박하고 잘 만들어지지 못했다. 다만 모양만 갖추었는데 얇아서 바람에 날리기도 하고 물에 뜨기도 했다. 화폐 제도의 폐해가 이보다 심할 수 없었다. 화폐[泉貨]는 물건이 유통되고 변화하는 데에 도움이 되고 군주가 천하에서 권리를 지니는 것인데 간교한 자[奸人]들이 그 권리를 조정하여 제도를 무너뜨리니 이는 군주가 제정한 세상의 갖추어진 것을 모두 자신의 이익으로 훔친 것이다. 어찌 성세의 마땅한 바가 있는 것인가? 도적이 주조하는 데 대한 법을 엄격히 하여 거듭 가짜 동전 만드는 것을 금하게 하는 것은 멈출 수 없다. 그러나 사적으로 일반 사람들이 주조하는 것을 금지하려면 반드시 먼저 위에서 제도를 정해야 한다. 관리는 동을 아끼지 않고 잘 만들어 경중이 적당하게 주조하여 정량을 5수銖로 해야 한다.² 동전이 5수가 되면 동의 가격이 본전을 초과하여 주조해도 이익이 없는데 누가 다시 그것을 만들겠습니까? 이는 관부官府의 근본을 깨끗하게 만드는 대법이다. 한층 금지하는 제도를 지켜 연철이 섞여 가볍고 얇은 동전이 유통하지 않는다면 군주의 세상에 유행하는 주조의 권리를 누가 다시금 그것을 도적질할 수 있겠는가? 오늘날의 동전 제조[製錢]³는 5수전五銖錢과 다르지 않다. 송나라의 옛 동전은 천하에 가득하였는데 사적 주조의 위조 행위가 날로 심해지니 어떠했는가? 왕정상이 말하길, 이익이 있는 곳에 간사한 자들이 반드시 이익에 나아가고 관청의 법은 느슨해져 폐단이 날로 많아 졌을 따름이다. 옛사람들은 조사하는 것이 정밀하지 않았고 발각되는 일이 없어서 비록 현상금을 주고 상을 받는 명예를 주었는데도 끝내 사례금을 받는 사실이 없었다. 어찌 이 때문이 아니겠는가?

注

1 『한서·식화지食貨志』: 鑄錢文曰寶貨, 肉好皆有周郭.[동전을 주조하는 글귀를 보화라고 하고 육肉은 모두 주곽이 있다.] 동전의 내면을 비워 공孔이라 하고 주위를 곽郭이라 하였다

2 한 무제 원수 5년 오수전五銖錢을 주조하기 시작했다. 수銖의 중량은 한 량兩의 1/24이다.

3 명대 홍무제 이후 관官이 주조한 동전을 가리킨다. 『명사明史·식화지食貨志』: 制錢者, 國朝錢也.[동전을 만든 것은 나라의 화폐이다]라고 하였다.

⋮ 나라에서 은, 돈, 면직물, 곡물 및 화폐를 유통하는 것에 대해 논한다.

177

稽古典, 謨, 誥, 訓, 堯, 舜, 禹, 湯君臣之所施措者, 無非致治之實, 如平章百姓, 敬授人時, 愼徽五典, 播時百穀, 六府, 三事允治是已. 其君臣之所告誡講學者, 亦無非爲治之實, 如惟精惟一, 允執厥中, 懋昭大德, 建中於民, 與治同遒罔不興, 與亂同道罔不亡, 監于先王成憲, 其永無愆是已. 晉永嘉之後, 謝鯤王澄曠達虛誕之風汙被時流, 而朝士大夫競相祖習, 以爲高致. 其於上古君臣致治之實, 蕩然隳敗, 一跡不存. 當時雖有卞壺奏欲黜屏浮僞, 以登豪賢, 爲鎮安社稷, 維植紀綱之謀, 乃爲王導, 庾亮抑沮而止. 卒之王敦, 蘇峻, 桓玄父子相繼作逆, 使晉室陵夷, 羯胡雲擾, 是誰之過哉? 近世好高迂腐之儒, 不知國家養賢育才, 將以輔治, 乃倡爲講求良知, 體認天理之說, 使後生小子澄心白坐, 聚首虛談, 終歲囂囂于心性之玄幽, 求之興道致治之術, 達權應變之機, 則闇然而不知. 以是學也, 用是人也, 以之當天下國家之任, 卒遇非常變故之來, 氣無素養, 事未素練, 心動色變, 舉措倉皇, 其不誤人家國之事者幾希矣! 此於南宋以來儒者泛講之學又下一等. 爲社稷計者不及時而止之, 待其日長月盛, 天下盡迷, 則救時經世之儒滅其跡矣. 誰主張是? 誰綱維是? 邊鎮梗而不能制, 四夷强而不能禦, 盜賊橫而不能滅, 奸權肆而不敢犯, 禍亂紛逞, 誰爲厲階? 主盟世道者不可不加之慮矣.

고대 문헌을 고찰하면, 전典, 모謨, 고誥, 훈訓[1]은 요堯, 순舜, 우禹, 탕湯 임금 때에 군신이 실시했던 것으로 정치의 실제가 아님이 없다. 예를 들어 '관리의 공명정대[平章百姓]'[2], '수확할 때[敬授人時]'[3], '오륜을 받듦[愼徽五典]'[4], '파종 시기[播時百穀]'[5], '육부와 삼사의 다스림[六府三事允治]'[6]이 그것이다. 군주와 신하가 강학에서 경계할 것을 알리는 것은 다스림의 실질이 아님이 없다. 예를 들어 '오직 정밀하고 오직 한결같이 하여 진실로 중을 잡아야 한다.'[7], '큰 덕을 밝히려고 힘썼고 백성에게 중의 도를 세웠다.'[8], '치세와 같은 도로 하면 흥하지 못할 것이 없고 난세와 같은 도로 하면 망하지 않을 것이 없다.'[9], '선왕이 이루어 놓은 법을 본받아서 길이 잘못이 없게 한다.'[10]가 그것이다. 진晉나라 영가永嘉[11] 이후에 사곤謝鯤[12]과 왕징王澄[13]이 시류에 의해 마음이 활달하여 구애받지 않고 자유롭게 행동하는 풍류에 오염되었다. 조정 사대부들이 다투어 서로 본받고 익혀 고상한 취미로 삼았다. 옛적 군신들이 나라를 다스리는 실질이 여지없이 무너지고 하나의 흔적도 남지 않았다. 당시 비록 변호卞壺[14]가 겉치레를 없애고자 상소하여서 호족과 현신에 오른 자들로서 사직을 진압하고 안정시키며 오직 기강을 수립하고자 도모했으나 왕도王導[15]와 유량庾亮[16]이 저지하여 그만두었다. 마침내 왕돈王敦[17], 소준蘇峻[18], 환현桓玄[19] 부자가 서로 이어 반역을 일으켰고 진 왕실은 동이족에게 능멸당하고 북방 갈족[20]이 분란하게 했다. 이는 누구의 잘못인가? 근세에는 부유腐儒[21]에게 둘러싸여 국가가 현명한 인재를 기르는 것을 알지 못하고 정치를 보조하는 것으로 '양지良知 추구'를 창도했다. '천리天理를 체인體認한다.'는 수양론은 나중에 태어난 후배들이 마음을 고요히 하고[澄心] 편안히 앉아서[白坐] 머리를 맞대고 허담虛談을 하며 일 년 내내 '심성의 현묘함'을 가지고 떠들며 정치하는 술수에서 정도를 구하는 것이다. 권모에 통달하고 변하는 기회에 대응하면 암암리에 정도를 알지 못한다. 이러한 학문으로 이용하는 사람들이 국가의 책임을 담당하여 졸지에 심각한 변고를 만나게 된다. 기氣는 평소 수양하는 것이 없고 일은 평소에 훈련하지 않으며 마음이 움직여 변질되고 행동거지는 매우 급하니 국가의 일이 잘못되는 경우가 적겠는가? 이러한 자는 남송 이후 유학자들[22]이며 강학을 한 등급 아래에 두게 했다. 사직을 위하여 계획하는 자는 때에 이르지 못하고 그만두었고 해가 길고 달이 차기를 기다려 천하가 미혹에 이른다면 사회를 구제할 때 정치하는 유학자들은 그 흔적조차 없어질 것이다. 누가 이것을 주장하겠는가? 누가 정치 강령을 낼 수 있겠는가? 변방은 줄기를 진압하고는 제압할 수 없고 사이四夷[23]는 강하여 막을 수 없다. 도적이 횡포하니 멸할 수가 없고[24] 간악한 권력자가 정치를 마음대로 해도 죄줄 수가 없다. 화란이 어수선하게 얽혀있는데 누가 재앙의 근원을 일으켰는가? 세상의 도를 주지하는 자는 더 고려하지 않을 수 없다.

注

1 오제의 글이 전典이 된다. 예를 들면『상서商書』에「요전堯典」,「순전舜典」
이 있고 모謨는 모의하고 의논하는 문자인데 예를 들면「대우모大禹謨」
가 있으며 고誥는 깨치게 하는 글인데 예를 들면「탕고湯誥」가 있고 훈
訓은 가르쳐 이끄는 글로 예를 들면「이훈伊訓」이 있다.

2 평장백성平章百姓은『상서·요전堯典』에 나온다. 평장平章은 상의하여 공
명정대하게 처리하는 것이다. 백성은 백관百官을 가리킨다.

3 경수인시敬授人時는 백성을 인도하여 수렵이나 농경에서 수확할 때를
설명한다.『상서·요전堯典』에 나온다.

4 신휘오전愼徽五典은『상서·순전舜典』에 나오는데, 휘전徽典은 오전을
말하며 오전은 오교五教이다.『좌전』,「환공 6년」: 故務其三時, 修其五
教.[세 철의 농사에 힘을 다하고, 오교五教를 분명하게 익힌다.]고 하였
다. 삼시三時는 봄, 여름, 가을이며 백성들에게 경작하고 수학할 때를
가르친다. 오교五教는 오륜五倫으로 부친의 의로움[父義], 모친의 자애로
움[母慈], 형의 우애[兄友], 아우의 공손[弟恭], 자식의 효도[子孝]이다.

5 파시백곡播時百穀은 파종할 때와 싹을 틔울 때를 설명한다.『상서·순전舜
典』에 나온다.

6 육부六府는 수水, 화火, 금金, 목木, 토土, 곡穀이고 삼사三事는 덕을 바르게
하는 정신지덕正身之德, 백성의 씀을 이롭게 하는 이민지용利民之用, 백성
의 삶을 풍요롭게 하는 후민지생厚民之生이다. 윤치允治는 '잘 다스린다.'
라는 뜻이다.

7 『상서商書·대우모大禹謨』: 惟精惟一, 允執厥中.[정밀하게 하고 한결같이
하여 진실로 그 중을 굳게 잡아야 한다] 하였는데 공영달孔穎達의 소
에 "將欲明道, 必須精心, 將欲安民, 必須一意, 又當信執其中, 然後可明道
以安民.[도를 밝히고자 하면 반드시 마음을 정밀하게 하고 백성을 편
안하게 하고자 하면 반드시 뜻을 한결같이 해야 한다. 또 진실로 중을

잡은 후에 도를 밝혀서 백성을 편안하게 할 수 있어야 한다.]"고 설명했다.

8 『상서·중훼지고仲虺之誥』: 懋昭大德, 建中於民.[왕이 크게 덕을 밝히는 데 힘써서 천하 백성에게 중도를 세운다] 하였다. 중훼仲虺는 상나라 탕 임금의 신하이다. 문장은 크게 덕을 밝혔고 중도의 도를 백성에게 크게 세웠다.

9 『서경·태갑하太甲下』: 與治同道罔不興, 與亂同道罔不亡. 공영달 소에서 "摠言治國則稱道, 單指所行則言事. 興難而亡易, 道大而事小, 故大言興, 而小言亡.[나라를 다스리는 것을 다 말하면 도라고 하고 행하는 것 하나만 가리켜 말하면 일이라 한다. 흥하면 난하여 망하기 쉽다. 도는 크고 일은 적기에 큰 말은 흥하고 적은 말은 망한다.]"고 설명하였다.

10 『서경·설명하說命下』: 監于先王成憲, 其永無愆.[선왕의 성헌을 본보기로 하여 영원히 허물이 없도록 한다] '선왕의 성헌'이란 요·순·우·탕 같은 성왕들이 남긴 불변의 원칙들이다.

11 영가永嘉는 서진西晉 말 회제懷帝의 연호이다.

12 사곤(謝鯤, 280~322)은 남북조시대 진晉 나라의 문신으로 자가 유여幼輿이고 양하陽夏 사람이다. 어려서 이름을 알렸다. 『노자』와 『주역』을 좋아하고 음악을 잘하였으며, 강동江東에서 난을 피해 살다가 예장 태수豫章太守가 되었다. 서간체에 통달하고 높은 식견을 지녀 몸가짐을 고치지 않았다고 한다.

13 왕징王澄은 남북조시대 진晉 나라의 문신으로 자는 평자平子이다. 승상丞相을 지낸 왕연王衍의 동생으로 형주 자사荊州刺史를 지냈다. 뛰어난 재주가 있어 어려서부터 남들이 추앙하고 심복하였다.

14 변호(卞壺, 281~328)는 동진東晉 제음濟陰 원구冤句 사람으로 자는 망지望之이다. 회제懷帝 영가永嘉 연간에 저작랑著作郞으로 벼슬을 시작했다. 사마예司馬睿, 元帝가 건업建鄴에 있을 때 종사중랑從事中郞이 되었는데, 관리를

선발하는 일을 맡길 정도로 큰 신임을 받았다. 나중에 태자중서자太子中庶子가 되었다. 동궁에서 시강侍講했고 명제明帝 때 상서령尚書令에 올라 왕도王導 등과 유조遺詔를 받들어 어린 군주를 보필했다.

15 왕도王導는 자는 무홍茂弘이며 낭야 왕씨로 사안의 사씨와 더불어 진대 최고의 명문 집안 출신이다. 동진東晉 건국에 공을 세운 개국공신이다. 처세술이 뛰어난 유연한 정치가로 평가받는다.

16 유량(庾亮, 289~340)은 동진의 정치인이며, 영천군 언릉현鄢陵縣 출신으로 자는 원규元規이다. 그는 명문 귀족 집안에서 태어났으며, 동생이 진晉 황제 사마소의 황후이다. 젊었을 때 수려한 외모, 위엄 있는 풍채, 청담 으로 유명했다.

17 왕돈王敦은 진晉나라 사람으로 왕도王導의 종형從兄이다. 무제武帝의 딸 양성공주襄城公主와 결혼했고 원제元帝 때 강동을 진압하여 정남대장군征南大將軍이 되었고 무창武昌의 난을 일으켰다.

18 소준蘇峻은 진 원제를 도와 영가의 난을 제압하는 공을 세우고 관군장 군이 되었고 성제 때 왕돈과 무창武昌이 난을 일으켜 수천 가문이 규합 하여 진을 반격하여 난을 진압하였다. 소준은 조약과 유량을 토벌하는 것을 명분으로 내걸고 스스로 반란을 일으켰다. 그리고 표기장군이 되 어 임금을 석두성으로 내쫓았다. 후에 소준은 도간陶侃의 군대에 패하 여 죽었고 시신은 태워졌다.

19 환현(桓玄, 369~404)은 동진東晉 초국譙國 용항龍亢 사람이다. 자는 경도敬道, 혹은 영보靈寶이고, 동진의 명장이었던 환온桓溫의 서자이다. 후에 거병 하여 반란을 일으켜 황제라 칭하고 연호를 개원이라 하였다. 시호는 무도황제武悼皇帝이다.

20 갈호羯胡는 갈족으로 북방 소수민족의 귀족이다.

21 부유腐儒는 생각이 낡아 완고頑固하고 쓸모없는 선비인데 여기서 왕정 상은 양명학자들을 이렇게 불렀다.

22 남송 이후 유학자는 정주학자들을 가리킨다.

23 사이四夷는 사방의 소수민족이다. 동이東夷, 서융西戎, 남만南蠻, 북적北狄을 말한다.

24 당시에는 도적도 문제였지만 농민반란이 여러 곳에서 일어났다. 이 모두를 지적하였다.

군주와 신하에게 경계할 것을 알리고 강학하는 것은 다스림의 실질이다. 하지만 그 실질은 진나라 영가永嘉는 이후에 완전히 무너졌다.

178

今國家大可憂者有二, 及今時猶可爲, 久則人心不易改, 事勢不易回, 用力多而成功難矣. 何也? 今之所急者, 莫急於宗室繁衍而祿糧不足以給, 莫急於邊備廢弛而士卒日以驕悍. 二者, 其不可爲之勢已形兆矣. 幸紀綱未壞, 當事之臣猶得以藉手, 若能達於事機, 處置適宜, 足以服其心而順其事, 則宗室可安, 邊防可固, 人心復古, 如反掌耳.

不然, 日益不爲, 勢積變成, 豈不大可憂乎? 夫宗室之所仰給者, 皆百姓之供需也, 百姓之供需, 皆其田地之所出也. 田稅有定, 而宗室之生育無已, 祖宗時一人者, 迄今有千人者矣, 今之千人, 數年之後, 倍千人矣, 豈惟千人, 將倍數千人矣. 今各省田額祿糧, 已有十萬, 二十萬, 三十萬, 不及宗室支數者矣, 若再倍千人, 公家將何所處? 況數倍千人乎? 今宗室蕃, 育之府, 有一歲支二季, 三季者矣, 有未及年分而先賣票領者矣, 有奔走市廛交易物貨者矣, 有強暴恃勢而搶騙平人財物者矣, 有爲饑困所迫而忍爲盜賊者矣. 夫民間稅糧有限, 宗室所用無窮, 欲人人取足, 萬無是理. 既無祿食, 則饑困必至.

饑困之極, 誰不求生? 廉恥喪而汙僞生, 良心滅而奸宄作, 將何所不爲乎? 及今朝廷固執舊法, 不爲善變之謀, 其所食祿糧又非神運鬼輸之可得, 是坐視宗室之困而致變也, 可乎? 夫邊鎭者, 內地之藩籬. 邊鎭固則內地安, 古今不易之道也. 今之各邊, 自甘肅戕害撫臣之後, 有大同五堡軍士之變矣, 再有馬升, 楊林鉤引北虜之變矣, 繼有遼東綁打巡撫之變矣, 蔑視典憲, 轉相效尤, 觀其不道之狀, 卽唐藩鎭恃強梗化之機也.

夫奸宄之興, 不在於末流勢不可爲之日, 而在於勢已形見, 上下因循, 不以爲異之際; 國家危亂之禍, 不成於尾大不掉, 無所措手之時, 而成於機事萌動, 苟且目前, 眇不知遠大之圖之始. 且夫人心之所趨向, 事勢由之變. 今各邊軍士驕悍不逞? 屢屢如此, 司國政者又往往苟且僥倖, 暫圖一時息滅, 而無長慮卻顧, 萬世燕翼之謀. 積習之久, 量度朝廷處置大率不過如此, 不逞之心日益堅固, 違抗主將, 挾制撫臣, 狃侮號令, 不征不戰, 將無所不至. 況邊鎭糧草時常告乏, 假此爲釁, 人心易搖, 由之倡亂, 勢所必有. 興言及此, 豈不大可憂乎? 嗟乎! 斯二者, 方今燎眉剝膚之患也, 主張國計者烏可不加之慮哉?

지금 국가에서 크게 걱정할 것은 두 가지인데 지금 시기에 오직 할 수 있다. 오래되면 인심은 고치기 어렵다. 일의 형세도 되돌리기 쉽지 않다. 애를 써도 성공하기 어렵다. 두 가지가 무엇인가? 지금 급한 것은 첫째, 종실이 번성하고 봉록이 공급하기에 부족하다는 것보다 더 급한 것이 없다. 다른 하나는 변방에 병비兵備가 문란하여 병사들이 날마다 점점 교만하고 사나워지는 것보다 급한 것이 없다. 이 두 가지는 저지할 수 없는 형세가 이미 형성되었다. 다행히 기강이 아직 무너지지 않아 일을 담당하는 신하가 오직 기회를 빌려 일을 할 수 있는데 만약 일의 기틀에서 잘 알 수 있으면 처리가 적당하여 족히 인심을 복종시키고 그 일을 순리대로 처리할수 있게 되어서 종실이 안정될 수 있고 변방이 견고해질 수 있으며 인심이 다시 옛날로 돌아가 손바닥 뒤집는 것 같이 쉬울 뿐이다.

그렇지 않으면 날이 갈수록 이루지 못하고 세가 쌓일수록 변화가 생기는데 어찌 크게 걱정되지 않겠는가? 종실이 우러러 공급을 받는 곳은 모두백성이 공급하는 것이며 백성의 공급은 모두 그들의 경작지에서 나오는것이다. 토지세는 규정이 정해져 있는데 종실의 생활비는 그침이 없고 조상 한 사람이 지금 천명이 되었고 지금의 천명은 수년 후에 천 명의 배가된다. 어찌 오직 천 명뿐이겠는가 장차 수천 명의 배가 될 것이다. 지금각 성의 전담에서 공급할 수 있는 양은 이미 십만, 이십만, 삼십만인데도종실에 지급할 양을 미치지 못하는데 만약 천 명의 두 배라면 공공기관은장차 무엇으로 처리할 것인가? 하물며 천명의 몇 배는 있어야 하니!

지금 종실이 번창하게 하는 부서는 일 년에 두 계절과 세 계절 지급하는데 연간에 해당하는 것을 나누어 지급받지 않고 먼저 증표를 팔고 또 시전市塵에서 물건과 재화를 교역하기에 분주하다. 또 강제로 세력을 내세워폭력을 하고 또 평민의 재물을 빼앗고 또 배고프고 곤궁한 자를 핍박하여무자비하게 도적이 되기도 한다. 민간에서는 세금을 낼 수 있는 양이 한계가 있는데 종실에서 소비가 끝이 없고 사람마다 만족하고자 하니 이런 이치는 절대로 없다. 녹봉이 없으면 배고프고 곤궁함은 반드시 온다.

배고프고 곤궁함이 극에 달하면 누군들 살려고 하지 않겠는가? 염치는잃게 되고 탐오와 허위가 생겨난다. 양심은 사라지고 간악한 도적이 일어난다. 장차 무엇을 하지 않겠는가? 지금에 조정은 구법을 고집하고 변화를 도모하려고 하지 않는다. 종실에서의 먹거리, 녹봉은 귀신이 수송하여얻을 수 있는 것이 아니다. 이는 종실이 곤궁함을 좌시하고 변화에 이르는 것인데 가능하겠는가?

변방은 내륙의 울타리이다. 변방이 견고하면 내륙의 사람들이 편안하니 예나 지금이나 바뀌지 않는 도이다. 오늘날 여러 변방에서는 감숙성甘肅省에서 순무사[撫臣]를 참혹하게 해친 후로부터 대동大同 오보五堡에서 군사의 변[1]이 있었고 다시 마승馬升과 양림楊林이 이끈 북로北虜의 변[2]이 있었다. 이어서 요동遼東 순무를 포박하고 구타한 병변兵變[3]이 있었는데 군법을 멸시하고 서로 나쁜 줄 알면서 따라서 했다. 그 도가 없는 모양새를 살펴보니 당의 번진藩鎭이 힘을 믿고 교화를 방해하던 현상[4]에 가깝다.

도적의 흥기는 형세가 매일 걷잡을 수 없이 흘러가지 않는 데에 있지 않고 형세가 이미 드러난 데에 있으며 군주나 백성이나 구습을 따르고 대수롭지 않게 여긴다. 국가에서 위급한 난리의 재앙은 끝이 보이지 않고[尾大不掉][5] 손 쓸 수 없을 때 일에서 기미가 싹트기 시작하는데 정말로 목전에서 아득하여 원대한 도모의 시작임을 알지 못한다. 인심이 쫓아가는 곳에 따라 일의 형세는 변한다. 지금 각 변방의 군사는 교만하고 사나우며 만족해지지 않는다. 누차 이와 같았는데 국정을 관리하는 자는 또 왕왕 요행을 바라고 잠시 일시적으로 도적이 사라지기를 바란다. 멀리 앞을 내다보고 신중히 고려하며[長慮卻顧][6] 온 세상 사람들이 편안하도록 돕는 지략은 없다.[7] 습관이 쌓여 오래되니 변방 군사들은 조정의 처리가 대체로 이와 같을 뿐이라고 생각했고, 불만의 마음은 날로 더욱 견고해져 지휘 장군을 거역하고 무신을 협박하고 명령을 업신여기니 출정하여 싸우지 않고도 못하는 짓이 없을 것이다. 더구나 번진藩鎭에는 군량과 말먹일 풀이 늘 부족하여 이를 트집 잡아 분쟁으로 삼으니, 인심은 흔들리기 쉽고 이로 말미암아 혼란을 일으키면 세勢가 반드시 있게 된다. 꺼낸 말이 여기까지 이르니 어찌 근심스러움이 크지 않겠는가? 아! 이 두 가지는 지금에서야 눈살을 찌푸리고 살갗을 벗기는 환란[8]이 되었는데 국가 정책을 결정하는 자들은 어찌 더 고려하지 않을 수 있는가?

1 『명사·기사본말紀事本末』, 57권, 「대동반졸大同叛卒」: 明世宗嘉靖三年大同
   五堡軍叛變, 殺巡撫張文錦, 參將賈鑒[명 세종 가정 3년(1524)에 대동과
   오보 군사들이 변란을 일으켰다. 대동의 순무 도어사 장문금과 오보五
   堡를 책임지고 삼장으로 배치된 가감을 죽였다]

2 『명사·기사본말紀事本末』, 57권, 「대동반졸大同叛卒」: 馬升, 楊林爲軍隊指
   揮, 與北方民族統治者小王子結合爲變[마승과 양림은 군대의 지휘관이
   다. 북방민족 통치자인 소왕자와 결합하여 변을 일으켰다]

3 『왕정상집』, 1056p: 遼東綁打巡撫事[요동 방타 순무의 변]에 대해 "가
   정 13년(1534)여경日경은 도찰원 우부도어사로 승진하여 요동을 순무했
   으며 이 기간에 그는 구제도를 개혁하였다. 그는 군대를 줄여 군비를
   삭감하고 군마와 초지를 회수하여 백성들의 부담을 줄였다. 군대를 동
   원하여 장성을 짓는 일에 파병하였다. 이 때문에 군대의 불만이 있게
   되니 결국 요동의 병사들이 변란[兵变]을 일으킨 것이다."라고 하였고,
   왕정상의 『내태집內台集』, 2권에 其拘制都御史, 細打都指揮.[제도어사를
   구속하고 도지휘관을 때리다] 라고 하였다.

4 번진은 당나라 중기에 변경과 중요 지역에서 그 지방의 군정軍政을 관
   장하던 절도사이다. 당나라 중기에는 각지에 절도사를 배치했는데 군
   인들이 통치하였기에 군웅이 지방에서 할거하는 현상이 일어났다.

5 미대부도尾大不掉은 기구의 하부가 강하고 상부가 약하여 마음대로 지
   휘할 수 없다는 뜻이다. 『좌전』, 「소공召公」 11년에 나온다.

6 장려각고長慮卻顧는 『순자·영욕榮辱』에 장려고후长虑顾后로 나온다. 둘은
   서로 같은 뜻으로 좀 더 멀리 앞을 내다보고 신중하게 고려함을 이르
   는 말이다.

7 『시경·대아·문왕유성文王有聲』: 貽厥孫謀 以燕翼子 武王蒸哉.[자손을 위
   해 좋은 계책 펴시고, 자손들이 길이 편안토록 도우셨도다] 하였는데

이를 공영달孔穎達의 소에서 "思能澤及後人, 故遺傳其所以順天下之慮, 曰燕翼. 以後凡是善 爲子孫謀慮, 稱爲燕翼.[생각은 후인에게까지 은택이 미치므로 이를 후세에 전하여 천하에 염려할 것을 따르게 하였으니 이를 일러 연익燕翼이라고 한다. 앞으로 선한 일을 자손을 위해 계획하는 것을 연익이라 한다.]"라고 하였다.

8 『주역·박괘剝卦』: 象曰, 剝床以膚, 切近災也.[평상을 깎되 피부로써 함이니, 흉하다.]라고 하였다. 상해가 피부에까지 미침을 가리킨다.

당시 국가에서 크게 걱정할 두 가지는 종실이 번성하여 봉록이 공급하기에 부족하다는 것과 변방에 병비가 문란한 것이다.

179

有元始之氣, 則天地之幻化不能離; 有明覺之性, 則人生之幻識不能離, 不得已之道也. 佛氏欲遣離幻心, 必須滅性; 性滅幻離, 若復有覺, 亦卽是幻, 況未必覺耶? 能離自生之幻矣, 能使天地離幻化耶? 說經十二部, 佛之幻識甚矣, 而欲使衆生解離, 有是乎?

원래 기의 시작은 천지의 환화幻化와 분리될 수 없고 명각의 본성은 인생의 환식幻識[1]과 분리할 수 없는데 어찌할 수 없는 도이다. 불가에서는 환각의 마음을 버리고자 하면 반드시 성을 멸해야滅性 하는데, 본성이 멸하게 되어 환각은 버려지겠지만, 만약 다시 깨우침이 있게 된다면 역시 환각이니 더욱이 다시 깨우치지 않겠는가? 저절로 생겨난 환각을 벗어나면 천지가 변화에서 벗어날 수 있을까? 불교의 설경 12부[2]에서 말하기를, 부처가 환식이 심하여 중생들이 환각에서 해탈하도록 하니 이런 경우가 있는가?

1 인간의 인식은 지혜에 대한 '진식眞識'과 허상과 망상인 '환식幻識'이 있다.

2 설경 12부는 불교에서 경전 일체를 12종으로 분류한 이름이다. 『위서魏書·석로지釋老志』: 三藏十二部經.[삼장은 12부 경전이다] 불교 경전 12부는 석가모니의 교설을 그 성질과 형식에 따라 구분하였다. 불전 12부는 1) 산문체의 경전인 수다라修多羅, 2) 산문체의 경문 뒤에 그 내용을 운문으로 노래한 경전인 기야祇夜, 3) 경의 말뜻을 문답 형식으로 해석하고, 또 제자들의 다음 세상에서 날 곳을 예언한 화가라나和伽羅那 4) 언·5언·7언의 운문으로 구성된 가타伽陀 5) 『아미타경』과 같이 남이 묻지 않는데도 석가모니가 스스로 이야기한 말인 우타나優陀那 6) 경經 중에서 석가를 만나 법法을 들은 인연 등을 설한 니타나尼陀那 7) 경전 중에서 비유로써 은밀한 교리를 명백하게 풀이한 아파타나阿波陀那 8) 석가나 제자들의 지난 세상에서 인연을 말한 이제왈다가伊帝日多伽 9) 석가 자신의 지난 생에서 보살행菩薩行을 말한 사타가闍陀伽 10) 광대한 진리를 말한 비불략毘佛略 11) 석가가 보인 여러 가지 신통력神通力을 말한 아부타달마阿浮陀達摩 12) 교법教法의 이치를 논하고 문답한 경문 우바제사優波提舍이다.

원래 기의 시작은 천지가 환화幻化와 분리될 수 없고 명각明覺의 본성은 사람의 환식幻識과 분리할 수 없다.

180

佛氏教人任持自性. 持自性者, 執自己之本性也. 言一切眾生皆有本覺, 謂本性之靈覺處, 雖流轉六道, 受種種身, 而此覺性不曾失

滅, 故以此爲眞性, 爲圓覺. 其有生而能解識者, 爲衆生悟入知見
皆從覺性生出, 故云覺生出菩提, 涅槃及波羅蜜. 菩提, 覺也, 無法
不知之義. 涅槃, 圓寂也, 謂覺性既圓, 無法不寂也. 波羅, 彼岸也;
蜜, 到也, 言到彼岸也. 謂離生死此岸, 度煩惱中流, 到涅槃彼岸,
永歸寂滅, 不生不死也. 由此觀之, 佛氏之大旨盡矣.
儒者不達性氣一貫之道, 無不浸浸然入於其中. 朱子謂本然之性超
乎形氣之外, 其實自佛氏本性靈覺而來, 謂非依旁異端, 得乎? 大
抵性生於氣, 離而二之, 必不可得. 佛氏養修眞氣, 雖離形而不散,
故其性亦離形而不滅, 以有氣卽有性耳. 佛氏既不達此, 儒者遂以
性氣分而爲二, 誤天下後世之學深矣哉!

불가는 사람에게 자성自性을 지니게 했다. 자성을 지니는 것은 자기의 본
성을 지키는 것이다. 일체중생은 모두 본각本覺이 있는데 본성의 영각처靈
覺處를 일러 말한다. 비록 육도六道[1]를 돌고 갖가지 몸을 받지만, 이 각성은
소멸한 적이 없기에 이로써 진성眞性과 원각圓覺[2]이 되었다. 그 생이 있고
식을 해탈할 수 있는 자는 중생을 위하여 깨달음에 들어가고, 지식과 견
식은 모든 각성으로부터 생겨서 나온다. 그래서 영각靈覺은 보리菩提와 열
반涅槃, 바라밀波羅蜜에 이른다. 보리는 깨우침으로 모를 수가 없다는 것을
말하고, 열반은 원적圓寂으로 각성이 이미 원만하여 잠잠하지 않을 수 없
다는 것을 말한다. 바라波羅는 피안彼岸이고 밀蜜은 도착함이니 즉, 피안彼岸
에 도착함을 말한다. 삶과 죽음이 차안此岸에서 떠나는 것을 말하고 번뇌
가 중류를 건너서 열반인 피안에 도착하여 영원히 적멸寂滅의 세계로 돌
아가니 생生도 사死도 없다. 이로 볼 때, 불교의 큰 뜻이 이것이다.
성과 기가 하나로 꿰지는 이치를 알지 못하는 유학자는 불교의 가르침
중에 들어가 스며들지 않음이 없다. 주자가 '본연의 성은 형기를 초월했
다.'[3]고 말했는데 그 실제는 불가의 이론인 본성과 영각으로부터 온 것이

다. 이단의 곁에 기댄 것이 아니라고 말할 수 있겠는가? 무릇 성은 기에서 생겨나고 분리하여 둘이 된다면 반드시 얻을 수 없다. 불가에서 진기眞氣를 수양하면 비록 형체를 떠나도 흩어지지 않고 그 때문에 그 성 역시 형체를 떠나서 소멸하지 않아서 기가 있으면 곧 성이 있을 뿐이다. 불가는 이미 이것에 통달하지 못했을뿐더러 유학자[4]가 이 성과 기로 나누어 둘이라 하니 천하에서 후세에게 가르침에 오류가 심하구나!

注

1 불교의 육도는 천상도天上道, 인간도人間道, 수라도修羅道, 축생도畜生道, 아귀도餓鬼道, 지옥도地獄道가 있고 인간은 육도 안에서 빙빙 돈다.

2 원각圓覺은 석가여래의 원만한 깨달음이다.

3 왕정상,『왕씨가장집』, 33권,「성변性辯」: *所謂超然形氣之外復有所謂本然之性者, 支離虛無之見與佛氏均飽.*[형기를 초월하여 본연의 성을 말하는 지리허무의 견해는 불교의 이론과 같다]

4 유학자는 주희를 가리킨다.

유학자들은 성性과 기氣가 하나로 꿰어지는 도에 통달하지 못하여 성과 기를 두 가지로 나누었다. 이는 후학들에게 큰 학문적 오류를 남겼다.

181

帷裳如緇布裳, 帷, 明衣有前後裳不辟之類是也. 此等裳, 皆屬幅障之, 不爲辟積者. 非帷裳, 必爲辟積以殺之矣. 如朝, 祭, 喪服, 深衣, 長衣, 皆每幅三袧, 自闊而狹, 卽謂之殺. 論語注未是.

유상帷裳[1]은 마치 검은 베로 만든 치마와 같다. 유帷는 명의明衣[2]인데 앞뒤가 있고 치마는 접히지 않는 옷이다. 이런 등속의 치마는 모두 전폭으로 둘러 접지 않았다. 유상이 아닌 것은 반드시 한 폭을 접어서 그것을 재단하였다.[3] 예를 들면 조복朝服, 제복祭服, 상복喪服, 심의深衣[4], 장의長衣[5]는 모두 매 폭을 세 개의 주름[三袧][6]을 잡아 절로 넓혔다 좁혔다 재단하는 것을 살殺이라 말했다. 주희가 『논어집주』에서 말한 것은 옳지 않다.

注

1 유상帷裳은 조회에 나가거나 제사를 지낼 때 입는 예복 등 공식적인 예를 갖추는 옷이다. 초상은 흰옷을 입고 길사에는 검은 옷을 입었다.

2 『사서집주·향당』: 齋必沐浴, 浴後着明依, 以洁其體, 以布爲之.[반드시 목욕재계하는데, 몸을 씻은 후에 명의를 입어 몸을 청결히 하며 명의는 베로 한다.]

3 유보남劉寶楠, 『논어정의·향당』: 非帷裳必殺之. 정현의 주에 "殺之者, 削其幅, 使縫齊. 殺指剪削裁剪."[살지殺之는 폭을 잘라서 봉재하는 것이다. 살殺은 가위로 자르고 재단하는 것이다.]라고 하였다.

4 심의深衣는 제후, 대부, 사 등 신분이 높은 선비가 입던 웃옷이며 대개 흰 베로 두루마기 모양으로 만드는데 소매를 넓게 하고 검은 비단으로 가를 둘렀다.

   조복과 제복은 치마에 정폭을 사용하여 휘장같이 만들어서 허리에 주름이 있고 옆에 줄여서 꿰매는 것이 없으나 심의深衣는 허리 폭이 아랫단의 반쯤 되고 아랫단이 허리 폭의 배가 되니, 허리에 주름이 없고 옆에 줄여서 꿰매는 것이 있다.

5 『의례·빙례聘禮』: 主人長衣, 練冠以受.[주인은 긴 두루마기를 입고 몸에 익은 관례로서 인사를 받는다.] 조복朝服은 조정朝廷에 나아갈 때 입는 의복衣服이고, 제복祭服은 제사祭祀 때에 입은 예복禮服이며 상복喪服은 상

중喪中에 있는 상제喪制나 복인服人이 입던 예복禮服이다. 장의長衣는 상복 중 가운데 입는 옷으로 긴 두루마기이다. 주인이 장의를 입었다.

6 『의례·상복』: 幅三絇. 에서 주에서 "絇者謂襞兩側, 空中央也[삼구三絇에 서 구絇는 접는 것이고 삼구는 양측을 접고 중앙을 비우는 것이다]"라 고 하였다.

: 『논어·향당』의 내용 중 유상帷裳과 명의明衣에 대해 논한다.

182

郭璞以鳩鬥占吉凶. 亦何必鳩? 凡物皆可占矣. 吉凶, 人事之常, 鬥 噪, 物性之感, 皆實事也. 彼此相轇, 豈無偶中? 中卽神矣. 予亦往 往得之, 但不爲信.

곽박郭璞[1]이 비둘기 싸움으로 길흉을 점쳤다.[2] 어찌 반드시 비둘기일까? 무릇 만물은 모두 점칠 수 있다. 길흉은 인사人事의 항상됨[常]이고 다툼[鬥 噪]은 물성物性의 감응이니 모두 실제의 일이다. 피차 서로 가까워지면 어 찌 우연히 적중함이 없겠는가? 적중은 곧 신으로 여겨진다. 나는 또 자주 그런 상황을 얻는데 다만 믿지 않는다.

注

1 곽박(郭璞, 276~324)은 진나라의 시인 겸 학자이다. 유곤劉琨과 더불어 서 진西晉 말기부터 동진東晉에 걸친 시풍詩風을 대표하는 시인이다. 시에는 노장老莊의 철학이 반영되어 있으며, 《유선시遊仙詩》14수가 특히 유명 하다. 부賦에서는 《강부江賦》가 널리 알려져 있다. 유곤은 월석越石이다.

2 『이정어록二程語錄』제 7: 有人言郭璞以鳩頭占吉凶, 子厚言此爲他誠實信

之, 所以就而占得吉凶.[어떤 사람이 비둘기 싸움으로 길흉을 점친다고 말하니, 자후가 이를 진정으로 믿어 길흉을 점치게 되었다고 말했다]

곽박이 비둘기 싸움으로 길흉을 점친 것을 논한다. 왕정상은 점은 어쩌다 있을 수 있는 적중으로 여긴다.

183

唐征南詔, 四十萬人無一人回; 宋征安南, 三十萬人止二萬餘人回. 邀功遠夷, 殘害生靈, 謬謀忍心, 不達南北風氣, 可爲殷鑒矣.

당나라는 남조南詔[1]에 출정했는데 사십만 명이 갔는데 한 사람도 돌아오지 않았다. 송나라가 안남에 출정[2]했는데 삼십만 명이 가서 이만여 명이 돌아오는 데에 그쳤다. 원방의 이족을 공격하는 것은 백성들을 죽고 다치게 했다. 잘못된 전략이 마음을 모질게 했는데 남북의 풍기風氣를 잘 알지 못하였다. 뒷사람의 본보기[殷鑒][3]될 만하다.

注

1 당나라 초기 소수민족이 운남성 일대를 6등분으로 나누어 살았는데 이를 육조六詔라 하고 남조南詔라고도 했다. 남조는 티베트족과 미얀마족이 세운 왕국이다. 당나라와 친하면서도 자주 싸우기도 했다.

2 송宋나라 시기 안남安南이라는 지명은 당唐나라 때 안남도호부를 설치해서 처음 생겨났다. 송나라에 속해있던 안남도호부가 1127년 임안에 도읍을 정하고 남송이 된 뒤 안남에 다이비엣이 즉위하여 독립을 선포하고 중국에 대한 종속을 거부했다. 남송은 1174년에 안남을 안남국으로 인정하였다. 그 후 독립 국가로서 중국과의 연계에서 자주적인 존

재로 떠올랐다. 그 후 송나라가 출정하였으나 맞서 싸워 이기면서 독
자적인 국가로서의 정체성을 강화했고 지금의 베트남으로 자리잡게
되었다.

3 『시경·대아大雅·탕蕩』: 殷鑒不遠, 在夏后之世.[은나라 멸망이 준 교훈이
아주 오래지 않았다. 하나라 마지막 걸왕의 치세에서 본받았어야 한
다.]라고 하였고, 「대아·문왕」: 宜鑒于殷, 駿命不易.[마땅히 은나라를
거울삼아야 하니 준명은 바뀌지 않는다]라 했는데 은감은 후대에 일
반적으로 교훈으로 삼을 만한 옛 군사적 일을 가리킨다.

당나라가 남조를, 송나라가 남안을 쳤는데 원방을 공격하는 일이 백
성에게 큰 피해를 입혔다. 미리 상대의 풍기風氣를 알아보고 준비해
야 한다.

184

高崇文在長武城練卒五千, 常若寇至; 及討劉辟, 卯時宣命, 辰時出
師, 將卒之志素定, 械器軍資素備故耳. 其終赫然成功, 非偶然也.
今也, 寇至而始整兵, 兵舉而始集餉, 何異臨渴掘井? 詩云: 迨天之
未陰雨, 徹彼桑土, 綢繆牖戶. 君臣及時修治之勤, 無怠無荒之志,
不可不深致計如崇文也. 崇文, 杜黃裳所舉, 宰相不可不知人, 信
夫!

고숭문高崇文[1]이 장무성長武城에서 오천 명의 병사를 훈련했는데 늘 마치
도적이 당도한 것같이 했다. 급기야 유벽劉辟[2]을 정벌하는데, 묘시에 칙명
을 받고 진시에 출정했는데 장병들의 정벌 의지가 평소에 굳어졌고 병기
와 물자가 평소에 준비되었기 때문이다. 마침내 크게 성공했는데 우연이

아니다. 지금은 도적이 이르러야 비로소 군사를 정비하여 거병하고 군량을 모으니 목이 말라서 우물을 파는 것과 무슨 차이가 있겠는가?『시경』에 '하늘에 구름이 끼고 비가 내리기 전에 저 뽕나무 뿌리를 거두어다가 살창과 지게문을 얽어 만들었네'[3]라고 하였다. 군주와 신하가 제때제때 고치려고 애쓰는 것은 게으르지 않고 황망함이 없는 뜻이니 고숭문처럼 깊이 헤아리지 않을 수 없다. 고숭문은 재상이었던 두황상이 천거하였는데 재상이 그 사람을 모를 수 없으니 믿을만했다!

注

1 고숭문高崇文은 유주幽州 사람으로 자가 숭문이다. 당 덕종德宗 정원貞元 연간에 한전의韓全義를 따라 장무성長武城을 지켰고 다시 진급하여 금오장군金吾將軍이 되어 토번吐蕃을 격파하는 데 공을 세웠다. 순종 원년 재상 두황상杜黃裳이 그를 천거하여 유벽劉闢의 반란을 치는데 파견되었다. 토번으로 도주한 유벽을 잡았다.

2 유벽劉闢은 당나라 순종 원년 서천절도사 위고韋皐가 죽은 뒤 조정에서 절도사 부사였던 자신을 제외하고 원자袁滋를 절도사로 임명하여 반란을 일으켰다. 고숭문 장군의 토벌군에게 잡혔다. 유벽은 당 헌종 때 왕의 명을 거역하여 재상 두황상이 고숭문을 천거하여 그를 토벌하게 한 것이다.

3 『시경·빈풍豳風·치효鴟鴞』: 迨天之未陰雨, 徹彼桑土, 綢繆牖戶.[하늘이 비를 내리기 전에 이르러, 저 뽕나무 껍질을 벗겨서, 창과 문을 얽어 매어라] 하였다. 근심과 재앙에 미리 대비하라는 뜻이다.

당나라 고숭문은 미리 군사를 훈련시켜 출정함으로 크게 성공을 거두었다. 군신은 미리 힘써서 적의 침략에 방비해야 한다.

185

韓昌黎平淮西碑歸功憲宗及裴中丞, 故鋪敍諸將四集, 此亦事體當
如此. 使當時再起一段議論, 專序李愬之功, 其文亦自奇, 亦足以厭
服衆人之心而塞其口, 惜乎其不然. 此文字與事實欠酌量也. 說者
謂其抑遏掩沒, 則失昌黎之心矣.

한창려韓昌黎는 〈평회서비平淮西碑〉[1]에서 헌종憲宗과 배중승裴中丞[2]에게 공을
돌렸다. 그래서 여러 장수를 4편에 모아 펴냈으니 이것 또한 일의 이치가
이와 같아야 마땅하다. 당시 한 단락의 의론을 재기하였는데 오로지 이
소李愬[3]의 공로를 적었는데, 그 문장이 또한 절로 기묘하여 사람의 마음을
승복시키고 그들의 입을 막을 만했는데 안타깝게도 그렇지 않았다.[4] 이
문자는 사실보다 부족하다고 헤아려진다. 설명한 자가 한유가 이소를 억
누르고 저지하고 감추고 없앴다고 말한다면 한유의 충성된 마음을 놓친
것이다.

注

1 한창려韓昌黎는 한유韓愈이다. 한유의 『평회서비平淮西碑』에서 한유韓愈는
   행군사마行軍司馬로 회서를 토벌하였는데, 당 헌종憲宗과 독제군督諸軍이
   회서淮西 절도사 오원제吳元濟를 토벌하도록 추천해 준 재상 배도裴度에
   게 자신을 비롯한 신하들의 공을 모두 돌렸다.

2 배중승裴中丞은 배도이며 중승中丞은 재상이다.

3 이소李愬는 회서를 평정할 때 당나라 등鄧 절도사였다. 눈 오는 밤에 채
   주蔡州에 들어가서 오원재를 사로잡았다. 그의 공로가 가장 컸다.

4 당나라 한유는 〈평회서비平淮西碑〉에서 회서를 평정한 일에 대해 재상
   배도의 일을 많이 서술했는데 오원제를 잡는 데에 공이 컸던 이소가
   자신이 빠졌다고 불만하여 헌종에게 하소연하였다. 헌종은 한림학사

단문창段文昌에게 비문을 다시 쓰게 하였다. 이 때문에 왕정상은 단문
창이 공을 왕과 재상에게 돌린 한유의 마음을 제대로 읽어내지 못한
것으로 평한다.

> 한창려의 〈평회서비〉에서 이소의 공로는 기묘하다고 느낄만한 글로
> 적지 않았다. 하지만 그 공을 왕과 재상에게 돌린 충성된 마음을 읽
> 어야 한다.

186

晏嬰之於齊, 陳氏厚施盜國而不能以謀止, 崔氏弑君而不能以義
死, 猶偈顏居位, 棲棲依人, 其鄕願之流乎!

안영晏嬰[1]은 제나라에서 쓰였는데 진씨가 제나라를 훔쳐 후덕하게 시행하
며 계책을 사용함이 그치지 않자[2] 최씨는 군주를 시해하고도 의롭게 죽
을 수 없었다.[3] 안영은 여전히 얼굴 내세워 자리를 지키는 데에 힘쓰며
안절부절 남에게 의지했으니, 그는 향원鄕願의 부류[4]이던가?

注

1 안영晏嬰은 춘추시대 제나라齊의 명재상이다. 자는 중仲이고, 시호는 평
   平이다. 제 영공靈公, 장공莊公, 경공景公 3대를 섬긴 검약한 재상이나 군
   주에게 간언할 때는 거침없이 하였다. 저서에 『안자춘추晏子春秋』가 있
   으며 그의 사적은 『사기·관안열전管晏列傳』에 적혀있다.

2 진陳나라 공자 완完은 내란으로 제나라로 도망갔다. 진씨陳氏를 전씨田氏
   로 고쳤다. 후인들이 제 경공의 일을 빌어 대부로 삼았다. 백성에게 부
   세를 받을 때는 작은 말로 재어 받고 백성에게 줄 때는 큰 말로 재어

주어 백성에게 덕을 행하였다. 제 경공이 그 일을 금하지 않아 전씨는 백성의 인심을 얻었다. 후에 전씨는 재상이 되었고 제나라 정치를 전 임했다. 『사기·전경중완세가田敬仲完世家』에 적혀있다.

3 제나라 대부 최저崔杼가 제 장공을 시해하고 경공을 왕으로 세웠다.

4 『논어·양화陽貨』: 子曰鄕願, 德之賊也.[향원은 덕의 적이다] 라고 하고 『맹자·진심盡心 하』: 同乎流俗, 合乎汚世, 居之似忠信, 行之似廉潔, 衆皆 悅之, 自以爲是. 而不可與入堯舜之道, 故曰德之賊.[세상의 흐름에 동조 하고 세상의 더러운 것과 합류하며 가만히 있는 것을 보면 성실한 것 같고 행동하는 것을 보면 청렴결백한 것 같아 사람들이 다 그를 좋아 하고 자기도 옳다고 여긴다. 하지만 그런 사람과는 요순의 도에는 함 께 들어갈 수 없으므로 덕을 해친다고 말씀하셨다.] 향원은 시골 사람 중에 근후한 자이니, 유속과 동화하고 더러운 세상에 영합하여 세상 사람들에게 아첨한다. 이 때문에 시골 사람들 사이에서 유독 근후하다 고 칭하는 것이다.

왕정상은 안영이 의로움에 앞장서지 못하고 더러운 세상에 영합했 으니, 제나라에서 향원과 같은 부류였다고 말한다.

187

六天之說, 出於春秋緯文曜鉤等書, 而鄭玄信之. 唐顯慶禮猶著六 天之說, 禮部尙書許敬宗與禮官議黜之; 而宋之儒者猶持六天以惑 後世, 有愧于敬宗多矣.

육천설은 춘추 위서 『문요구文曜鉤』 등의 책에서 나왔는데 정현이 그것을 믿었다.[1] 당 고종 현경顯慶 연간에 『현경례』는 육일의 설을 적었는데 예부

상서 허경종許敬宗은 예관과 그것을 물리치기로 의논했다.[2] 송나라 유학자
들은 오히려 육일의 이론을 지지하여 후세 사람들을 혼란하게 했다. 허경
종에게 부끄러워할 것이 많다.

注

1 『주례·춘관春官·대종백大宗伯』: 以禋祀祀昊天上帝[호천 상제에게 제사
지낸다] 하였는데 『십삼경주소十三經注疏』에서 정현이 "호천상제는 동지
에 환구圜丘에서 천황 대제에게 제사 지내는 것이다."라고 설명하였다.

2 허경종(許敬宗, 592~672)은 당나라 항주杭州 신성新城 사람이며 자는 연족延
族이다. 수양제 대업大業 중에 수재秀才로 천거되었다. 당 고종 때 예부
상서禮部尚書를 지내고 다시 시중侍中에 발탁되어 무측천을 황제로 올리
는 일을 도왔다. 그는 위서에서 나온 육천설을 인정하지 않았다.

육천설은 위서에서 나왔다. 당나라 시대에는 위서를 몰아냈으나 송
나라 유학자들이 육천설을 지켜 후대에 혼란을 초래했다.

188

文中子元經: 建興二年正月己巳, 黑霧五日. 辛未日殞於地. 又三日
相承, 自西而東. 薛收傳曰: 黑霧著人衣如墨, 連夜凡五日而止. 日
殞者, 日不須也, 有妖物象日之形墜於地爾. 三日相承, 亦妖氣映
日, 而人眛之有三焉. 五年正月庚子, 三日並照, 虹霓彌天地, 皆妖
也, 天晴卽無之. 自今言之, 乃日溢光氣隕於地, 卽星隕之類也. 三
日相承並照, 卽日光映之耳. 薛氏解經, 宋之諸儒依妄附誣, 當在下
風矣.

문중자의『원경元經』¹에서 건흥 2년² 정월 기사일에 5일간 검은 안개가 끼었다. 신미일에는 해가 땅에 떨어졌다. 또 서쪽에서 동쪽으로 3개의 해가 맞닿았다. 「설수전薛收傳」³에서 말한다. '검은 안개는 사람의 옷에 붙어 마치 먹물처럼 밤에 5일이나 계속되다가 사라졌다. 해가 떨어졌다는 것은 해는 떨어질 수 없고 해의 형상을 한 요물이 땅에 떨어진 것이다. 3개의 해가 맞닿은 것은 또한 요사한 기운이 해를 비춘 것이다. 사람들이 세 개의 해가 있다고 한 것은 어리석었다. 건흥 5년 정월 경자일에 세 개의 해가 같이 비추었고 무지개가 천지를 가득 채웠는데⁴ 이 모두 요사한 기운이다. 하늘이 개면 없어진다.' 오늘날 말하자면 해는 햇빛의 기운이 너무 넘쳐서 땅에 떨어지는 것은 바로 별똥별 종류이다. 3개의 해가 이어져 함께 비춘다는 것은 햇빛이 반사되는 것일 뿐이다. 설수가『원경』을 해석하였고 송나라의 유자들이 헛되이 기대고 무誣를 씌웠으니 마땅히 설수 아래의 학풍이다.

注

1 『원경元經』은 수나라 왕통王通의 저서이다. 당나라 설수가 주를 달았다.

2 건흥建興 2년은 진晉 혼제湣帝 2년이며 314년이다.

3 「설수전薛收傳」은 사고본『원경』의 제목이『수왕통찬·당설수전』으로 쓰였고 송나라 완일阮逸이 주를 달아 설명하였다.

4 『원경元經』, 5권,『원경·혼제본기』: 三日並照, 虹霓彌天地.[세 개의 해가 나란히 비추니, 무지개가 천지를 뒤덮었다.]

설수가 문중자의『원경』을 해석하며 이상한 자연현상은 모두 요상한 기운으로 말했는데 송나라 유학자들은 그것에 무誣를 씌웠다.

189

晉義熙十一年八月, 熒惑不見, 八十餘日復出東井. 魏太史奏: 熒
惑在觜巂中, 忽亡不知何在, 於法當入危亡之國. 魏主嗣召名儒數
人, 與太史議熒惑所詣. 崔浩曰: 春秋傳神降於莘, 以其至之日推知
其物. 今熒惑之亡, 在庚午, 辛未二日之間, 庚午主秦, 辛未爲西夷,
熒惑其入秦乎? 後八十餘日果出東井, 留守鉤已, 禳之乃去. 夫五
星行度有定算, 不應忽亡不知所在, 皆星史之失職也. 浩長於乾象,
詭言以神其術耳.

동진 의희義熙[1] 연간 십일 년(415) 팔월 형혹성[2]이 보이지 않았다. 80여 일
이 되어 다시 동정성[3]에 나타났다. 위魏나라 태사[4]가 상소를 올렸다. "형
혹성은 천계성 중에 있는데 홀연 사라져 어디 있는지 알지 못합니다."[5]
법에서는 마땅히 국가가 위태로워야 했다. 위나라 군주는 이에 유학자 몇
명을 불렀다. 태사와 더불어 형혹성이 다다르는 것을 논의하게 했다. 최
호가 말했다. "『춘추전春秋傳』에서 '신神이 신莘땅에 내렸다.'[6] 하는데 신이
내린 날 사물을 유추하여 알 수 있다. 지금 형혹성이 사라짐은 경오일과
신미일 양일간에 있었다. 경오일은 진秦을 주인 삼았는데 신미일은 서이西
夷[7]를 주인 삼으니 형혹성이 진 땅에 들어간 것인가?" 80여 일 후에 동정
성에 나타나 유수가 낫을 들고[8] 푸닥거리하니 이에 사라졌다. 오성이 하
늘에서 운행하는 길은 정해진 계산이 있다. 홀연 잊어버려 응하지 않아서
있어야 할 곳을 알지 못한다. 모두 별자리를 기록하는 자가 직분을 잃은
것이다. 최호가 특히 오랫동안 하늘에서 별의 형상을 연구했는데 속이는
말로서 그 술수를 신묘하게 했다.

注

1 의희義熙는 동진 시기 안제安帝의 연호이다. 의희 11년은 415년이다.

2 형혹熒惑은 칠요七曜 중 화성火星의 다른 이름이다.

3 동정東井은 28수 중 정수井宿이다.

4 위진 시기 태사太史는 천문역법을 관장하는 사람이다.

5 『위서魏書·최호전崔浩傳』: 太史奏, 熒惑在匏瓜星中, 一夜忽然亡失, 不知所在.[태사가 상소를 올려 형혹성은 천계성 중에 있는데 홀연 사라져 어디 있는지 알지 못합니다.] 하였다. 포과匏瓜는 천계天鷄라고도 한다. 포과성은 천계성이다. 『사기·천관서天官書』에 '천계성은 하고성河鼓星의 동쪽에 있다.'라고 하고 『이아爾雅』에 '하고성은 견우이다.'라고 하였다.

6 『좌전·장공 32년』: 神降於莘[신이 신땅에 내려왔다] 라고 했는데 신莘땅은 괵虢 땅이다.

7 『위서魏書·최호전崔浩傳』, 35권: 庚之未皆主於秦, 辛爲西夷[경오일에는 모두 진秦을 주인 삼지 않고 신미 일에는 서이西夷를 삼았다.]로 나온다.

8 유수구기留守鉤己는 낚싯바늘의 己자 모양을 지킨다. 『위서魏書·최호전崔浩傳』: 留守盤遊[유수가 여러 곳을 돌아다니며 놀았다.]

진晉 의희義熙 11년, 형혹성도 보이지 않고 후에 동정성도 나타나지 않았다. 최호가 별의 형상을 연구하여 궤변을 내놓았다.

190

周景王時, 大夫賓起見雄雞自斷其尾, 劉向以爲知妖. 王子朝賓起之禍, 夫子朝, 景王之愛子也, 主與賓起因田於北山, 以田獵之衆殺適子之黨而立之. 以庶殺適, 以天道律之, 自有可死之理, 而何待雄雞斷尾兆之耶? 向謂雞妖之應, 則誣.

주 경왕[1] 때 대부 빈기賓起가 수탉이 스스로 자기 꼬리를 자르는 것[2]을 보았는데 유향이 요괴의 짓으로 여겼다.[3] 왕인 자조와 빈기가 일으킨 화이다. 자조는 경왕의 사랑하는 서자였으며 경왕과 빈기가 북산에서 사냥했는데, 사냥꾼들이 적자의 무리를 죽이고 서자 자조를 세웠다. 서자가 적자를 죽인 것으로써 천도가 그에게 벌을 주었고 스스로 죽게 할 이치가 있었는데 어찌 스스로 목숨을 끊을 조짐을 기다렸겠는가? 접때 유향이 닭 요괴의 응징이라 말한 것은 꾸민 것이다.

注

1 주 경왕은 재위 기간이 BC544~BC520년이다.
2 웅계자단기미雄雞自斷其尾는 웅계단미雄鸡断尾로 성어로 쓰인다. '수탉이 스스로 자기 꼬리를 자른다.'라는 뜻인데 성어의 의미는 다른 사람이 자신을 해할까 두려워 자살함을 이르는 말이다. 『좌전·소공昭公22년』에 나온다.
3 『한서·오행지』에 나온다.

주 경왕 때 대부 빈기賓起가 다른 사람이 자신을 해칠까 봐 자살하였는데 유향이 요괴의 짓으로 여겼다. 이 말은 꾸민 것이다.

191

奪伯氏駢邑三百, 飯蔬食, 沒齒無怨言. 此蓋管仲相桓公爲政時, 伯氏有罪而奪其邑, 用法之當, 有以深服伯之心, 故貧賤終身而不怨也; 非所謂奪以與膰也. 若附有之, 雖公亦怨矣.

(환공이) 백씨의 병읍駢邑 300가구를 빼앗았는데 백씨는 거친 음식 먹으며

평생토록 원망하는 말이 없었다.[1] 이를 모두 다 환공[2]이 정치할 때 재상인 관중[3]에게 주었는데 백씨는 죄를 지어 그 읍을 뺏긴 것이다. 법을 쓴 것이 합당하여 백씨가 마음으로 깊이 복종함이 있었기 때문에 종신토록 빈천하였는데도 원망하지 않은 것이다. 빼앗긴 것은 부스럼 같은 것이 아니다. 관중이 만약에 그 땅을 덧붙여 지녔다면 비록 공정했더라도 원망했을 것이다.

注

1 『논어·헌문』: 人也奪伯氏駢邑三百, 飯疏食, 沒齒無怨言.[관중이 백씨의 땅을 빼앗는데 백씨는 어렵게 살면서도 관중을 원망하지 않았다] 『논어·헌문』, 「혹문或問」, 『十三經注疏』, 「혹문或問」, 『13경주소十三經注疏』: 伯氏齊大夫, 駢邑地名. 伯氏食邑三百家[백씨는 제나라 대부이고 병읍은 지명이다. 백씨는 식읍이 300가구였다]

2 제환공(齊桓公, ?~BC643)은 춘추시대 제나라의 16대 군주이자, 춘추시대 최초의 패자霸者이다.

3 관중(管仲, ?~BC645)은 이름이 이오夷吾이고 자가 중仲이다. 춘추 시기 제나라 환공을 가장 먼저 패자로 만들었다. 환공이 그 공으로 죄를 지은 백씨의 땅을 빼앗아 그에게 주었다. 저서에 『관자管子』가 있다.

환공이 백씨의 병읍 300가구를 빼앗았다는 것은 백씨가 죄를 지어 읍을 빼앗았을 뿐 고의로 관중에게 주려고 빼앗은 것이 아니다.

192

禮爲舊君有服者, 義之不可已也. 樂毅奔趙, 趙王與之謀伐燕, 毅瞿然曰: 臣燕故臣也. 昔之事燕, 猶今之事王也. 異日以罪而適他國,

不敢謀王之奴隸, 況其子孫乎? 毅敢辭. 君子曰: 毅義而有禮, 可以
師後臣矣.

예는 옛 군왕들도 복종했으니, 의리가 부득이한 것이다. 악의樂毅[1]는 조나
라로 갔는데 조 왕이 함께 연을 정벌하자고 모의했다. 악의는 놀라 말했
다. "신은 연의 옛 신하였습니다. 옛적에 연을 섬긴 것은 지금 왕을 섬기
는 것과 같습니다. 다른 날 죄를 지어 타국에 가서 감히 왕의 하수인들과
도모하지 못하는데 하물며 그 자손으로서 되겠습니까? 악의는 사양합니
다." 하니 군주가 "악의는 예가 있으니, 훗날 신하들의 스승이 될 만하구
나." 하였다.

注

1 악의樂毅는 『사기·악의 열전』에 '전국시대 연燕나라 장군이다. 연 소왕昭
王의 신임을 받아 조趙·초楚·한韓·위魏·연燕의 군사를 이끌고 당시 강대
국이던 제를 토벌했다. 연의 소왕이 죽고 혜왕이 즉위하자 제나라 장
수 전단에 의해 역모로 모함하여 조나라로 달아났다.'라고 하였다.

조왕이 악의와 연을 정벌하려고 모의하였는데 악의가 응하지 않
았다.

193

王制曰: 古者以周尺八尺爲步, 今以周尺六尺四寸爲步. 說者謂王
制乃文帝命博士諸生所作, 其所謂古者, 自周以前之謂也; 所謂今
者, 漢儒自謂當時也. 此論見調尺短而漢尺長, 周步闊而漢步狹也.
按許氏說文曰: 毘, 八寸, 周尺也.

言周人所制之尺, 比漢人之尺, 止有八寸耳. 蓋其尺所制亦是十寸, 但比今尺短二寸也. 何以言之? 古者以尺八尺爲步, 在今尺則八八六十四寸, 是得漢尺六尺四寸也. 今以周尺六尺四寸爲步, 在漢尺則六八四尺八寸又四八三寸二分, 是得今尺五尺一寸二分也. 周尺八尺, 得今尺六尺四寸, 猶有二尺, 得二八一尺六寸. 以前六尺四寸, 並後一尺六寸, 通計之, 其數得八尺. 以一丈得八尺, 則一尺得八寸矣. 諸儒謂周尺六寸四分者, 是不深考明辯, 止據王制六尺四寸爲步之說誤之也.

『예기·왕제王制』에서 말한다: "옛적에 주척周尺 길이로는 8자가 한 걸음[尺]이고 지금은 주척 6자 4마디가 한 걸음이다."[1] 하였다. 이론가는 「왕제」를 한 문제가 박사 제생에게 명하여 만든 것이라 하는데, 옛적[古]이란 주周로부터 한나라 이전을 가리킨다. 지금[今]은 한나라 유학자들이 스스로 당대를 일컫는 것이다. 이 논의는 주척은 짧고 한척은 길며 주보는 넓고 한보는 좁다는 견해이다. 허씨의 『설문해자』에 따르면 길이[咫]는 팔촌인데 주나라 척尺이다. 주나라 사람이 만든 척은 한나라 사람들의 척보다 8촌 밖에 되지 않는다. 사실 주척도 10촌이지만 지금 쓰고 있는 한인의 척에 비해 2촌이 짧다. 어찌하여 그렇게 말하는가? 옛날에는 한 척을 한 걸음[步]으로 하였지만 지금 한나라의 척은 8에 8을 곱하여 64촌이다. 그래서 한나라 척이 6척 4촌이 되었다. 지금은 주척으로서 6척 4촌이 보步가 되고 한나라 척에서는 684척 8촌 또 483촌 2분이다. 이는 지금의 척이 5척 1촌 2분을 얻게 한 것이다. 주나라 척이 8척이면 지금의 척은 6척 4촌으로 2척이 남으며 281척 6촌이 된다. 예전에는 6척, 4촌, 그 뒤로는 1척, 6촌을 합치면 8척이 된다. 1장으로 8척을 얻고, 1척으로 8촌을 얻는다. 제유들은 주나라 척이 6촌 4분이라고 했는데, 명변明辯에 대해 깊게 고심하지 않았다. 「왕제」에 근거한 6척 4촌의 이론은 잘못이다.

1 『예기·왕제王制』: 古者以周尺八尺爲步, 今以周尺六尺四寸爲步.[옛적에
　주나라 척尺은 8척이 한 걸음[步]이고 지금은 주척 6척 4촌이 1보이다.]
　척尺, 촌寸, 보步는 길이의 단위인데 촌은 1치이고 척은 한 자이며 보는
　한 걸음이다. 길이[度]는 그 외에도 푼分·치寸·자尺·장丈·인引을 썼다.

　　『예기·왕제』에서는 주나라 척이 8척이 1보였는데 지금은 6척 4촌이
　　1보가 되었다.

194

漢諸侯奪國, 子孫詔復其家, 亦有官號, 如陽陵公乘, 長陵士伍, 長
陵不更, 長安官首, 臨沂公士, 雲陽上造, 肥如大夫, 茂陵公大夫,
高宛簪裊, 酈陽秉鐸, 梁都官大夫, 安陵五大夫等類. 今觀之, 如公
乘, 公大夫, 公士, 上造, 大夫, 官首, 官大夫, 五大夫, 簪裊, 不更,
秉鐸, 士伍, 皆官爵之名也. 其長安, 陽陵, 平陵, 茂陵, 長陵皆內所
屬; 其雲陽, 高宛, 酈陽, 肥如, 梁都, 臨沂皆在外屬, 蓋就其便受職
爾. 詔復其家者, 蓋世世無所與其徭稅, 奉其公家之役也. 諸侯以罪
奪國, 而猶待其子孫如此. 有爵則不失其官, 無役則不比於民, 亦可
謂報功之仁矣.

한나라의 제후들은 국國을 쟁탈하고 자손은 불러다 가家를 이루게 하며
관의 작호도 있었다. 예를 들면 양릉공승, 장릉사오, 장릉불경, 장안관수,
임기공사, 운양상조, 비여대부, 무릉공대부, 고완잠요, 역양병탁, 양도관
대부, 안릉오대부 등의 부류이다. 오늘날 보면, 예를 들어 공승, 공대부,
공사, 상조, 대부, 관수, 관대부, 오대부, 잠요, 불경, 병탁, 사오와 같고 모

두 관작의 명칭이다. 장안, 양릉, 평릉, 무릉, 장릉은 모두 안에 속하고 운양, 고완, 광양, 비여, 양도, 임기는 모두 밖에 속하며 그 직책을 맡는다. 대개 그 가에 명 받은 자는 대대로 부세와 부역이 주어지지 않으며 공적인 일을 해야 한다. 제후들이 국을 쟁탈하는 죄를 범하고도 오히려 그 자손을 이같이 대접하였다. 작위가 있으면 벼슬을 잃지 않았고 부역이 없는 것은 백성과 달랐으니, 공신들에게 후한 보답을 했다고 할 수 있다.

> 한나라의 제후들은 국國을 쟁탈하여 자손을 불러다 가家를 이루어 주고 작호도 주었다.

195

裴頠茂才遠識, 豈不明哲? 身爲外戚之屬, 每有餘拜, 未嘗不殷勤固讓. 然而終不能免者, 以戀滯中立, 不能一決於退故耳. 故憂時者貴果於幾.

배고[1]는 풍부한 재능과 원대한 식견이 있었으니 어찌 명철하지 않았겠는가? 몸은 외척[2]에 붙어서 관직에 있을 때마다 조금도 양보하지 않았다. 그러나 끝내 화를 면치 못한 것은 벼슬에 연연하여 중립을 지키고 물러날 수 없었기 때문이다. 그러므로 때를 근심하는 자는 조짐에서 과단성을 귀중하게 여긴다.

注

1 배고(裴頠, 261~300)는 서진 말 사람이며 자는 일민逸民이고 박학하고 저서에 『숭유론崇有論』이 있다. 조나라 왕륜王倫에게 살해되었다.
2 진 혜제 가후賈後의 외척은 배경裴傾이다.

진晉의 배고裴顧는 벼슬에 연연하여 물러날 수 없었다. 결국 화를 면
치 못했는데 물러날 때는 과단성이 중요하다.

196

上古惟有九韻: 東, 冬, 一也; 江, 陽, 二也; 支, 微, 齊, 魚, 灰, 佳,
三也; 真, 文, 侵, 四也; 寒, 先, 元, 刪, 覃, 鹽, 鹹, 五也; 郊, 蕭,
豪, 六也; 歌, 麻, 七也; 庚, 青, 蒸, 八也; 尤, 九也. 其間庚葉陽,
東葉陽之類, 亦甚多, 可見古人取韻甚寬. '自沈約四聲韻出, 唐人
科舉, 用以校士, 而聲韻遂拘. 後之學者, 不深致考, 以爲至當, 守
之不疑, 殊可鄙歎! 夫韻古莫如詩, 韻正亦莫如詩. 今考之商頌玄
鳥篇「帝命不違, 至於湯齊, 湯降不遲, 聖敬日躋, 昭假遲遲, 上帝
是祗, 帝命式於九圍」, 是支, 微, 齊同韻矣. 商頌殷武篇「赫赫厥
聲, 濯濯厥靈, 壽考且寧, 以保我後生」; 小雅斯干篇「殖殖其庭,
有覺其楹, 噲噲其正, 噦噦其冥, 君子攸寧」, 是清, 青同韻矣. 商頌
殷武篇「陟彼景山, 松栢丸丸, 是斷是遷, 方斷是虔? 松桷有梴,
旅楹有閑, 寢成孔安」; 大雅皇矣篇「臨衝閑閑, 崇墉言言, 執訊連
連, 攸馘安安」, 是寒, 刪, 元, 先同韻矣. 大雅公劉篇「維玉及瑤,
鞞琫容刀」; 板篇「我雖異事, 及爾同僚, 我卽爾謀, 聽我囂囂, 我言
維服, 勿以爲笑, 先民有言, 詢於芻蕘」; 小雅鴻鴈篇「鴻鴈於飛, 哀
鳴嗷嗷, 維此哲人, 謂我劬勞, 維彼愚人, 謂我宣驕」, 是蕭, 郊, 豪
同韻矣. 大雅靈臺篇「於論鼓鐘, 於樂辟雍, 鼉鼓逢逢, 矇瞍奏公」,
是東, 冬同韻矣. 似此者, 不可枚舉. 學者乃是沈約而棄古詩, 乃曰
冬, 東反切自是不同. 夫反切在人爲之耳, 以東之反切加於冬, 又何
不可? 若以中原之音, 則冬, 東安有參差? 以江左之音, 冬, 東安得
無異? 今以江左冬, 農二音呼之, 絕不成音, 卽有聲無字之類可也,

而强加反切以傳會之, 亦何背謬之甚如此!

옛날에는 오직 아홉 운韻[1]이 있었는데 동東과 동冬은 하나의 운이고 강江과 양陽은 둘二이며 지支, 미微, 제齊, 어魚, 회灰, 가佳가 셋이다. 진眞, 문文, 침侵이 넷째 운이고 한寒, 선先, 원元, 삭刪, 담覃, 염鹽, 함鹹이 다섯이다. 교郊, 소蕭, 호豪가 여섯째 운이고 가歌, 마麻가 일곱째 운이다. 경庚, 청青, 증蒸은 여덟째 운이고 우尤는 아홉째 운이다. 그 사이에 경庚, 엽葉, 양陽과 동東, 엽葉, 양陽의 부류 또한 많은데 옛사람들이 운을 취함이 폭 넓었음을 알 수 있다. 심약의 「4성운」[2]에서 당나라 사람들이 과거시험에 사용되며 그 성운이 비로소 정해졌다. 훗날 학자들은 깊이 생각하지 않고 지극히 타당하다고 여겨 의심하지 않고 지키고 있었으니, 대단히 비탄할 만하다. 성운에 관해서는 가장 오래된 것이 『시경』이고 운의 정확도 역시 『시경』만한 것이 없다. 현재 『시경·상송·현조』를 보면 "천명은 거스를 수 없으니 탕임금까지 들어맞네. 탕이 때맞춰 태어나 성스로움과 공경함이 날로 오르고 신께 오래도록 기도하니 상제를 곧 공경함이라. 천명으로 천하가 본받게 하네."[3] 여기서 지支, 미微, 제齊가 같은 운이다. 『시경·상송·은무』에서 "혁혁한 그 명성 밝게 빛나는 그 정신 오래 살고 또 편안하니 우리 후손을 지키네."[4] 하고 『시경·소아·사간斯干』에 "그 뜰은 평평하고 기둥은 쪽 곧으며 대청은 밝고 밝은데 방안은 아늑하니 군자를 편안하게 하네"[5] 했는데 여기서는 청清과 청青이 같은 운이다. 『시경·상송·은무殷武』에 "경산에 오르니 소나무 잣나무 곧고 우뚝하네. 자르고 옮겨서 깍아내고 베어내니 소나무 서까래는 길쭉하고 늘어선 기둥은 품위 있어 침묘가 만들어지니 매우 편안하네"[6] 하고 『시경·대아·황의皇矣』에 "임거와 충거 덜커덩거리고 숭나라 성은 높고 크도다. 줄줄이 포로들 잡고 적의 목 베어 유유히 바친다."[7] 하였는데 여기서 한寒·삭刪·원元·선先이 같은 운이다. 『시경·대아·공유公劉』에 "옥과 구슬과 칼집과 장식한 칼이로다."[8] 『시경·대아·판板』에서

"내 비록 다른 일을 하나 그대와 더불어 동료라. 내 다가가 그대와 의논하는데 들은 척도 않던데 나의 말은 합당하니 웃음거리 만들지 마라. 옛사람은 '나무꾼에게도 묻는다.'라 하였다네."[9]라고 했으며 『시경·소아·홍안鴻鴈』에 "기러기 날아가며 기럭기럭 울음 슬퍼라. 어지신 이분은 나를 수고롭다고 하는데 어리석은 저 사람은 나를 교만하다 한다네."[10]라고 했는데 여기서는 소蕭, 교郊, 호豪가 같은 운이다. 『시경·대아·영대靈臺』에서 "질서정연하게 쇠북을 침이여, 즐거운 벽옹에서 하도다. 악어가죽으로 만든 북이 조화를 이루니 소경 악사들이 음악을 연주하네."[11]라고 했는데 여기서는 동東과 동冬이 같은 운이다.

이렇게 통용되는 것은 셀 수 없이 많다. 학자들은 오히려 심약이 옳다고 여겨 고시를 버렸고, 동古과 동東은 반절反切이 다르다고 여겼다. 반절은 사람이 하는 것일 뿐이고 동東의 반절에다 동冬을 더하는 것이니 어찌 불가능한가? 만약 중원의 소리로 본다면 동東과 동冬은 어찌 다른가? 강의 좌측의 소리로 말하면 동冬과 동東은 어찌 다른가? 오늘날 강의 좌측에서 동冬과 농農 두 음으로 부르는데, 결코 소리가 나지 않고 글자가 없는 것과 같은 것인데, 억지로 맞장구치다니, 얼마나 황당무계한가!

注

1 고대에 운韻은 주로 『시경』의 운자를 분석하여 구운九韻이라 하였다. 북송 말 오역吳棫이 『운보韻補』를 지었는데 길운吉韻을 9부九部로 나누어 명·청의 고음 연구의 시작을 알렸다.

2 심약沈約, 『사성보四聲譜』에 평성平聲, 상성上聲, 거성去聲, 입성入聲을 4성으로 삼았다. 『양서梁書』, 13권에 전한다. 심약은 남조 때 사람으로 자가 휴문休文이다.

3 제명불위帝命不違 장은 『아술』에는 「현조」 편으로 말하나 『시경·상송·장발長發』: 帝命不違 至于湯齊, 湯降不遲 聖敬日蹐. 昭假遲遲 上帝是祗, 帝

命式于九圍[상나라가 상제의 명은 어기지 않으니 탕 임금을 이르게 하니 안정되었네. 상제께서 탕을 내려주심에 늦지 않게 하셨으며, 성스럽고 공경됨이 날로 오르니 하늘까지 이르러 오래도록 환하게 빛나니 상제를 높이 받들고 공경하니 상제가 그에게 천하를 다스리게 하네]라고 하였다. 여기서 구위九圍은 구주九州이며 천하이다.

4 『시경·상송商頌·은무殷武』: 赫赫厥聲, 濯濯厥靈, 壽考且寧, 以保我後生[혁혁한 그 명성, 빛나는 그 마음 오래 살고 또 편안하니 우리 후손을 지키시네]

5 『시경·소아·사간斯干』: 殖殖其庭, 有覺其楹, 噲噲其正, 噦噦其冥, 君子攸寧[평평한 뜰에 기둥이 곧게 뻗었으며 대청은 밝고 밝은데 방안은 아늑하니 군자를 편안하게 하네]

6 『시경·상송·은무』: 陟彼景山, 松栢丸丸, 是斷是遷, 方斷是虔? 松桷有梴, 旅楹有閑, 寢成孔安[저 경산에 오르니 소나무 잣나무 가지 뻗어있네. 자르고 옮겨서 깎아내고 베어내니 소나무 서까래는 길쭉하고 늘어선 기둥들 커다랗게 침묘가 만들어지니 매우 편안하네]

7 『시경·대아·황의皇矣』: 臨衝閑閑, 崇墉言言, 執訊連連, 攸馘安安[임거와 충거 덜커덩거리고 숭나라 성은 높도다. 줄줄이 포로들 잡고 적의 목 베어 유유히 바친다.]

8 『시경·대아·공유公劉』: 維玉及瑤, 鞞琫容刀[옥이 보석이 되어 보검을 장식하다.]

9 『시경·대아·판板』: 我雖異事, 及爾同僚, 我卽爾謀, 聽我囂囂, 我言維服, 勿以爲笑, 先民有言, 詢於芻蕘[나는 비록 일을 달리하나 너와 동료이니 내가 너와 모의하였으나 너는 건성건성 듣는군. 내 말은 오직 급하니 웃지 말라. 옛사람의 말에 나무꾼에게도 물어야 한다고 했네],

10 『시경·소아·홍안鴻雁』: 鴻鴈于飛, 哀鳴嗷嗷, 維此哲人, 謂我劬勞, 維彼愚人, 謂我宣驕[기러기 날아가며 기럭기럭 울음 슬퍼라. 이 지혜로운 분

나를 분주하다 하고 어리석은 저 사람은 나를 교만하다 하네.]

11 『시경·대아·영대靈臺』: 於論鼓鐘, 於樂辟雍, 鼉鼓逢逢, 矇瞍奏公[쇠북을 침이여, 즐거운 벽옹에서. 악어가죽 북 조화 이루니 소경 악사들이 연주하네]

상고에 구운九韻이 있었는데 심약沈約이 「사성운四聲韻」에서 운율을 정하였다. 하지만 학자들이 억지로 반절을 보태는 것에 맞장구칠 필요는 없다.

197

杲老禪師與張天覺論元祐人材, 因問温公如何, 張曰:「大賢也.」杲曰: "然則相公在臺諫時如何論他?" 張曰: "公便不會. 只是後生時死急要官做, 故如此." 嗟乎! 臺諫之職, 將以論不賢也. 知其賢 而反論之, 是何爲心哉? 其天理人道滅也甚矣, 官禄安得晏然而享乎?

고로선사[1]가 장천각[2]과 원우 연간의 인재를 논의하며 온공에게 물어보면 어떨까?[3] 하니 장천각이 "그는 대현이다." 하였다. 고로선사가 "그렇다면 공이 대간으로 있을 때 어찌 그를 논지하였는가?" 하니 장천각이 말하기를, "공은 어쩔 수 없었습니다. 나는 당시 벼슬에 급급했기 때문에 이같이 논했지요." 아! 대간의 직책은 불현을 논할 수 없다. 그의 현명함을 알고 도리어 그를 논지하는 것은 어떤 마음으로 하겠는가? 그것은 천리와 인도가 이미 다 소멸되었는데 어찌 편안히 관직과 봉록을 받을 수 있겠는가?

1 고로(杲老, 1089~1163)는 남송 시대의 대혜종大慧宗이었다. 항주杭州 여항현余杭縣 경산사徑山寺에 기거하였다.

2 장천각張天覺은 북송 말 장상영張商英의 자이다. 감찰어사를 맡았고 재상을 지냈다. 사마광과 여공저呂公著 등을 공격하여 당시 사람들 입에 오르내렸다. 『통감』에 "송 휘종이 대관 4년(1110) 6월 장상영을 상서우복야尙書右僕射에 임명했다. 당시 채경이 오랫동안 국권을 도적질하여 안팎에서 원망하고 미워하였다. 황제는 장상영만이 그를 반대의견을 내세울 수 있고 어질다고 일컫는 것을 보고 장상영을 정승으로 임명하였다. 장상영이 기용되자 그날 저녁 혜성이 보이지 않았고, 다음날 비가 왔다. 황제가 기뻐한 나머지 상림商霖 두 글자를 크게 써서 하사했다."고 하였다.

3 온공溫公은 사마광司馬光이다. 그가 죽은 후 온국공에 봉해져 사마온공이라 불린다. 그는 재상이 되어 왕안석의 신법을 하나하나 폐지하고 구법舊法으로 대체하여, 구법당舊法黨의 수령으로서 수완을 크게 발휘하였다. 그래서 원우元祐의 재상宰相으로 불렸다. 그는 편년체編年體의 역사서 『자치통감資治通鑑』을 지었다.

> 고로杲老와 장천각張天覺이 원우 연간의 인재를 논하며 현과 불현은 때가 만듦을 말했다.

198

冬雪六出, 春雪五出, 言自小説家. 予毎遇春雪, 以袖承花觀之, 並皆六出, 不知此説何所憑據. 小雅「螟蛉有子, 蜾蠃負之.」詩箋云:「土蜂負桑蟲入木孔中, 七日而化爲其子.」予田居時, 年年取土蜂

之窾驗之, 每作完一窾, 先生一子在底, 如蜂蜜一點, 却將桑上青蟲
及草上花知蛛唧入窾內塡滿. 數日後 其子卽成形而生, 卽以次食
前所蓄靑蟲知蛛, 食盡則成一蛹, 數日卽蛻而爲蜂, 嚙孔而出. 累年
觀之, 無不皆然. 揚子曰:「螟蛉之子殪, 而逢果蠃, 祝之曰:『類我,
類我』, 久則肖之.」亦以螟蛉化果蠃也. 所謂類我類我, 乃始而銜泥
作窾之聲, 亦非銜靑蟲之時, 安得謂之祝? 始知古人未嘗觀物, 踵
訛立論者多矣.「無稽之言勿信」, 其此類乎!

겨울엔 눈이 육각형으로 오고, 봄엔 눈이 오각형으로 온다고 자칭 소설가
가 말했다. 나는 매번 봄에 눈이 오면 옷소매로 꽃을 받아 관찰하는데, 모
두 육각형인데, 오각형이란 말이 무슨 증거인지 모르겠다. 『시경·소아』에
"배추벌레가 유충을 낳고 나나니벌이 그 유충을 업고 다닌다."[1]고 하고
『시전詩箋』에서 "땅벌은 뽕나무벌레를 업고 나무 구멍에 들어가서 7일이
되면 그 자식이 된다."[2] 내가 밭에서 지낼 때 매년 토종벌의 둥지를 검사
하고 한 둥지를 틀 때마다 선생은 한 마리 새끼를 마치 꿀 한 점인 것처럼
바닥에 두고 뽕나무의 푸른 벌레와 풀의 꽃거미가 둥지를 채웠다. 며칠
후 그 새끼가 모양을 갖추어 태어나면 다음 청충과 거미를 차례로 먹고
다 먹으면 번데기가 형성되며 며칠 후 벌로 탈바꿈하여 구멍을 뚫고 나온
다. 여러 해 동안 관찰하였더니 다 그렇지 않음이 없었다. 양웅[3]은 "뽕나
무벌레 새끼가 죽었는데 나나니벌이 만나 빌기를, '나를 닮아 나를 닮아'
했고 그것이 오래되니 닮았다."고 하였다. 뽕나무벌레가 죽어 나나니벌로
기화한 것이다. '나를 닮아 나를 닮아'라고 말한 것은 토종벌이 흙을 물어
다 둥지를 틀기 시작하는 소리이고 또한 청충을 물고 있는 것도 아닌데
어떻게 비는 말을 할 수 있겠습니까? 비로소 옛사람들이 실제로 관찰하
지 않고, 그대로 답습하여 잘못된 이론을 세운 것이 많다는 것을 알게 되
었다. "터무니없는 말은 믿지 마라."[4] 했거늘 이런 부류인가!

1 『시경·소아·소완小宛』: 螟蛉有子, 蜾蠃負之.[배추벌레 새끼를 토종벌이 업어다 길렀다] 명령螟蛉은 배추벌레이고, 과라蜾蠃는 토종벌의 일종이다. 그 뜻은 벌도 남의 새끼 업어 기르니 네 자식 잘 가르쳐 선을 행하게 하라는 가르침이다.

2 주희, 『시전詩箋』: 果廲土蜂, 似蜂而小腰, 取桑蟲負之於木空中, 七日而代爲其子.[나나니벌은 땅벌이다. 벌과 닮았고 허리가 가늘다. 뽕나무벌레를 잡아 나무 구멍에 업어다 놓는데 7일이 지나면 뽕나무벌레가 변하여 나나니벌의 새끼가 된다.]

3 양자揚子는 양웅揚雄이다. 『법언法言·학행學行』: 桑蟲螟蠕變成蜂蛹果蠃. 蠕與蛉通[뽕나무벌레는 토종벌 유충으로 변하였다. 연蠕은 영蛉과 통한다] 하였고, 『설문해자』: 螟蠕, 桑蟲也.[명연은 뽕나무 벌레이다.]라고 적혀있다.

4 『상서·대우모大禹謨』: 無稽之言勿聽.[근거 없는 말은 듣지 말라.]고 하였다. 무계無稽는 황당무계荒唐無稽로 '허황되고 근거가 없다.'는 뜻이다. 즉, 말이나 행동이 근거가 없다는 것이다.

옛사람들은 자세하게 관찰하지 않고 그릇되게 논한 것이 대단히 많다.

199

經星東方七宿曰蒼龍, 其象如龍, 有角有亢, 有心有尾, 皆取象龍身. 六月火盛之時, 正當南方, 故氐房心三宿謂之大火, 又謂之鶉火. 若曰人心屬火, 故名火爲心, 然氐, 房亦火矣, 豈獨心哉? 是不達心星原始立名之義. 或曰王靈官卽心星, 尤爲下附鄙術矣.

경성¹ 동방칠수는 창룡蒼龍이라 불리며, 그것의 형상은 용과 같고 각角과 항亢이 있고 심心과 미尾²가 있는데 모두 용의 몸에서 형상을 취한 것이다. 6월의 화火가 한창일 때는 정 남쪽에 있었기 때문에 저氐, 방房, 심房의 3수를 대화大火라고 하고³, 또 순화鶉火고도 하였다. 만약 사람의 마음이 불에 속한다고 말하여 그 때문에 화를 심으로 이름을 붙인 것이라면, 저와 방 또한 불인데 어찌 유독 심만이겠는가? 이것들은 심성心星이 원래 처음에 세운 이름의 뜻을 모르기 때문이다. 혹자는 왕령관⁴이 바로 심성이라고 하는데, 더욱 비루한 술수로 부회한 것이다.

注

1 경성經星은 28수를 가리킨다. 하늘에는 위성緯星과 경성이 있다. 위성은 금성金星·목성木星·수성水星·화성火星·토성土星의 다섯 별이고, 경성經星은 각수角宿·항수亢宿·저수氐宿·방수房宿·심수心宿·미수尾宿·기수箕宿·두수斗宿·우수牛宿·여수女宿·허수虛宿·위수危宿·실수室宿·벽수壁宿·규수奎宿·누수婁宿·위수胃宿·묘수昴宿·필수畢宿·자수觜宿·삼수參宿·정수井宿·귀수鬼宿·유수柳宿·성수星宿·장수張宿·익수翼宿·진수軫宿의 28수二十八宿이다. 『몽계필담夢溪筆談』, 7권에 "星有三類, 一經星, 北極爲之長, 二舍星, 大火爲之長, 三行星, 舍星爲之長[별은 세 종류가 있는데 1. 경성이며 북극이 가장 길고 2. 사성舍星인데 대화가 가장 길며 3. 항성行星인데 사성이 길다.] 하였다.

2 각성角星은 28수二十八宿의 첫째 별자리에 있는 별들인데 청명절淸明節의 0시 23분에 정남正南 쪽에 보인다. 항성亢星은 28수의 둘째 별자리에 있는 별들이다. 심성心星은 28수의 다섯째 별자리의 별들이고 미성尾星은 28수의 여섯째 별자리에 있는 별들이다.

3 대화大火는 28수 중 동방 3수인 저수氐宿, 방수房宿, 심수心宿가 그것이다.

4 왕령관王靈官은 도교 호법신의 이름이다. 전해지는 이야기에 따르면, 그

의 이름은 왕선이고 송나라 휘종(1101~1125) 때 사람으로, 촉의 진인 살수견에게서 비법을 전수받았다. 그리고 옥황상제에 의해 '옥추화부천장'에 봉해졌다고 한다. 조익趙翼, 『해여총고陔餘叢考』, 35에 왕령관王靈官에 대해 상세히 적고 있다. 또 이몽양李夢陽, 『공동자空同子·화리化理 상』에 "王靈官即火星.[왕령관은 바로 화성이다]"라고 하였다.

28수 중 저氐, 방房 심心 3수를 대화大火라 하였는데 도교에서 왕령관을 바로 심성心星이라고 말하는 데까지 이른다면 이는 견강부회한 것이다.

200

或曰木人見漆則瘍, 世之木人多矣, 而瘍者間有之, 不木而瘍者亦有之. 父木而子不木, 其瘍則同, 何耶? 又曰猫見寅人, 則銜其兒而徙其窠. 且人同類而處, 非一家人, 不知其誰寅虎, 顧猫焉得而知之? 使一家三兩皆爲寅屬, 其猫不養子耶? 寅人見之徙其子, 非寅人見之亦徙, 此又何耶? 子鼠, 丑牛, 假相配合, 本由俗論, 何足搆心?

어떤 사람이 '오행의 목성木性을 지닌 사람은 옻을 보면 종기가 난다.'[1]라고 말했다. 세상에 목성인 사람은 많으나 종기가 나는 사람이 간혹 있고, 목성에 속하지 않는데 종기가 나는 사람도 있다. 아버지는 목성에 속하지만, 아들은 목성에 속하지 않는데 그 종기가 같은 것이니 어찌 설명할 수 있는가? 또 고양이가 호랑이해[寅年]에 태어난 사람을 보면 그 새끼를 물고 둥지를 옮긴다.[2]고 말하는데, 사람은 같은 종족으로 살아가지만, 한 가족이 아니면 누가 인호寅虎에 속하는지 알지 못한다. 하물며 고양이가 어떻게 알 수 있는가? 한 가정에 두세 명이 다 인해에 태어났다면, 고양이는 새끼를 기르지 못하는지? 인해에 태어난 사람이 보면 그 새끼를 옮기고, 인해에 태어난 사람이 보지 않아도 그 새끼를 옮기니 이는 또 어째서인가? 새끼 쥐와 소는 서로 어울리는 척하는 것이다. 본디 세상에 떠도는 이론이라서 어찌 마음에 담아둘 수 있겠는가?

注

1 이몽양李夢陽, 『공동자空同子·화리化理하』: 木人見漆則瘍.[목성의 사람이 옻을 보면 종기가 난다.]고 하였다.

2 이몽양, 『공동자·화리하』: 貓見寅人則衘其兒走, 徙其窠.[고양이가 인해에 태어난 사람을 보면 그 새끼를 물고 가서 둥지를 옮긴다]라고 했다.

어떤 사람이 목성의 사람이 옻을 보면 종기가 난다고 하고, 고양이는 호랑이 해에 태어난 사람을 보면 새끼를 물고 둥지를 옮긴다고 했는데 모두 세상에 떠도는 근거없는 이론이라 취할 수 없다.

201

雷, 説者曰陰遏乎陽, 不得出而暴裂者, 此近理也. 求其聲之彷彿, 迅而急者似矣; 其緩漫而大, 殷殷呼呼, 引長而不絶者, 皆不似焉. 若曰陰陽搏擊之聲, 此尤無謂. 陰陽氣也, 安得搏擊成聲如此? 余嘗疑其爲物之所爲, 乘雲雨之時而出, 或搆而交, 或爭而鬥, 但非人間可得而見者. 近歲華陰, 舞陽二縣, 麟生於野, 厥聲雷鳴, 厥口吐火, 火卽電也, 物誠有然者矣. 今以雷之聲度之, 迅者如激怒之聲, 大者如狠鬥之聲, 小而引長, '呼呼不絶者, 平息之聲也. 古謂神龍能大能小, 既雨則返其精靈於下土而藏之, 人亦不得而知之. 或

者乃龍之類所爲乎? 惜不知龍能聲雷口火如彼麟否也, 或別是一物
乎?

천둥은 어떤 학자가 음이 양을 막아서 양이 나올 수 없어 폭발하는 것이
라고 했는데 이는 이치에 가깝다. 그 소리와 비슷한 것을 찾아보니, 신속
하고 급한 것이 비슷한데 소리가 완만함이 크고 은은하며[1] 길게 끄는 데
도 끊어지지 않는 것은 다 비슷하지 않다. 만약 음양이 서로 부딪치는 소
리라고 말한다면 이는 더욱 말이 안 된다. 음양은 기인데 어찌 서로 부딪
쳐서 소리를 냄이 이와 같을 수 있겠는가? 나는 물物의 소행이라고 의심
한 적이 있는데 구름과 비가 때에 따라 출몰하는 것은 어떤 때는 얽혀 합
쳐지거나 교차하는 것이고 어떤 때는 서로 승부를 다투거나 우열을 다투
는 것으로 다만 인간 세상에서 볼 수 있는 것만은 아니다. 근년에 화음華陰
과 무양舞陽 두 개 현[2]에 기린이 들에 출몰했는데 그 소리가 천둥소리 같
았고 불을 뿜는데 번개 같았다. 물物은 정말로 그러한 일이 있다. 지금 천
둥의 소리로서 헤아려 보면, 빠른 것은 마치 격노한 소리와 같고 큰 것은
마치 사납게 다투는 것 같으며 작고 길게 끌며 은은하게 끊어지지 않는
것은 평소 숨을 쉬는 소리이다. 옛날에 신룡神龍은 클 수도, 작을 수도 있
으나 이미 비가 내리면 정령이 아래 흙으로 돌아가 숨는다고 했는데 사람
들은 알 수 없다. 어쩌면 용의 부류가 행한 것일까? 아쉽게도 용이 천둥
소리를 내고 입으로 불을 뿜는지는 저 기린이 그렇지 않은 것 처럼 알지
못한다. 어떤 다른 하나의 물이 있는가?

注

1 『시경·소남召南』, 은기뢰殷其雷: 殷其雷, 在南山之陽.[천둥이 우르릉 남산
    의 남쪽에서 들리네]라고 하고, 사마상여, 『장문부長門賦』: 雷殷殷而响
    起兮, 呼呼指出氣[천둥이 우르릉 정오에 일어나니 우르릉은 기가 나온

것이다] 하였는데 모두 가벼운 천둥[輕雷]을 말하고 있다.

2 화음華陰은 섬서성에 있고 무양舞陽은 하남성에 있다. 이몽양, 『공동자·
물리』, 3권: 嘉靖六年 四月, 舞陽之野, 麟生於牛, 其夜火光, 其聲雷, 其角
而麟.[가정 6년, 사월에 무양의 들판에서 기린이 소에게서 태어났다.
밤에 불빛이 번쩍하더니 천둥소리에 그 뿔이 기린이 되었다.]라고 하
였다.

천둥은 음이 양을 막는 것이다. 천둥이 나올 수 없는데 폭발하는 굉
음을 내는 것은 천둥의 이치에 가까울 뿐이다.

202

鄭大水, 龍鬥於洧淵, 國人請爲禜焉, 子産弗許, 曰:「我鬥龍不我
覿也, 龍鬥, 我獨何覿? 禳之, 則彼其室也. 吾無求於龍, 龍亦無求
於我.」乃止. 裨竈言於子産曰:「宋, 衛, 陳, 鄭將同日火, 若我用瓘
斝玉瓚, 鄭必不火.」子産弗與. 次年夏五月, 宋衛陳鄭皆火. 裨竈
曰:「不用吾言, 鄭又將火.」鄭人請用之, 子産不可, 曰:「天道遠,
人道邇, 非所及也; 何以知之? 竈焉知天道? 是亦多言矣, 豈不或
信.」遂不與, 亦不復火. 明於人之道者, 不惑於非類, 子産其有之.

정나라에 홍수가 있었는데, 용이 유연에서 싸우니[1] 중국인들은 영제[2] 지
내기를 청했다. 자산子産[3]은 허락하지 않으며 말하기를, "우리의 싸움을
용은 보지 않는데 용의 싸움을 유독 우리만 볼 수 있겠는가? 제사를 지낸
다면 유연洧淵은 용의 주거지이니 우리가 용에게 요구하는 것이 없고 용
도 우리에게 요구하는 것이 없다"[4]고 하였다. 이에 제사를 지내려는 일을
그만두었다. 비조裨竈[5]가 자산에게 말하기를, "송宋, 위衛, 진陳, 정鄭에서 같

은 날 불이 났는데 만약 우리가 국가의 보물인 관가瓘斝와 옥찬玉瓚⁶을 쓴
다면 정나라는 반드시 불이 나지 않을 것이다." 하였는데 자산이 동의하
지 않았다. 다음 해(소공 18년) 여름 5월, 송, 위, 진, 정나라에 모두 불이 났
다. 비조裨竈가 말하길, "내 말을 실행하지 않으면 정나라에 또 불이 날 것
이다." 하였다. 정나라 사람들이 그의 말을 따르기를 청하였으나, 자산이
반대하였다. 그리고 말하기를, "천도는 아득하게 멀고 인도는 가까이 있
어 미칠 바가 아닌데 어찌 천도를 알겠는가? 비조가 어찌 천도를 알겠는
가? 그는 다만 말이 많은 사람이니 어찌 간혹 맞는 말이 없겠나?" 하고
서 동의하지 않았다. 역시 화재가 다시 발생하지 않았다. 사람의 도리에
밝은 사람은 그런 부류에는 현혹되지 않는다. 자산은 바로 이런 사람이
었다.

注

1 유연洧淵은 지금 하남성 남쪽 신정현新鄭縣에 있다. 간보干寶가 편집한
『수신기搜神記』에 "龍眾於鄭時門之外洧淵.[정나라 시문時門 밖 유연洧淵
에서 용의 무리가 싸움을 벌였다.]"라고 하였다.

2 영제禜祭는 입추 후까지 장마가 계속될 때 나라에서 비가 그치기를 비
는 제사이다. 『주례·춘관春官·태축太祝』에 나온다.

3 자산(子産, ?~BC522)은 춘추의 정鄭나라 사람이다. 공자는 그를 칭찬하였
고 맹자는 그를 비판하였다.
『논어·공야장』: 子謂子産. 有君子之道四焉. 其行己也恭, 其事上也敬, 其
養民也惠, 其使民也義[공자가 자산을 평하였다. 군자의 도가 네 가지
있었으니, 그의 몸가짐이 공손하며, 윗사람을 섬길 때는 공경스러우며,
백성을 양육할 때는 은혜로우며, 백성을 부릴 때에는 의롭다.] 라고 그
를 칭찬하였다.
『맹자·이루』: 子産聽鄭國之政, 以其乘輿濟人於溱洧. 孟子曰:「惠而不知

為政. 歲十一月徒杠成, 十二月輿梁成, 民未病涉也. 君子平其政, 行辟人可也. 焉得人人而濟之, 故爲政者, 每人而悅之, 日亦不足矣.[자산이 정나라의 정치를 듣고 그가 타는 수레로 진수와 유수에서 사람들을 건네주었다. 맹자 말하기를, 은혜롭기는 하나 정치 함을 알지 못한다. 그해 11월에 도보 다리가 만들어지고 12월에 수레 다리가 이루어지면 백성은 물 건넘을 근심하지 않는다. 군자가 그 정사를 바르게 하면 행차에 사람을 물리침도 가능하다. 어찌 사람마다 그를 건네주리오!]하며 그의 정치력을 비판하였다.

4 『좌전·소공昭公 19년』: 子產弗許曰, 我鬥龍不我覿也, 龍鬥, 我獨何覿? 禳之, 則彼其室也. 吾無求於龍, 龍亦無求於我.[자산이 허락하지 않으며 말했다. 우리의 싸움을 용은 보지 않는데 용의 싸움을 우리만이 볼 수 있는가? 제사를 지낸다고 하더라도 유연洧淵은 용의 주거지이니 우리가 용에게 요구하는 것이 없고 용도 우리에게 요구하는 것이 없다.] 라고 하였다.

5 비조裨竈는 춘추시대 정鄭나라 간공簡公 시기 대부이다. 천문과 점술로 길흉을 예견했다.

6 관가瓘斝와 옥찬玉瓚은 백성을 보호하기 위해 마련한 국가의 보물이다. 화재 났을 때 쓰는 옥 술잔이다.

　: 자산은 사람의 도리에 밝아서 잘 현혹되지 않는 사람이다. 인도에 밝
　: 으면 떠도는 말에 현혹되지 않는다.

203

禮曰:「食棗, 桃, 李, 弗致於核. 瓜祭上環, 食中, 棄所操.」論語曰:「雖蔬食, 菜羹, 瓜祭必齊如也.」二「瓜祭」一義, 謂食瓜時, 以瓜祭也.「祭上環」, 祭其首也;「棄所操」, 手執處也, 所食者在中也.
論語當以「瓜」字斷爲上句,「祭必齊如也」爲下句.

『예기』에서 말하기를, "대추, 복숭아, 자두를 먹고서 씨를 버리지 않는다.
과일은 제사 지낼 때 참외 위쪽은 제사 지내고, 가운데는 먹고, 손에 닿았
던 아랫부분은 버린다."[1] 『논어』에서 말하기를, "비록 평상시 먹는 것 같
은 밥이나 나물국, 과일이라도 제사에 쓸 때는 반드시 정성을 다한다.[2] 둘
째, '과제瓜祭'의 한 뜻은 참외 먹는 시기에 참외로 지내는 제사를 말한다.
'제상환祭上環'은 참외의 윗부분을 제사 지내는 것이다. '기소조棄所操'는 손
에 잡은 부분에서 먹는 곳은 가운데 부분이다. 『논어』의 '과제필제여아瓜
祭必齊如也'에서 '과瓜'자를 잘라내어 상구上句로 하고, '제필제여아祭必齊如也'
를 하구下句로 해야 마땅하다.

注

1 『예기·옥조』: 食棗, 桃, 李弗致於核. 瓜祭上環, 食中, 棄所操.[대추나 복
   숭아 오얏을 먹을 때에는 씨를 버리지 않는다. 참외는 윗부분을 제사
   지내고서 중간을 먹고 손으로 쥐었던 곳은 버린다.]
2 『논어·향당』: 祭必齊如也.[제사를 지낼 때는 제계하고 정성스럽게 해
   야 한다]
   주희, 『사서집주·논어』, 유보남劉寶楠, 『논어정의』: 蔬食菜羹瓜祭, 必齊
   如也.[거친 밥과 나물국, 과일 제사는 반드시 정성스러워야 한다.]라고
   했다. 왕정상은 '蔬食菜羹瓜, 祭必齊如也[거친 밥과 나물국, 과일로 제
   사를 지낼 때는 제계하고 정성스럽게 해야 한다]' 이처럼 잘라 주희와
   다르게 해석했다.

   : 『논어·향당』의 과제필제여아瓜祭必齊如也라고 한 글에서 "과瓜"자를 잘

라 앞의 구로 두어야 함을 논했다.

204

伊耆氏始爲蠟祭. 蠟者, 索也, 歲十二月, 合聚萬物而索饗之也. 其神八類: 一曰先嗇, 先嗇者, 始辯百穀之種者. 二曰司嗇, 因先嗇之種而啓稼事者, 經曰:「主先嗇而祭司嗇」是也. 三曰百種, 百穀之種也, 一曰:「祭百種以報嗇」是也. 四曰先農, 古之敎民農事者. 五曰郵, 表, 畷, 郵, 郵亭; 表, 田畔; 畷, 田畔可止處, 皆田官督勸農事之地. 經曰:「饗農及郵, 表, 畷」是也. 六曰貓, 虎, 田鼠, 田豕皆能害稼, 貓, 虎能食而除之, 經曰:「迎貓, 爲其食田鼠也; 迎虎, 爲其食田豕也」是也. 七曰坊, 坊所以障水. 八曰水庸, 庸, 溝也, 所以受永, 亦以洩水. 二者皆農事之備, 經曰:「祭坊與水庸」是也. 禮注以昆蟲爲一而落百種, 不知經之昆蟲乃祝詞耳. 以昆蟲居一, 則亦當以草木爲一也, 可乎?

이기씨伊耆氏가 처음 납 제사[1]를 지냈다. 납은 '찾는다[索]'는 뜻이다. 해마다 12월에 만물을 모아 온갖 신을 찾아서 향제饗祭를 지낸다는 뜻이다. 그 신은 8종류가 있다.[2] 첫째, 선색先嗇의 신[3]인데, 선색은 온갖 곡식의 종자를 다스린 자인 신농씨이다. 둘째는 사색司嗇의 신[4]으로, 선색의 종자로 농사를 개척한 자로 후직이다. 『예기』에서 말한 "선색을 주신으로 삼고, 사색에게 제사를 지내는 것이다."[5]가 이것이다. 셋째는 백종百種의 신으로, 온갖 곡식의 종자이다. 첫째에서 말한 "온갖 곡식으로 선색에게 보답하는 제사를 지내는 것이다."가 이것이다. 넷째는 선농先農의 신[6]으로, 옛날 백성에게 농사법을 가르치는 신이다. 다섯째는 우郵·표表·철畷인데, 우는 우정郵亭이다. 표는 밭두둑이며 철은 밭둑에 머물 수 있는 곳을 말하며, 농사를 감독하고 권하는 곳이다.⁷ 『예기』에서 "향농과 우표철"⁸이라 한 것이
이것이다. 여섯째, 고양이, 호랑이, 들쥐, 밭쥐는 모두 농작물에 유해하나
고양이와 호랑이는 먹을 수 있기에 제외한다. 『예기』에서 말하기를, "고양
이의 신을 맞아 제사하는 것은 그의 밭의 쥐를 잡아먹기 때문이고 호랑이
귀신을 맞이하여 제사하는 것은 그의 밭곡식을 해치는 산돼지를 잡아먹
기 때문이다."라고 하였다.⁹ 일곱째, 방坊의 신인데 물을 막는 제방의 신이
다. 여덟째, 수용水庸의 신인데 용庸은 도랑이다. 물을 오래 받아 흘러보내
는 것이다. 방坊과 수용水庸 둘은 다 농사의 준비인데 『예기』에서 "방신과
수용신에 제사지낸다."가 이것이다. 『예기』의 주에서 "곤충이 하나가 되
어 온갖 종자를 떨어뜨린다"라는 것은 『예기』에 나오는 곤충이 축하하는
글임을 알지 못했을 뿐이다. 곤충도 하나로 삼으면 초목도 하나로 삼아야
하지 않겠는가?

注

1 이기씨伊耆氏는 전설상 요임금을 가리킨다. 납蠟은 색索으로 구한다는
뜻이다. 납 제사는 일 년이 끝날 무렵 12월에 지내는 제사이다. 주나라
와 진秦나라에서 납蠟이라 했다. 『예기·교특생郊特牲』: 伊耆氏始爲蠟祭.
蠟者, 索也. 歲十二月, 合聚萬物而索饗之也.[이기씨가 처음 납 제사를
지냈는데 납은 색이다, 매년 12월에 만물을 모아 온갖 신에게 제사 지
내는 것이다]라고 하였다. 납 제사는 팔납신八蠟神에게 풍년을 기원하
는 제사를 지내는 것이다.

2 팔농신八農神은 수확에 업적이 있는 신이다. 선색先嗇, 사색司嗇, 백농百農,
선농先農, 우표철郵表畷, 방坊, 수용水庸, 곤충昆蟲이다.

3 선색先嗇은 선농先農이니, 신농씨神農氏를 가리킨다.

4 사색司嗇은 원래 상고시대에 사직의 관리였던 사람들을 이르는 말이다.
하지만 농사의 신 이름으로 요임금 때 가색稼穡을 처음 시작한 후직后稷

을 지칭한다. 선색과 사색은 밭이랑과 묘를 심는 신을 기쁘게 하는 신
이다.

5 『예기·교특생郊特牲』: 於田則祭先嗇司嗇.[농사를 지을 때에는 선색과 사
색에게 제사한 뒤에 시작한다] 라고 하였다. 정현의 주: 主先嗇而祭司
嗇[선색을 주신으로 삼고, 사색에게 제사지내는 것이다.]라고 하였다.

6 선농先農은 백성들에게 농사법을 가르치는 권농관[田畯]이다.

7 우郵·표表·철畷의 신에서 우郵는 우정郵亭으로 권농관이 거처하며 경작
을 감독하는 곳이다. 표表는 밭두둑이 서로 연결된 것이고 철畷은 밭 사
이 길이다. 우표철郵表畷은 우정郵亭과 같은 작은 집을 밭에 짓고 전준田
畯이 여기에 머물며 경작하는 이들을 감독하는 곳이다.

8 『예기·교특생郊特牲』: 饗農及郵表畷禽獸, 仁之至, 義之盡也.[향농과 우표
에게 금수를 먹이니, 어짊의 지극함이고, 의로움의 극진함이다.] 하였
다. 향농饗農에서 농農은 옛날에는 농사짓는 것을 관리하는 이를 전준田
畯이라 하였고, 이들 중에 공로가 있는 자이다. 향농은 그들에게 제사
지내는 것이다.

9 『예기·교특생郊特牲』: 迎貓爲其食田鼠也, 迎虎爲其食田豕也, 迎而祭之
也.[고양이의 신을 맞아 제사하는 것은 그의 밭의 쥐를 잡아먹기 때문
이고 범의 귀신을 맞이하여 제사하는 것은 그가 밭곡식을 해치는 산돼
지를 잡아먹기 때문에 맞이하여 제사한다]

: 연말 납 제사에 등장하는 팔농신八農神을 논했다.

205

周禮荒政十二, 除盜在末, 凶年乏食, 多爲饑寒所迫耳, 故利民, 裕
民先之. 散利, 貸種與食也; 薄征, 輕賦稅也; 緩刑, 寬刑罰也; 弛

力, 息絲役也; 舍禁, 山澤無禁也; 去譏, 關市不譏察也; 眚禮, 殺吉
禮也; 殺哀, 節凶禮也; 蕃樂, 徹樂弛縣也; 多昏, 殺禮而多嫁娶也;
索鬼神, 爲凶年祈禱也; 除盜賊, 安良民也. 蓋年穀不登, 苟不先加
賑恤之政, 安責其不變而爲盜? 利之而後除之, 若曰可以生矣, 不
悛而後殺之也.

『주례』에 적힌 황정荒政 12조[1]는 도적 제거를 뒤에 두고 흉년에 먹을 것
이 부족하여 대부분 굶주림과 추위에 시달렸기 때문에 백성을 이롭게 하
고 백성을 넉넉하게 살게 하는 것이 먼저였다. 산리散利는 종자와 곡식을
빌리는 것이다. 박정薄征은 세금을 줄여주는 것이다. 완형緩刑은 형벌을 가
볍게 해 주는 것이다. 이력弛力은 부역에서 쉽게 해 주는 것이다. 사금舍禁
은 산과 연못에 금지한 것을 일시 풀어주는 것이다. 거기去譏는 시장에서
염탐하지 않는 것이다. 생례眚禮는 길례를 제한하는 것이다. 쇄애殺哀는 흉
례凶禮를 간편하게 하는 것이다. 번락蕃樂은 악기를 창고에 넣어두는 것이
다. 다혼多昏은 예를 갖추지 않고 혼인하게 하는 것이다. 색귀신索鬼神은 흉
년을 위하여 기도하는 것이다. 제도적除盜賊은 양민을 편안하게 하는 것이
다. 대체로 해마다 수확이 올라가지 않는데, 진실로 먼저 구휼의 정치를
하지 않고 어찌 변함없이 도적이 되는 것을 책망하는가? 이롭게 한 후에
제거하고, 만약 생겨날 수 있다고 한다면, 바르게 고친 후에 그것을 없애
야 한다.

注

1 황정십이조荒政十二條는 흉황凶荒을 다스리는 12조목의 정치 강령이다.
   『주례·대사도大司徒』에 나온다. 12조목은 1. 파종할 씨앗이나 먹을 곡
   식을 빌려주는 산리散利, 2. 세금을 줄여 주는 박정薄征, 3. 형벌을 완화
   해 주는 완형緩刑, 4. 부역을 줄여 주거나 면제하는 이력弛力, 5. 금지한

것을 일시 풀어주는 사금赦禁, 6. 시장에서 세금을 걷지 않는 거기去幾,
7. 예법을 간편하게 하는 생례眚禮, 8. 상례喪禮를 간편하게 치르는 쇄애
殺哀, 9. 악기를 창고에 넣어두는 번악蕃樂, 10. 예를 갖추지 않고 혼인하
게 하는 다혼多昏, 11. 잊어진 귀신에게 제사를 지내 주는 색귀신索鬼神,
12. 도적을 없애는 제도적除盜賊이다.

『주례』의 황정荒政 12조를 논했다. 흉년에 먹을 것이 없어 대부분 배
고프고 추위에 시달리므로 먼저 진휼하는 정치를 해야 한다.

206

夏至北斗與日相近, 故終夜常明. 夏至日近北極, 子時望北天, 如天
之將曉. 此可以明周髀蓋天之術.

하지에 북두칠성[1]이 해와 서로 가까워서 밤새도록 밝다. 하지는 해가 북
극성[2] 가까우니 자시에 북쪽 하늘을 보면 마치 하늘이 환하게 밝으려 하
는 것 같다. 이것이 『주비산경』의 개천[3]에 대한 술수를 밝힐 수 있다.

注

1 북두北斗는 밤하늘에 떠있는 일곱 개의 밝은 별인데, 도형이 고대 술을
퍼내는 국자 같다고 해서 붙여진 이름이다. 중국 고대 신화 전설에서
북두칠성은 봄에 만물이 생겨나고 여름에 자라고 가을에 거두어들이
며 겨울에 저장하는 등의 천지 질서를 제정하는 역할을 한다.
2 북극北極은 북극성으로 자미성紫微星이라고도 한다. 북극성은 천구가 돌
아가는 지축의 북단에 있으므로 지상에서 보면 항상 자리가 고정되어
있다.

3 『주비산경周髀算經』은 중국의 천문학과 수학서이다. 저자는 미상이고 후한 무렵에 편찬되어 송나라 때에 간행되었으며 상하 두 권으로 되어 있다. 개천蓋天이라는 우주 모형의 구조를 명확하게 수치로 해석하였다. 예를 들면, '대지는 하늘과 8만 리 떨어져 있으며, 원형평면이다.' 또 '하늘의 중심은 북극이고 북극의 아래에 있는 대지는 중앙에 높은 기둥 모양의 물건이 있다.' 등이다.

⋮ 하지에는 북두성이 해와 가깝다는 것을 논했다.

207

四術周髀序曰: 漢成帝時, 學者問蓋天, 揚雄曰:「蓋哉, 未幾也」.
問混天, 曰:「洛下閎爲之, 鮮于妄人度之, 耿中丞相之, 幾乎莫之息矣.」此言蓋差而混密也. 蓋器測影而造, 用之日久, 不同於祖, 故云「未幾也」. 渾器量天而作, 乾坤大象隱見難辯, 故曰「幾乎」.
是時大史令尹鹹窮研晷蓋, 易古周法, 雄乃見之, 以爲難也. 自昔周公定影王城, 至漢朝, 蓋器一改焉. 渾天復觀, 以靈憲爲文; 蓋天仰觀, 以周髀爲法. 覆仰雖殊, 大歸是一. 古之人制者, 所表天效玄象.
芳以渾算精微, 術幾萬首, 故約本爲之省要, 凡述二篇, 合六法, 名四術周髀宗. 惜乎今不見其書也.

『사술주비』 서문에 말하기를, 한나라 성제 때 학자가 개천[1]을 묻자, 양웅[2]이 "개천은 거의 아니다."라고 하여 혼천을 물었다. 말하기를, "낙하굉이 그것을 만들었고 선우망인이 그것을 측량하였고 경중승이 그것을 형상화했는데[3] 거의 어긋나지 않는다."라고 하였다. 이것은 개천과 차이가 치밀함을 말한다. 개천은 그림자를 측정하여 만든 것으로, 사용한 지 오래되니 조상들 것과 달라서 '거의 아니다.'라고 하였다. 혼천의 기구는 하늘을 헤아려서 만들었는데, 천지에 큰 형상이 흐릿하여 분변하기 어렵다. 그래서 '거의 맞다.'라고 하였다. 당시 태사령 윤함尹鹹은 개천법을 연구하여 옛 주나라 법을 바꾸려고 하였는데 양웅이 그것을 보고 난처하게 여겼다. 옛날 주공이 낙양을 왕성王城으로 정한 후부터[4] 한나라에 이르기까지 개천의 기구는 한번 고쳤다. 혼천법은 뒤집어 보고서『영헌靈憲』[5]을 문장으로 삼고 개천법은 올려다보고『주비』를 법으로 삼았다.[6] 뒤집어 보고 올려보는 것은 비록 다르지만 대체로 하나로 귀결된다. 옛날 사람들이 만든 것은 하늘의 현묘한 현상을 표현하였다. 신도방[7]이 정밀하게 계산하여 산술한 별이 수만 수에 달하므로 본래의 요점을 간략하게 두 편으로 서술하고, 육법에 합하여[8]『사술주비종四術周髀宗』이라 이름 지었는데 아쉽게도 지금 그 책을 보지 못한다.

注

1 『진서晉書·천문지 상』: 天似笠蓋, 地法覆槃.[하늘은 가리개를 덮은 것 같고 땅은 쟁반을 엎어놓은 것을 모방했다.]고 하고 또 天圓如張蓋, 地方如棋局[하늘은 둥글어 덮개를 덮은 것 같고 땅은 네모나 바둑판 같다.]고 하였다. 『태평어람太平御覽』에 천지는 마치 계란 모양으로 하늘은 흰자위, 땅은 노른자위에 해당함을 설명하고 있다. 양웅, 『법언·중려重黎』: 蓋哉, 未幾也.[개천은 거의 아니다]라고 하여 천체는 혼천설이 더 비슷함을 설명하고 있다.

2 양웅(揚雄, BC53~AD18)은 서한의 관리이자 철학자이다. 사천성 성도成都 출신으로 자는 자운子雲이다. 본명은 양웅揚雄인데 양揚으로 성을 바꿨다.

3 양웅, 『법언·중려重黎』, 이궤李軌의 주: 洛下因爲武帝經營之, 鮮于妄人又爲武帝, 算度之, 耿中丞名壽昌, 爲宣帝象之, 近其理矣, 談天者莫能違遠也[낙하굉이 무제를 위하여 천문을 경영하였고 선우망인이 무제를 위

하여 헤아리며 계산했고 경중승은 이름이 수창壽昌이다. 선제를 위하여 고려하고 상형화하였으니, 이치에 가깝다. 하늘을 담론하는 자는 이에서 멀리 떨어질 수 없다.]고 하였다.

낙하굉洛下宏은 문학가로 자가 장공長公이며 낭중인閬中人이다. 경중승耿中丞은 이름이 수창壽昌이다. 한 선제宣帝 때 대사농大司農 중승中丞을 지냈다. 낙하굉, 선우망인, 경중승 모두 서한의 천문학자들이다. 이들은 혼천의渾天儀를 완성한 인물이다.

4 "주공은 모습이 왕성처럼 만들었다[周公定影王城]"라는 것은 주나라 시기 주공이 낙읍에 왕성을 세웠다는 뜻이다. 이는 해의 그림자를 관찰하여 왕성을 낙읍으로 정한 것이다. 『사기·주본기』에 "周成王使召公營建洛邑, 謂之王城[주 나라 성왕이 소공에게 낙읍을 건설하게 했다. 이를 왕성이라 한다.]"라고 하였다. 서주는 호경이 도읍이었는데 낙읍에 다시 왕성과 같은 도시를 건설했다. 후에 낙읍으로 동천하며 동주가 되었다. 호경은 지금의 섬서성 서안이고 낙읍은 지금의 하남성 낙양이다.

5 『영헌靈憲』은 후한의 장형張衡이 지었고 혼천설을 따랐다. 『후한서後漢書』, 59권, 「장형전張衡傳」에 혼천에 대해 적혀있다.

6 『주비周髀』는 복희씨가 만든 〈개천도〉에서 나왔고, 후한시대 편찬한 천문 수학서이다. 저자는 불분명하고 상하 두 권으로 구성되어 있다. 주공과 당시의 수학자 상고商高의 대화를 수록하고 개천설蓋天說을 바탕으로 천지를 측정하는 방법을 기록한 책이다. 주나라 사람이 기록하고 전하였기에 주周가 붙었다. 비髀는 고股로 넓적다리의 뜻인데 또 표表이다. 주 땅에서 8척의 의표儀表가 세워졌는데 그 표表를 고股라고 했다. 표의 그림자가 갈고리[鉤] 같아서 주비周髀라고 이름 지어졌다.

7 방芳은 신도방信都芳이다. 그는 자가 옥림玉琳이고 하간下間 사람이다. 산술算術에 밝았고 기교한 생각을 많이 했다. 『사술주비종四術周髀宗』의 작자인데 원본은 분실되었다. 『북사·신도방전』에 적혀있고 또 『위서魏書·

술예전術藝傳』에 적혀있다.

8 육법六法은 규規, 구矩, 권权, 형衡, 준准, 승绳이다.『신론新論』: 規矩, 權衡, 准繩, 殊法而各有任.[규구, 권형, 준승은 다른 법칙이고 각기 맡은 바가 있다] 라고 하였다. 남조 제사혁齊谢赫의『고화품록古畫品錄』에 "繪畫有六法: 一氣韻生動, 二骨法用筆, 三應物象形, 四隨類賦彩, 五經營位置, 六傳移模寫.[회화에는 육법이 있는데, 1. 기운생동 2. 골법용필 3. 응물상형 4. 수류부채 5. 경영위치 6. 전이모사이다.]" 하였다. 또 당나라 장언원張彦遠의『역대 명화기·논화육법論畫六法』에도 육법을 논하였으니, 후에 중국 회화의 법칙이 되었다.

신도방信都芳,『사술주비四術周髀』 서문의 개천술과 혼천술에 대해 논했다.

208

春秋之義, 母以子貴, 故成風稱夫人; 先君之廟不得配食, 故考仲子之宮. 尊其稱號, 則罔極之情申, 別考其宮, 則嚴禰之義重, 自天子達於士可也.

춘추의 의리는 어미가 자식에 의해 귀하게 여겨지니 풍속을 이루어 부인이라 불린다.[1] 선군의 사당에 배식할 수 없기 때문에 중자[2]의 궁궐을 짓고 그 칭호를 존중하면 극도의 정을 다하는 것이니 궁궐을 별도로 보살핀다면 너의 의리를 엄중하게 여김이 천자부터 사인에게까지 이를 것이다.

注

1 풍속을 이룬 이는 노나라 희공僖公의 첩으로 문공文公의 어미이다. 그래

서 아들로 인해 첩이 부인으로 불렸다. 『춘추공양전·은공隱公 원년』: 母以子貴[어미는 아들로서 귀해진다] 하였다.

2 중자仲子는 노魯 환공桓公의 어미이며 노 혜공惠公의 첩이다. 은공 2년에 죽었다. 『춘추좌전·은공隱公 5년』: 桓當時尙未爲君, 故其母不得稱夫人. 隱公, 桓公是異母兄弟, 均爲魯惠公子, 桓公使人殺隱公而自立.[환공은 당시 아직 군주가 되지 않았기에 그 어미는 부인 칭호를 받지 못했다. 은공과 환공은 어미가 다른 형제인데 둘 다 혜공의 자식이다.]라고 하였다. 『춘추좌전·은공隱公 5년』: 考仲子之宮.[중자의 궁을 지었다]고 하였는데 고考는 '건설하다'의 뜻이다.

> 『춘추』의 의리는 선조의 첩실이라도 아들이 왕이 되면 아들로 인해 귀해진다.

209

謝靈運, 朝廷唯以文義處之, 不以應實相許. 故曰:「長卿辭賦, 終於文園; 靈運文才, 不以應實.」亦用人之當然也.

사령운[1]은 조정에서 오직 문장의 뜻에 따라 처신하여 실상을 드러내지 않았다. 그 때문에 말하기를, "장경[2]의 사부는 마침내 문원[3]이 되었고 사령운의 글재주는 실제로 그에 맞먹을 수 없었다."고 하였다. 또한 사용하는 사람도 마땅히 그렇게 해야 했다.

注

1 사령운(謝靈運, 385~433)은 남조의 산수 자연을 읊은 시인이다. 대표적인 시로는 〈등지상루登池上樓〉, 〈초거군草去郡〉 등이 있으며, 불경을 깊이 연

구하여 『대반열반경大般涅槃經』을 번역하기도 했다. 사령운은 사마상여
司馬相如과 나란히 대적할 만한 문학적 재주를 가졌다.

2 장경長卿은 사마상여(司馬相如, BC179~BC117)이다. 그는 전한의 문인이다. 자
가 장경長卿이며 사천성 성도成都 사람이다. 대표작으로 《자허부子虛賦》,
《상림부上林賦》가 있다.

3 문원文園은 문학에 종사하는 사람들의 사회적 분야이다.

사령운은 오직 문장의 뜻에 따라 처신하였는데도 사마상여만큼 세
상에 알려지지 못했다.

210

鶴山云: 禹順五行之性治水, 先從北方用功, 次東, 次南, 次西, 乃
終於雍.」此大不然. 禹治肛, 雁, 河, 漢, 皆自西而東, 先疏其上源,
而後及其下流也. 如導河自積石, 至於龍門, 至華陰, 東下砥柱, 及
孟 津, 洛訥, 至於大邳, 北過至於大陸, 播爲九河, 入於海. 導漾自
嶓塚, 東流爲漢, 又東爲滄浪之水, 過三澨, 至於大別, 南入於江.
汶山導江, 東別爲沱, 又東至於澧, 過九江, 至於東陵, 東爲中江,
入於海. 導淮自桐柏, 東會於泗, 沂, 入於海. 皆自西而東, 順其就
下之勢. 凡此非有所謂順其五行之性, 自北而東, 而南, 而西也. 以
泗漬次第言之, 則又先河, 次漢, 次江, 皆自北而南; 導濟, 導淮亦
自北而南; 導渭, 導洰, 自西而東, 亦與所謂五行之性不合. 蓋緣洪
範首論五行, 故緯儒附會於禹治水耳. 不知禹平水 土, 而後五行之
利得以足用於民, 乃洪範之大義. 鶴山大儒, 而亦信此附會之説, 殊
不可曉.

학산[1]이 말했다: "우임금이 오행의 성질을 따라 치수하는데, 먼저 북방에서부터 힘쓰고, 다음에는 동방에, 다음에는 남방에, 다음에는 서방에 힘쓰고 옹주에서 마친다."[2]고 했는데 이것은 크게 다르다. 우임금은 항缸수, 안缸수, 황하, 한수가 모두 서쪽에서 동쪽으로 흐르니 먼저 상류의 발원지를 터주고 그다음 하류에 미치게 하였다. 예를 들면, 황하에서 터주어 적석積石에서부터 용문龍門까지 이르고 화음華陰에 이르게 하고 동쪽으로 지주와 맹진孟津, 낙눌洛訥로 흘러 내려가 대비大邳에 이르게 하는 것이며 북으로 대륙택을 지나 아홉 강으로 흘러들어 바다로 들어간다. 양漾[4]에서 터주어 번총嶓塚에서 동으로 흘러 한수가 되고 또 동쪽으로 흘러가서 창랑수가 된다. 삼필三澨을 지나 대별大別에 이르고, 남으로 흘러 강에 들어간다. 문산汶山에서 강을 터주어 동쪽에서 타수沱水와 나누어지고 또 동쪽의 예수澧水에 이른다. 구강을 건너고 동릉東陵에 이르며 동쪽 중강中江이 되어 바다로 들어간다. 회수를 끌어다 동백桐柏에서 동쪽으로 사수, 기수에서 모여 바다로 들어간다. 모두 서쪽에서 동쪽으로 흐르는 데 내려오는 기세를 따른다. 이것은 북에서 동으로, 남으로 서로 흐르는 것이지 오행의 성질을 따르는 것이라고 말할 수 없다. 사수에서 모여서 흘러가는 순서를 말한다면 먼저 황하 다음은 한수로 다음은 장강으로 흘러 모두 북에서 남으로 흐른다. 제수와 회수를 터주어 북에서 남으로 흘러가고 위수와 견수를 터주어 서에서 동으로 흐른다. 이것 역시 오행의 성질이라고 말하는 것과 맞지 않다. 대개 「홍범」에서 먼저 오행을 논한 것 때문에 위서를 중시한 유학자들이 우가 치수한 것에 견강부회하였을 따름이다. 우임금이 흐르는 물과 땅을 평평하게 한 후에 오행의 이점이 백성을 위해 쓰일 수 있었다는 것을 알지 못했다.[5] 학산은 대 유학자인데 이러한 부회의 이론을 믿었는데 달리 알 수 없었을 것이다.

1　학산(鶴山, 1178~1237)은 남송시대 저명한 이학자이며 대신이었고 지금의 사천성 공주邛州 포강현蒲江县 사람이다. 이름이 위요옹魏了翁이다. 자는 화보華父이고 호가 학산鶴山이다. 위요옹은 불교의 무욕無欲에 반대하고 주희의 이학을 추앙하였다. 저서에 『학산대전집』 110권이 있다.

2　옹雍은 고대 구주九州 중 한 곳이다. 지금의 섬서성, 감숙성, 청해의 땅이 옛 옹주였다. 『서경·우공禹貢』에 "치수의 시작은 기冀에서 시작하고 다음은 연研에서 하며 옹주에서 마감한다."라고 적혀있다. 「우공」에서 말한 치수의 순서이다. 중국의 구주는 기주冀州, 청주青州, 서주徐州, 연주兖州, 양주扬州, 양주梁州, 예주豫州, 옹주雍州, 형주荆州이다.

3　대륙大陸은 대륙택大陸澤이다. 『서경·우공禹貢』: 北過降水, 至於大陸 [북에서 물이 흘러내려 대륙택에 이른다.] 하였는데 이곳은 지금 하북성 임현의 동북이다.

4　양漾은 한수의 발원지이다.

5　『서경·홍범洪範』에 목木, 화火, 금金, 수水, 토土 오행으로 자연의 현상과 지리적 특성과 관련하여 논한다.

　　　학산이 "우임금이 오행의 성질을 따라 치수하였는데 먼저 북방에서 시작하였다."라고 하였는데 이는 위서를 숭상하는 유학자들의 견강부회이다.

211

雅言云:「魚陰類, 從陽而上, 二陽時伏在水底, 三陽則魚上負冰, 四陽五陽則浮在水面.」愚謂此物理之必然者. 冬月水上冷而下暖, 故魚潛於水底. 正月以往, 日漸近北, 水面漸暖, 故魚陟水上, 冰未

解而魚已上, 如負冰然, 謂之陟者, 始升也. 至三月愈暖, 魚則出遊
而浮於水面矣. 豈獨魚爲然, 萬物皆然也. 蟄鳥, 蟄獸, 冬藏而春見,
蚯蚓冬結而春鳴, 鴻鵬秋南而春北. 惟人也亦然, 冬則塞埛墐户, 深
藏以避其寒; 春則露處野遊, 畢出以趁其暖. 由是觀之, 皆性之不得
已而然者. 曰陰類隨陽而上, 近於 小儒牽合之論, 非大觀造化之見
矣.

학산의 『아언雅言』에서 말하기를, "물고기는 음의 부류이고 양을 따라 올
라오며 이양의 때가 되면 물밑에 엎드려 있고, 삼양이 되면 물고기는 얼
음을 등에 진다. 사양, 오양이 되면 물 위에 떠있다."[1] 내가 이것은 물리
적 필연이라고 말한 것이다. 겨울 세 달은 물의 수면은 차고 아래가 따뜻
하여 물고기가 물밑에 숨어있다. 정월이 지나고 해가 점점 북쪽에 가까워
질수록 수면이 점점 따뜻해지기 때문에 물고기가 물 위로 올라온다. 아직
얼음이 녹지 않았는데도 물고기는 이미 위로 올라오는데 마치 얼음을 짊
어진 것과 같다. 척陟이라고 한 것은 막 오르기 시작한 것이다. 3월이 되
어 더욱 따뜻해지면 물고기는 헤엄쳐 수면에 떠다닌다. 어찌 유독 물고
기만 그렇겠는가? 만물이 다 그렇다. 칩거하는 새, 칩거하는 짐승, 겨울에
저장하는 것들은 봄에 나오고 지렁이는 겨울에 땅속에 있다가 봄에 울며
기러기는 가을에 남쪽으로 가고 봄에 북쪽으로 간다. 사람 또한 그러하
다. 겨울에는 북쪽 창문을 막고, 진흙으로 문호를 발라[2] 추위를 피하려고
깊숙이 숨어있지만, 봄에는 야외에서 소풍하며 따뜻함을 찾아 모두 나옵
니다. 이러한 것을 보면, 모두 본성이 어쩔 수 없어서 그러한 것이다. 음
의 부류가 양을 따라 위로 오른다고 말하는 것은 소유들이 견강부회하는
이론과 가깝고 조화의 견해를 크게 바라보지 않았다.

1 학산, 『사우아언師友雅言』에 나온다. 『학산대전집』, 19권에 있다.

2 『시경·빈풍豳風·칠월』: 塞坰作塞向. 여기서 색경근호塞坰墐戶를 썼는데
주희가 『시집전』에서 "塞向以當北風, 墐戶以禦寒氣[북풍 불 때를 당하
여 틀어막고, 집에 진흙을 발라 추위를 막다]"라고 해석했다.

기의 조화로 만물을 바라볼 때, 학산이 『아언雅言』에서 "음의 부류는
양을 따라 올라온다."라고 한 것은 견강부회하는 이론에 가깝다.

212

古之宗法, 死者皆以代附於宗子之廟. 惟宗子得以主其祭, 支子皆
不得祭. 雖爲大夫, 亦以上牲祭於宗子之家. 蓋重嫡一宗, 其法之
嚴如此. 「然則支子出仕於外, 不得與祭於家, 將卽廢祭享乎.」曰:
「不可也. 以義而起祭之, 禮也.」然則主不得奉之以行, 如朱文公用
牌子, 不判其前後, 不爲陷中, 匱之以行, 可乎? 曰:「牌子則有定,
如二主矣. 干於宗法, 非禮也. 不如以楮如主書之, 祭已而焚之 可
也.」

옛날의 종법은 죽은 자들이 모두 종손의 사당에 대를 이어 붙였다. 종자[1]
가 제사를 지낼 수 있을 뿐 지자[2]는 제사를 지내지 못한다. 비록 대부가
되어도 종가에서 상생上牲[3] 제사를 지낸다. 대개 적자의 종宗을 중히 여기
는데 종법의 엄중함이 이와 같다. "그렇다면 지자支子[4]가 관직에 나가게
되어도 집에서 제사 지내는 데 참여하지 못하니 제향을 폐지하는가?" 하
니 말하기를, "그럴 수 없다. 의리로써 제사를 지내는 것이 예이다." 하였
다. 그렇다면 신주가 행동으로 제사를 받들 수 없다. 예를 들어 주희가 위

패를 사용하는데 위패의 앞뒤를 가리지 않았다. 함정에 빠지지 않고 끝까지 실행하였는데[5] 가능한가? 말하기를, "위패가 정해져 있으니, 마치 신주가 둘인 것과 같다. 종법을 위배한 것이니 예의가 아니다. 종이에 글을 써서 신주로 삼는 편이 더 좋다. 이미 제사를 지내고 나서 불태우는 것은 가능하다."고 하였다.

注

1 종자宗子는 종법에서 세운 적장자이며 선조를 계승하는 자식을 말한다. 종자는 제사를 주관한다.

2 지자支子는 서자庶子이다.『예기·곡례曲禮』: 支子不祭, 祭必告於宗子[지자는 부모를 제사 지내지 못하니 제사는 반드시 종자에게 알려야 한다] 고 하였다.

3 『예기·증자문曾子問』: 宗子爲士, 庶子爲大夫, 其祭如何? 孔子曰, 以上牲祭於宗子之家.[종자는 선비가 되고 서자가 대부가 되면 제사는 어떻게 합니까? 하니 공자가 대답하기를, 상생 제사로서 종가에서 지낸다.]하였다. 상생上牲은 소뢰를 말한다. 소뢰少牢는 희생을 소 대신 양으로 쓰는 것이다. 『대대례大戴禮·증자천원曾子天圓』: 諸侯之祭, 牛, 曰太牢, 大夫之祭, 牲羊曰少牢[제후의 제사는 희생으로 소를 쓰는데 이를 태뢰太牢라고 하고 대부의 제사는 희생으로 양을 쓰는데 이를 소뢰少牢라고 한다.]고 하였다.

4 주문공朱文公은 주희이다.

5 『주자어류』, 90권: 士庶不用主, 只用牌子, 牌子如主制, 不消做二片相合, 及竅其旁以通中[선비와 평민은 신주를 쓰지 않고 다만 위패를 사용하는데 위패는 신주의 작용과 같다]고 하였다.

: 옛 종법은 오직 종가의 자식이 제사를 지내야 하는데 지자가 관직에

나가면 의리로 제사 지내는 것이 가능하다. 다만 신주를 종이에 이름을 쓴 위폐로 사용한다.

213

程子居洛, 里人素慕之. 其動也, 無漫遊; 其貌也, 可一見而知. 董五經有聞矣, 故曰「先生之來, 消息甚大」, 謂靜而前知, 近禪氏之覺矣, 其然乎?

정자[1]가 낙양에 살았는데 마을 사람들이 평소에 그를 존경하였다. 그 행동은 질펀하게 노닐지 않았고, 그 모습은 일단 보기만 해도 알 수 있었다. 오경에 주석을 달았다고 소문났다. 친구가 말하기를, "선생님이 오셨으니 들을 것이 매우 크리라." 하였는데 고요함이 아는 것을 앞선다고 말하니 불교의 깨달음에 가깝다. 그러한가?

注

1 정자程子는 정이천(程伊川, 1033~1107)이다. 북송의 철학자이다. 낙양洛陽 사람으로 형 정호(程顥, 1032~1085)와 함께 이정二程이라고 불린다. 처음에는 형과 함께 주돈이(周敦頤, 1017~1073)에게 공부하고, 이어서 수도 개봉開封에 유학자 호원(胡瑗, 993~1059)에게 사사 받았다.

정이천이 오경을 주석하였으나 고요함에서 미리 알 수 있다고 하였으니 이는 불교의 깨달음과 가깝다.

214

「衛叔武立, 致返衛侯, 衛侯乃終殺之, 無害於義乎.」曰:「甚哉! 叔
武之無見也. 名分之際, 間不容髮. 禮別嫌疑, 君臣尤甚. 若他人立,
恐衛侯之不得返也, 故己立之, 其意善矣, 勢則涉於嫌矣. 己既已
立之, 卽君也, 人烏知立之人致衛侯之返之也? 惜乎心跡不如宋目
夷之能明也, 故纂之想易行也, 衛侯之聽易入也. 君子曰: 叔武之忠
也, 忠而愚.」

"위나라 숙무가 섭정하며, 성공成公을 돌아오게 하여 재위에 올렸다. 성공
이 끝내 숙무를 죽인 것[1]은 의리에 해가 되지 않습니까?" 답하기를, "심하
구나! 숙무가 식견이 없네. 명분에 있어서는 조금도 빈틈이 용납되지 않
는다. 예禮가 혐의를 구분하는데 군신 사이에 더욱 그렇다. 만약 다른 사
람이 제위에 올랐다면 아마 위후는 돌아오지 못했을 것이다. 고로 숙무
가 성공을 군주로 세우신 것은 잘한 일이고, 그 사세는 혐의에서 벗어났
다. 이미 자신이 그를 세웠고 그는 군주이다. 사람들은 세운 자가 위후를
돌아오게 한 자인지 어찌 알았겠는가? 아쉽게도 숙무의 마음 자취는 송
나라 목이目夷[2]가 표명한 것보다 못하니 어떤 사람들은 숙무가 왕위를 찬
탈하려고 마음먹기가 쉬웠다고 생각하거나 위후도 이런 말을 그대로 듣
기가 쉬웠다고 여겼다. 군자가 말하기를, 숙무의 충은 충직하지만 우둔하
다."고 했다.

注

1 『좌전·희공 28년』에 "숙무는 춘추 때 위 성공衛 成公의 동생이었고, 성공
   은 문공文公의 아들로 35년간 재위하였다."라고 했다.
2 목이目夷는 춘추 때 송 양공의 서형이다. 태자는 목이目夷를 세우기를
   청했으나 목이가 사양했다. 그래서 양공이 그 자리에 올랐다.

'위나라 숙무叔武는 성공을 나라 안으로 불러들여 왕을 시켰다. 성공은 결국 숙무를 죽였다.'라는 사실에 대해 의리를 논했다.

215

緯書多以三字爲名, 如考靈曜, 尚書. 元命苞, 春秋. 援神契, 孝經. 含元嘉, 禮. 乾鑿度, 易. 佐助期, 春秋. 坤靈圖, 易. 運斗樞, 春秋. 通卦驗, 易. 文耀鉤, 春秋. 感積符, 春秋. 含神霧, 詩. 皆異端邪術之流, 假託聖經, 以售邪誣之説, 其罪可誅也. 其書今雖不存, 而類書引用尚多, 終惑後學.

위서[1]는 많은데 세 글자로 이름을 지었다. 예를 들면 『상서』는 『고령요考靈曜』, 『춘추』는 『원명포元命苞』, 『효경』은 『원신계援神契』, 『예기』는 『함원가含元嘉』, 『역경』은 『건착도乾鑿度』, 『춘추』는 『좌조기佐助期』, 『역경』이 『곤령도坤靈圖』, 『춘추』는 『운두추運斗樞』, 『역경』인 『통괘험通卦驗』, 『춘추』는 『문요구文耀鉤』, 『감적부感積符』, 『시경』은 『함신무含神霧』 등이다. 모두 이단의 사특한 술수로 흘러가서 성인의 경전에 가탁하여 그릇된 설을 폈으니 그 죄는 죽임을 당할 만하다. 그 책들은 오늘날 비록 존재하지 않지만, 그 부류의 책[2]에서 인용이 매우 많아, 결국 훗날 학자들을 현혹시켰다.

注

1 위서緯書는 경전에 상대하여 말하는데, 신으로 미신을 배우며 경전의 의리를 길흉, 화복, 치란, 흥패로 견강부회하였다. 『역경』, 『시경』, 『상서』, 『효경』, 『예기』, 『악기』, 『춘추』 등 칠종의 위서가 있다.
2 고대의 여러 책을 종합해 보면, 부문별로 유형이 다르다. 함께 공부하는 학자들이 일일이 조사하여 유형을 나누었기에 유서類書라고 일컫게

되었다.

위서가 세글자 이름이 많은데 모두 성인의 경전을 가탁하였다. 안타
깝게도 후학들이 위서에서 자주 인용하고 있다.

216

『禮』云: 大夫祭五祀, 歲徧. 訓者以戶, 竈, 中霤, 門, 井爲五. 按
『月令』云: 孟春祀戶, 祭先脾; 孟夏祀竈, 祭先肺; 季夏祀中霤, 祭
先心; 孟秋祀門, 祭先肝; 孟冬祀門, 祭先腎.」言行不及井.『祭法』
五祀 亦言國行而無井, 惟『白虎通』有井, 故漢, 魏, 晉以來, 五祀
皆以井居一, 至今爲然. 學者以『祭法』『月令』爲古典可據, 而疑
井非. 以今觀之, 先王之所以興祀者, 凡以報其功德而已. 門戶資以
出入, 中霤資以居處, 竈井資以養生. 是井較之行, 於人尤切, 似宜
常祀. 行於出行時擧之, 義各當矣.『生民篇』有「取羝以軷」之文,
似尤有説.

『예기』에서 말한다: "대부께서 오사五祀[1]를 지내니, 해마다 골고루 지내야
한다. 제사를 인도하는 자는 출입문, 부뚜막, 집 가운데 방, 대문, 우물을 5
곳으로 삼는다.[1] 「월령」에 따르면, 초봄 제사는 출입구에다 선조의 비장
을 제사 지내고, 초여름 제사는 부뚜막에 선조의 폐를 제사 지내고 늦은
여름 제사는 가운데 방에 제사 지내는데 선조의 심장을 제사 지내고 초가
을 제사는 문에 간을 제사 지내고 초겨울 제사는 대문에 신장을 제사 지
낸다."라고 하였는데 말과 행동이 우물에 제사 지내는 것에 미치지 않는
다.『제법』에서 오사五祀는 또한 나라에서 행하는 제사인데도 우물 제사는
없다. 다만『백호통』에는 우물 제사가 있어서[2] 한, 위, 진 이래로 오사는

모두 우물 제사가 하나로 있게 되어 지금까지도 그렇다. 학자들은『제법』,『월령』을 고전으로 근거 삼아 우물 제사가 오사가 아님을 의심하였다. 지금에서 보면, 선왕이 제사를 지낸 이유가 모두 그 공덕에 보은하는 것일 뿐이다. 문호는 출입으로서 바탕이 되고 중류는 거처로서 바탕이 되며 아궁이와 우물은 양생의 바탕이 된다. 이 우물은 행위에 견줄만하니 인간에게 더욱 간절한 것이라서 당연히 항상 제사 지내야 한다. 출행에서 행위는 때에 따라 거동하는 것이니, 의리가 각자 마땅하다.『시경·생민』편에 '숫양을 취하여 신으로 삼는다.'³라는 문장이 있는데 그럴듯하다.

注

1 『예기·곡례曲禮』, 정현 주: 天子祭天地, 祭四方, 祭山川, 祭五祀, 歲徧. 諸侯方祀, 祭山川, 祭五祀, 歲徧. 大夫祭五祀, 歲徧. 士祭其先.[천자는 천지, 사방, 산천, 오사를 지내는데 해마다 골고루 해야 한다. 제후는 사방, 산천, 오사를 지내는데 해마다 골고루 해야 한다. 대부는 오사에 지내는데 해마다 골고루 해야 한다. 사인은 그 선조에 제사 지낸다.] 라고 정현이 주를 달았다.

2 반고,『백호통의』, 권2,「오사五祀」: 대문, 출입문, 우물, 부뚜막, 가운데 방에 제사하는 것이 오사이다. 이곳에는 우물은 있는데 제사를 주관하는 신의 행위가 없다.

3 『시경·대아·생민』: 取羝以軷.[숫양을 취하여 신을 삼는다.]고 하였다. 여기서 저羝의 음은 저抵와 같다. 저抵 목양이다. 발軷은 제사 지내는 노상의 신을 말한다.

: 『예기·곡례曲禮』의 대부가 오사五祀 제사를 지냄에 대해 논한다.

217

周公誅管, 蔡, 季友鴆公子牙, 而聖人不以殺兄累之, 緣社稷君臣之
義, 不得私其親也.

주공은 관숙과 채숙[1]을 죽이고 계우는 공자 숙아[2]를 독살했는데, 성인은
그들이 형을 죽였다고 생각하지 않는다, 이는 사직에서 군신 간의 의리에
관계하니 사사로이 친족으로 대할 수 없다.

注

1 주공周公은 주 무왕의 동생이고 주 성왕의 숙부이다. 관숙管叔은 주공의
   형이며 채숙蔡叔은 주공의 동생이다. 무왕이 죽은 후 나이 어린 아들이
   왕이 되고 주공이 그 아들을 보필하였는데 관숙과 채숙이 난을 일으켰
   다. 주공은 왕명을 받아 관숙을 죽이고 채숙을 쫓아냈다. 『사기·관채세
   가管蔡世家』에 나온다.

2 노나라 환공은 적장자 장공 외에 서자가 셋이 있다. 경보慶父, 숙아叔牙,
   계우季友이다. 장공이 병이 나서 숙아에게 후사를 자문하자 경보를 추
   천하였다. 또 계우에게 물어보니 장공의 아들 반을 추천했다. 장공은
   계우에게 숙아는 경보를 추천했다고 알려준다. 결국 계우는 숙아를 죽
   음으로 몰고 장공의 자식 반을 군주로 삼았다. 『사기·노주공세가魯周公
   世家』, 『좌전·장공 32년』에 나온다.

   공자는 주나라 주공이 관숙과 채숙을 죽이고 노나라 계우가 공자 숙
   아를 독살한 것은 그들이 형을 죽인 것이 아니라 사직을 위한 의로
   움이라고 여겼다.

218

卜式牧羊肥息, 武帝善之, 式曰:「非獨羊, 治民亦猶是. 以時起居, 惡者輒去之, 勿令敗羣.」嗟乎! 豈獨民哉? 君子任人於國, 衆賢治之而不足, 一不肖壞之而有餘, 豈獨民哉?

복식卜式¹이 양을 살찌게 기르니 무제가 그것을 좋게 여겼다. 복식은 말했다: "유독 양만이 아니라 백성을 다스리는 것 또한 이와 같다. 시기적절하게 기거하고 악한 것은 번번이 제거하여 무리에 해가 되지 않도록 한다." 아! 어찌 유독 백성뿐이겠는가? 군자가 국가에서 사람을 등용하여 많은 현인이 그들을 다스리기에도 부족한데 불초한 한 명이 있게 되면 나라를 무너트리고도 남음이 있다. 이것이 어찌 유독 백성에게만 해당하겠는가?

注

1 복식卜式은 전한 중기 관료이자 농학자이다. 전한이 흉노와 한창 싸우고 있었기에 그는 재산의 절반을 변방에 보내 전비로 써줄 것을 조정에 요청하였다. 무제는 그를 중랑中郎에 임명하고 좌서장의 작위와 밭 10경을 내려주는 한편 천하에 포고하여 다른 이들에게 본보기가 되게 하였다. 복식은 중랑 자리를 원치 않았으나, 무제는 상림원上林苑의 양을 치는 일을 맡기겠다는 핑계로 자리를 내려주었다. 이에 복식은 말하였다. "양뿐만 아니라 백성도 마찬가지입니다. 시기적절하게 나쁜 이들을 물리쳐 무리 전체에 피해가 가지 않도록 해야 합니다." 무제는 복식을 현령으로 임명하였고, 복식은 치적을 쌓아 제나라의 태부와 국상을 지냈다. 『한서』, 59권에 나온다.

복식이 양을 살찌게 잘 키웠다. 양을 지르는 방식은 백성을 다스림에서도 그 방법이 같음을 설명하였다.

219

田紛寵盛, 竇嬰之客盡轉而事紛, 惟灌夫獨不去. 霍去病貴甚, 而衛青之客去而事霍, 獨任安不肯去. 義哉! 豪矣乎!

전분田紛[1]은 무제의 총애를 받아 두영竇嬰의 객이 모두 마음을 바꾸어 전분을 섬겼다. 관부灌夫[2]만 유독 두영을 떠나지 않았다. 곽거병霍去病[3]이 고귀하게 되자 위청衛青[4]의 객이 떠나가서 곽거병을 섬겼다. 오직 임안任安[5]만이 떠나려 하지 않았다. 관부와 임안이 의롭구나! 호협하구나!

注

1 전분田紛은 한 무제의 외삼촌이다. 제조랑諸曹郎으로 고귀한 신분이 아니었고, 대장군이던 두영竇嬰은 전분을 아들처럼 대하였다. 경제 말년에 전분은 신분이 고귀해져 중대부가 되었다. 경제가 죽고 무제가 즉위하여 효경황후가 황태후로 격상되었기 때문에 전분은 무안후武安侯에 봉해졌다. 전분은 빈객을 모아 무제에게 천거하였다. 전분이 두영을 추천하여 두영과 전분은 각각 승상과 태위가 되었다.

2 관부灌夫가 잔치에서 폭언을 내뱉은 일로 전분은 관부를 죽일 것을 상주하였는데, 두영이 이를 구해내려 하였으나 어사대부 한안국 이하의 의견이 갈렸고 결국 송사는 효경황후의 노골적인 비호를 받은 전분에게 유리하게 돌아갔다. 원광 4년(기원전 131) 관부와 두영은 처형되었다.

3 곽거병霍去病은 위청 누나의 아들이고 전한 시대의 장군이다. 위청과 더불어 한 무제 때 활약한 명장으로, 한 고조 시절부터 한 왕조를 압박하던 흉노를 격파하는 데 큰 공을 세웠다. 위황후 자부의 언니 아들이 곽거병이다. 그는 위황후와 위청의 조카이다.

4 위청衛青은 위황후 자부의 동생이다. 한 무제 때의 명장이며 흉노와의 전쟁에서 큰 역할을 하여 엄청난 공적을 세웠다.

5 임안任安은 젊은 시절부터 태학을 유학하여 『맹씨역』을 배웠으며, 이에 더해서 여러 경전에 정통했다. 많은 생도가 그를 찾아왔다. 태위가 거듭 그를 초빙해 박사의 관작을 내리고 공거公車를 보냈으나, 병을 핑계로 취임하지 않았다. 그는 명리를 취하지 않아 임공자任孔子라 불렸다. 관직은 북군을 감독하는 호군직까지 올라갔지만, 여태자 유거의 사건에 무고로 연루되어 한 무제에 의해 사형당했다. 『사기·임안전』에 나온다.

관부灌夫와 임안任安은 부귀 때문에 섬기는 사람을 바꾸지 않았다. 그들은 의리가 있고 호협하다.

220

漢之神君, 其形不可見, 但聞其言, 言與人音等; 居室幃帳中, 因巫爲主人關通飲食所欲; 時去, 則若風肅然; 其言也, 世俗所知, 亦無餘味者, 卽今之靈哥也. 蓋深山大澤, 周兩, 狐, 猿之屬, 物之精怪, 來遊人間者也. 世恒有之, 非神鬼也. 苟氏謂神君之類, 以爲鬼神髣髴在於人間, 言語音聲, 爲精神之異, 蓋不達其實矣.

한나라 신군神君[1]은 그 형상은 보이지 않으나 그 말은 들리는데 말하는 것이 사람과 발음이 같았다. 방에 있으면 커튼 안에서 무당이 주인에게 먹고 싶은 것을 받았기에 시간이 지나면 마치 바람과 같이 사라져 고요했다. 그 말은 세속에서 알려져도 여운이 없는 것이 바로 지금의 영가靈哥[2]이다. 대개 깊은 산과 큰 연못에 주양周兩, 여우, 원숭이 등속은 요사스런 귀신인데 인간 세상을 떠돌아다닌다, 세상에 항상 있는 것이지 신령한 귀신이 아니다. 순씨苟氏[3]는 이른바 신군神君의 부류라고 하며 귀신이 인간 세상에 있는 것 같다고 여겼는데, 말과 음성이 사람의 정신과 다르다고 여기는데 사실에 이르지 않는다.

注

1 신군神君에 대한은 고사가『사기·봉선서封禪書』에 나온다.

『사기·봉선서封禪書』: 上求神君, 舍之上林中蹏氏觀. 神君者, 長陵女子, 以子死, 見神於先後宛若, 宛若祠之其室, 民多往祠……聞其言, 不見其人.[왕이 신군에게 구하여 머무는 곳이 상림원 중 궐씨관이었다. 신군은 장릉의 여자로, 자식이 죽었는데 완약이 죽기 전후로 신을 접했다. 완약의 사당은 그 방에 있어 백성들이 사당에 많이 갔다.……그런 말을 들었는데 그 사람을 보지 못했다.]

『사기·봉선서封禪書』, 28권: 遊水發根言, 上郡有巫, 病而鬼神下之. 天子病, 使人問神君, 病愈遂起, 大赦, 置壽宮神君. 壽宮神君最貴者太一. 神君所言上使人受書其言[떠돌아다니는 말에, 윗마을에 무당이 있는데 병이 나서 귀신이 내렸다. 천자가 병이 들어 신군에게 물어보게 하였는데 병이 나아서 대사면을 행하고 신군을 수궁에 배치했다. 수궁 신군에서 가장 귀한 사람은 태일이다. 신군이 말하면 사람을 시켜 말을 받아쓰게 하였다]『사기·무제본기武帝本紀』, 20권에도 나온다.

2 영가靈哥는 옛날에 남의 집에 들어가 공양을 구하고 길흉을 말할 수 있는 여우 요괴를 말한다.

3 순씨荀氏는 후한의 순숙荀淑이다.『후한서·순숙전荀淑傳』: 莅事明理, 稱爲神君.[일에 임하여 이치를 밝혀 신군이라 칭한다.]고 하며 신군은 사물의 이치를 분명하게 하는 것이라고 하였다.

: 신군神君은 지금의 영가靈哥이다.

221

梁武帝時猶有汲冢玉律, 宋蒼梧王時已鑽爲橫吹, 此足以見律管無
孔, 止一聲爾.

양 무제 때 오직 도굴된 무덤[1]에 옥률[2]이 있었고, 송 창오왕 때는 이미 구
멍을 내어 횡으로 불었으니 이는 율관에 구멍이 없음을 알 수 있고, 단 하
나의 소리뿐이다.

注

1 급총汲冢은 급군에 있는 도굴된 무덤이다.『진서』에서 "급군汲郡에서 위
   양왕의 무덤이 도굴되었다. 고대 주나라 때 옥률玉律과 종경鍾磬을 얻으
   니 새로운 율성律聲과 운韻이 같았다." 하였다.

2 모상毛爽,『율보律譜』: 至梁武帝時猶有塚玉律, 宋蒼梧時鑽爲橫吹, 然其長
   短厚薄大體具存.[양무제 때까지만 해도 무덤에 옥률이 있었는데, 송 창
   오 때는 구멍을 뚫어 가로로 불었지만, 그 길이가 길고 짧으며 두께가
   두껍거나 얇은 것이 존재하였다.]라고 하였다. 옥률은 옥으로 만든 관
   악기이다.

양 무제 때 도굴된 무덤에 옥으로 만든 악기가 있었는데 구멍이 없
었다.

222

蔡邕銅龠, 其上以銀錯. 識之曰:「黃鍾之管, 長九寸, 空圍九分, 容
拒黍千有二百.」按龠, 量名也, 法, 冊黃鍾之管, 空徑三黍, 長九十
黍, 稠累而計之, 得一千二百黍. 蓋律長龠短, 律狹龠闊, 只取容

千二百黍耳.

채옹이 동약[1]은 윗 부분은 은과 쇠로서 만들었다. 아는 자들이 말하기를 "황종의 관은 길이가 9인치이고 빈 곳의 둘레가 9푼이고 용량은 기장쌀 천이백 개로 넣어 막을 수 있다."라고 하였다. 약龠은 양을 재는 그릇 이름이다. 법法과 책冊은 황종의 관이고 공간은 지름에 3알의 기장을, 길이로는 90알의 기장을 줄 세울 수 있다. 자세하게 계산하면 1,200개 기장을 넣을 수 있다. 대개 율律은 길고 약龠은 짧으며 율은 좁고 약은 넓다. 다만 용량이 1,200개의 기장을 채울 수 있을 뿐이다.

1 『수서隋書·율력지律曆志』: 上記諸代尺度一十五等, 其中第十一爲"蔡邕銅龠尺.[역대 척도는 15등급이 있는데 그중 11번째가 '채옹동약척'이다.], 『송사·율력지』: 蔡邕所造銅龠尺与后周玉尺相比, 一尺等同于一尺一寸五分八釐[채옹이 만든 동약척銅龠尺은 후주 옥척에 비교하면 동약척 1척이 옥척 1척 1촌 5푼 8리와 같다.] 라고 하였다. 동약척銅龠尺은 고대 측정 도구이며 황종의 관과 관 직경을 측정하는 데 사용되었으며 정확성과 표준성은 고대 사회에서 중요한 가치를 가지고 있다.

: 채옹이 만든 구리로 된 측정 도구 동약銅龠을 설명한다.

223
律管空中, 皆徑三圍九, 但長短有差, 其聲自不同爾. 孟康各有徑圍分寸之殊, 繆矣.

율관의 공간은 지름이 3푼이고 둘레가 9푼인데[1] 단지 길고 짧음의 차이가 있어 그 소리가 자연스럽게 다르다. 맹강孟康이 각자의 지름과 둘레가 분과 초의 다름이 있다고 했는데 잘못되었다.[2]

注

1 『속한서·율력지律曆志』: 정현이 12율의 공간은 모두 지름이 3푼이고 둘레는 9푼이다.]라고 하였다.

2 『한서·율력지』, 「낙하굉落下閎」: 運算轉曆, 其法以律起曆日"律容一龠, 積八十一寸, 則一日之分也". 맹강孟康의 주에서 "黃鍾律長九寸, 圍九分, 以圍乘長, 得積八十一寸也.[황종률은 길이가 아홉 치이고 둘레가 아홉 푼이니 둘레를 곱하면 81치를 쌓아야 한다]"라고 해석하였다.

: 율관律管의 공간은 모두 지름이 3푼이고 둘레가 9푼이다.

224

周濂溪之子曰環溪元翁者, 與蘇, 黃諸公學佛談禪, 盡壞其家學. 欧文忠之子棐, 與僧講法, 失其父風. 蘇東坡之子過, 父事梁師成, 變乃翁之節. 韓稜不諂權貴, 其孫演則黨附梁冀. 人之不肖, 亦不係於世類如此.

주렴계[1]의 아들은 환계원옹環溪元翁[2]이라 했는데 소식과 황정견[3] 등과 함께 불학을 공부하고 선禪을 담론하여 가학을 모두 망쳤다. 구양수[4]의 아들 구비欧陽棐는 승려와 법술을 강의하다 부친의 학풍을 잃었다. 소동파 아들 소과蘇過[5]는 양사성梁師成을 부친으로 섬기어 부친의 절개를 변화시켰다. 한릉[6]은 권력있는 자에게 아첨하지 않고, 그 손자 한연韓演은 당에서 양기梁冀를 받들었다. 사람의 불초는 윗세대와 무관하다.

注

1 　주렴계周濂溪는 주돈이即敦頤이다. 자는 무숙茂叔이다. 송宋 영종 때 피휘
　하여 이름을 돈이敦頤라고 고쳤다. 호는 염계濂溪이며 세칭 '염계선생'
　이라 불렀다. 북송의 도학자로 저서에 『태극도설太極圖說』과 『통서通書』
　가 있다.

2 　환계원옹環溪元翁은 주돈이의 장자 주수周燾이다. 자가 원옹元翁, 계로季老
　이고 한때 황정견과 동료였다.

3 　소蘇와 황黃은 소동파蘇東坡와 황산곡黃山穀을 말한다. 두 사람은 북송의
　저명한 문인이며 화가, 서예가이다.

4 　구문충歐文忠은 구양수歐陽修이다. 자는 영숙永叔이고 호는 취옹醉翁이며
　시호가 문충文忠이다. 구양비歐陽棐는 그의 셋째 아들이다.

5 　소괴蘇過는 소동파의 자식이다. 양사성梁師成은 북송 말 벼슬아치로 간
　악한 무리에게 붙었다.

6 　한릉韓稜은 후한 무양舞陽 사람이다. 권력에 따르지 않았으나 그 손자
　연演은 귀척인 양익梁冀에 아첨하였다.

⋮ 자식의 현명하고 불초함은 부친과 무관하다.

225

巧者不過習者之門, 言習熟自能巧也. 故精義入神, 效於熟與純.

재주 있는 사람은 익히는 사람의 문을 거치지 않고, 말이 익숙해지면 저
절로 재주가 있게 된다. 그러므로 의를 정밀하게 하여 신의 경지에 들어

감은 숙달과 순수가 효험이 있다.[1]

注

1 『주역·계사 하』, 5장: 精義入神, 以致用也.[의리를 정밀하게 해서 신의 경지에 들어감은 쓰임을 이루는 것이다.]

⋮ 익히는 것을 익숙하게 하니 저절로 재주가 생겨난다.

226

論衡曰:「才能之士, 隨世驅馳; 節操之人, 守隘逃竄. 驅馳日以巧, 逃竄日以拙, 非才智不及, 狃習 異也.」由是言之, 艱難險阻備嘗其味, 民情物理諳練無遺者, 其能經世之士乎! 巖居野處, 未達於時勢, 不閑於治機者, 宜乎芒然無所下手矣.

『논형』에서 말하기를, "재능 있는 선비는 세상을 따라 말 몰아 내달리고 지조 있는 사람은 요새를 지켜도 뿔뿔이 흩어져 숨는다. 세상에서 치달리는 것은 날이 갈수록 날렵해지고, 달아나 숨는 것은 날이 갈수록 졸렬해지니 재능과 지혜가 미치지 못하는 것이 아니라 익숙하게 익히는 것이 다르다."[1] 이것으로 말하자면, 재능지사才能之士는 어려움과 위험을 맛보려 했고, 민정과 물리에 능한 자였고 세상을 다스릴 수 있는 사람이었다. 절조지인節操之人은 바위와 들판에 은거하여 세상 물정에 어둡고 정치 기회를 등한시하는 자는 망연하게 아무것도 할 수 없다.

注

1 왕충, 『논형論衡』, 12권, 「정재편程材篇」에 나온다.

『논형論衡』에 백성의 사정과 물의 이치에 숙련된 자[才能之士]는 세상을 다스릴 수 있으나 바위나 들판에 거처하는 자[節操之人]는 시세時勢에 도달할 수 없다고 하였다.

227

古者「登高能賦, 山川能祭, 師旅能誓, 喪紀能誄, 作器能銘, 則可以爲大夫」, 言其因物騁辭, 性靈無壅者也. 此特指其文詞一藝言之, 要諸大夫之實, 在先德行政事耳.

옛사람이 "높은 곳에 올라 부를 지을 수 있고 산천에서 제사 지낼 수 있으며, 군대에서 명을 내릴 수 있고 상사喪事에는 글을 지어 애도할 수 있고 그릇을 만들어 교훈 삼을 글을 적을 수 있으면 대부가 될 수 있다."[1]라고 했다. 대부는 사물에 따라 말을 다 할 수 있고 본성이 영험하여 가려짐이 없는 자를 말한다. 이는 특히 그의 글을 가리켜 한마디로 말하면, 대부의 실상에서 요점은 먼저 덕행을 이루고 정사를 행하는 것에 있다.

注

1 『시경·용풍·정지방중定之方中』: 終然允臧.[마침내 끝까지 참으로 좋다] 하였는데 「모시전毛詩傳」: 登高能賦, 山川能祭, 師旅能誓, 喪紀能誄, 作器能銘, 則可以爲大夫[산에 올라 부를 지을 수 있고 산천에서 제사 지낼 수 있고 군대에 명령할 수 있고 상사에 글을 지어 애도할 수 있고 그릇을 만들어 명을 적을 수 있다면 대부가 될 수 있다.]고 하였다.
『효경』: 治家者, 不敢失於臣妾, 而況於妻子乎. 故得人之懽心, 以事其親.[가家를 다스리는 경·대부는 감히 신하와 첩에게도 환심을 잃지 않았는데 하물며 아내와 자식한테 잃겠는가? 사람의 환심을 얻는 것으로써 그 친한 사람을 섬기는 것이다.]라고 했는데 정현의 『정의正義』: 卿大夫 位以材進者[경대부는 재능으로써 자리에 나아간다.]라고 하였다. 이를 『모시전毛詩傳』: 建邦能命龜, 田能施命, 作器能銘, 使能造命, 升高能賦, 師旅能誓, 山川能說, 喪紀能誄, 祭祀能語, 君子能此九者, 可謂有德音, 可以爲大夫.[나라를 세울 때면 귀갑龜甲에게 명할 수 있고, 사냥할 때면 교령敎令을 시행하여 참가자들의 맹세를 주도할 수 있고, 그릇을 만들 때면 명銘을 지을 수 있고, 타국에 사신 가서는 재앙을 복으로 바꿀 수 있고, 높은 곳에 올라서는 시를 읊을 수 있고, 군대를 이끌 때는 군사들에게 경계의 명을 내릴 수 있고, 산천을 지날 때면 그 형세를 말할 수 있고, 상사喪事에는 고인의 행적을 열거하여 죽은 사람의 공덕을 칭송하며 문상하는 조문을 지을 수 있고, 제사에 축문을 지어 신위 앞에서 말할 수 있는 등, 군자가 이 아홉 가지를 잘할 수 있으면 덕음德音이 있다고 할 수 있고 대부라고 할 수 있다.]라고 해석하였다. 경대부卿大夫가 효치孝治할 수 있음을 말한 것이다. 『예기·왕제王制』에 "상대부를 경卿이다."라고 하였으니, 즉 '가家를 다스리는 자'는 경卿과 대부大夫임을 알 수 있다. 가家는 왕이 다스리는 제후국[國] 아래의 정치 행정의 단위이다.

⋮ 대부의 실상은 먼저 덕행을 이루고 정사를 행하는 것이다.

228

溫嶠爲劉琨左長史, 見琨忠節; 後嶠削平蘇峻, 功在社稷, 亦琨有以啓之. 可見人不可不與賢者相處.

온교溫嶠는 유곤劉琨이 좌장사가 되어 유곤의 충절을 보았는데 훗날 온교가 소준蘇峻의 난[1]을 평정하였다. 공이 사직에 있었으나 역시 유곤에서 비롯한 것이다. 사람들은 어쩔 수 없이 현인과 잘 지내야 한다는 것을 알 수 있다.

注

1 소준蘇峻은 동진 원제元帝 때 병사를 이끌고 반란을 일으켰다. 궁성이 함락되었으나 온교, 유량庾亮, 도간陶侃이 그를 토벌하였기에 소준은 패하여 죽었다.

⋮ 사람은 현인과 잘 지내야 한다.

229

地理風水之術, 三代以上原無是論, 觀周禮族葬皆於北郭之外, 可知矣. 後世如唐呂才, 宋程子, 司馬公, 張南軒皆以爲謬而不信, 獨朱子酷以爲然. 葬書曰:「乘生氣也」, 儒者皆以爲有理. 且夫死者氣已散爲清風, 體已化爲枯腐, 於生者何所相涉? 而謂其福蔭於子孫, 豈非荒忽繆悠無著之言乎? 況若子若孫, 有富有貧, 有貴有賤, 或壽或夭, 或善或惡, 各各不同; 若曰善地, 子孫皆被其蔭可也, 而何不同若是? 豈非人各自性自立乎? 若以爲風水能致人福祿, 則世間人事皆可以棄置不爲一農者不論天時耕耨, 商者不論貴賤美惡, 工者不論習熟工巧, 士者不論講學摘詞, 一惟聽於風水, 以俟其自至可也; 然而能之乎? 且世之術士又以子平星數範菌皇極, 論人貴賤, 驀夭, 是人之生一也, 而所攝以爲生若是其多, 俗人小儒既信乎此, 又信乎彼, 倀倀貿貿, 渺無定向, 不過貪慕富貴之心使之然耳. 惟風水之害, 使人盜葬(疆)〔疆〕瘞, 鬥爭愬訟, 死亡罪戾, 無處無之,

豈非遣禍於世乎? 崇信以爲人望, 文公大儒, 不得辭其責矣.

풍수지리 술수[1]는 3대[2] 이전에는 원래 없던 이론이다. 『주례』[3]에 "가족장은 모두 북쪽 외곽에서 행했다."라는 것을 보면 알만하다. 후대에는 당나라의 여재呂才[4], 송나라의 정자程子[5], 사마공司馬公[6], 장남헌張南軒[7]은 모두 잘못으로 여겨 믿지 않았는데 오직 주자만이 심하게 그렇게 여겼다. 『장서葬書』에 "생기를 타는 것이다."[8]고 하였는데 유학자는 모두 도리가 있다고 여겼다. 게다가 죽은 사람의 기는 이미 흩어져 청풍이 되었고 몸은 이미 썩었는데, 산자와 무슨 상관이 있겠는가? 죽은 사람이 자손에게 복을 내린다는 것은 어찌 황당무계한 말이 아닌가? 게다가 죽은 사람의 자식과 손자는 부유하고 가난하고, 귀하고 천하며, 장수하고 요절하고, 선하고 악한 것이 제각기 다르다. 만약 선한 땅에 조상을 묻어 자손이 모두 은택을 입을 수 있는데 왜 이와 같음이 제각기 다른가? 어찌 사람마다 제각기 개성이 있지 않겠는가? 만약 풍수가 사람에게 복록을 내려줄 수 있다면 세상 인사는 모두 버릴 수 있고, 농부는 제철 농사를 논하지 않고, 상인은 물건의 귀천과 미악을 논하지 않고 노동자는 기술의 익숙함을 논하지 않고, 선비는 강학과 글쓰기를 논하지 않고 오로지 풍수에 귀 기울이며 기다린다고 해도 과연 가능하겠는가? 게다가 세상의 술사들은 또 『자평수子平數』[9]로 소옹의 『황극경세서』를 제한하여, 사람의 귀천과 수명을 논할 때, 사람의 생은 같은 것이나[10] 섭생에서 생이 마치 이처럼 다양해진다고 여긴다. 세속의 사람들과 소유들은 이미 이것을 믿었고 또 다른 것을 믿으니, 무모하고 방향을 정하지 못하게 되는 데[11] 부귀만을 탐하는 마음 때문이다. 오직 풍수의 해는 사람들이 남의 땅을 도적질하게 하고, 강제로 매장하게 하고, 투쟁하여 소송하고, 죽음의 죄악이 도처에 있으니, 세상에 재앙을 초래하지 않겠는가? 신망이 두텁다고 믿는 주자는 대유학자로서 이 책임을 회피할 수 없다.

注

1 곽박郭璞, 『장서葬書』: 生氣藏於地中, 惟循地之理以求之, 葬者能知其所
在, 使枯骨得以乘之, 則地理之能事畢矣.[생기는 땅속에 저장되어 있으
니 오직 땅의 이치를 좇아서 그것을 구한다. 장사 지내는 것은 생기
가 있는 곳을 알 수 있는데, 죽은 사람의 뼈가 생기를 타게 하면 지리
가 할 수 있는 일을 다한 것이다.]라고 하였는데, 『사고술수류총서』: 所
謂地理風水之術指按照前人葬地的形勢, 方向, 水脈來 附會後人的吉凶禍
福.[지리 풍수의 술은 죽은 자를 장사 지낸 장지의 형세, 방향, 수맥에
따라 살아있는 사람의 길흉화복이 있게 된다.]라고 하였다.

2 삼대三代는 하夏, 상商, 주周이다.

3 『주례·묘대부墓大夫』: 墓大夫, 掌凡邦墓之地域, 爲之圖. 令國民族葬, 而掌
其禁令, 正其位.[묘대부墓大夫는 나라의 땅에서 묘지를 쓸 수 있는 터의
지도를 만드는 일을 관장한다. 나라에서 백성들이 장사를 치를 때 금
기 사항을 알리고 묘지를 정해준다.]

4 여재(呂才, 600~665)는 당나라 초 학자이다. 지리와 악률 등에 정밀했다.

5 정자程子는 정이(程頤, 1032~1085)를 가리킨다. 정이는 정이천이다.

6 사마공司馬公은 사마광(司馬光, 1019~1086)이다.

7 장남헌(張南軒, 1133~1180)은 장식張栻이다. 장준張浚의 아들이며 남송 이학
의 대가이다.

8 곽박(郭璞, 276~324)은 진나라의 시인 겸 학자이다. 점성술에도 뛰어났다.
왕돈이 모반하여 군사를 일으키기 직전에 길흉을 점쳤는데, 곽박이 점
괘가 좋지 않음을 핑계로 모반에 찬성하지 않았기 때문에 왕돈王敦에
게 피살되었다. 유곤劉琨과 더불어 서진西晉 말기부터 동진東晉에 걸친
시풍詩風을 대표하는 시인이다. 시에는 노장老莊의 철학이 반영되어 있
으며, 《유선시遊仙詩》14수가 특히 유명하다.

9 서승徐升, 『연해자평淵海子平』, 5권: 精於星數, 影響很大, 後世稱算命法爲

子平教.[성수를 정밀함이 영향이 대단히 크며 후세에 명법을 계산하는 것을 자평수라고 칭했다.] 자평子平은 서승의 자이다.

10 소옹(邵雍, 1011~1077), 『황극경세서皇極經世書』: 曆代興亡盛衰, 及宇宙生成結構.[역대 흥망성쇠는 우주 생성과 연관되어 있었다.]

11 창창悵悵은 향하여 가는 곳이 없음을 가리킨다. 무무貿貿는 보이는 것이 분명하지 않음을 가리킨다.

풍수로 땅을 고르는 설은 하·은·주 이전에는 없었다. 죽은 자의 장지는 후손에게 아무런 영향을 끼치지 않는다.

230

儒者曰:「天地間萬形皆有敝, 惟理獨不朽」, 此殆類癡言也. 理無形質, 安得而朽? 以其情實論之, 揖讓之後爲放伐, 放伐之後爲篡奪; 井田壞而阡陌成, 封建罷而郡縣設. 行於前者不能行於後, 宜於古者不能宜於今, 理因時致宜, 逝者皆芻狗矣, 不亦朽敝乎哉?

유학자들이 "천지간 온 형체가 모두 부서지더라도 오직 도리만은 썩지 않는다."[1]고 말하는데, 이것은 거의 헛소리이다. 도리는 형체가 없는데 어찌 썩겠는가? 이치를 정감과 실제로 논하면, 예를 다하여 읍양한 후에 정벌하고 정벌한 후에는 찬탈한다.[2] 정전제가 무너지고 경작제가 형성되었고, 봉건제가 끝나고 군현제가 설립되었다.[3] 전대에 행하던 것은 후세에는 행할 수 없고, 옛날에 적합했던 것은 현재에 적합할 수 없으며, 도리는 때에 따라 적합한 것이니, 죽은 사람은 모두 추구가 되었으니[4] 역시 썩지 않겠는가?

1 『주자어류』, 1권: 且如萬一山河大地都陷了, 畢竟理卻在這裏[만일 산하 대지가 다 꺼져도 필경 이치는 거기에 있다]고 하였다.

2 읍양揖讓은 요순堯舜과 같은 시기이고 방벌放伐은 상나라 탕, 주나라 무왕과 같은 시기이며 찬탈은 역대 찬탈해서 황제에 오른 제왕을 가리킨다. 시기에 따라 이치가 같지 않음을 설명하였다.

3 진秦나라 시기 정전井田을 폐지하고 경작지[阡陌]를 열었다. 봉건封建이 폐지되고 군현郡縣을 세운 것이다.

4 추구芻狗는 제사의 우두머리로 풀로 만든 개다. 제사가 끝나면 태워버린다. 즉 무용지물이다. 『노자』, 5장에 나온다.

유학자들이 천지간 온 형체가 모두 부서지더라도 오직 도리만은 영원하다."고 말하는 것은 어리석은 것이다.

231

邵子云:「天依乎地, 地附乎天, 天地自相依附.」愚謂地附乎天則可, 天依乎地則不可. 何也? 天乘氣機, 自能運, 自能立, 非藉乎地者; 況地在天內, 勢不能爲天之繫屬乎! 釋家謂風輪能持水輪, 水輪能持大地, 此論甚真, 勝於邵子矣; 但言風輪而不及天, 爲未盡耳. 今以理揆, 天行健疾, 有剛風生焉, 故能承水不洩; 地有洞虛之氣, 水不能入, 故浮而不沉, 觀瓶盎倒浮水上可知也. 天之轉動, 氣機爲之也. 虛空卽氣, 氣卽機, 故曰天運以氣, 地浮以虛.

소옹[1]이 말하기를, "하늘은 땅에 의지하고 땅은 하늘에 붙어있어서 천지는 서로 의지한다."고 하였는데 내가 보니 땅이 하늘에 의지하는 것은 가능하지만 하늘이 땅을 의지하는 것은 불가능한데 어째서인가? 하늘은 기의 작용을 타고, 스스로 운행할 수 있고 자립할 수 있다. 땅 위에 올려놓는 것이 아니다. 하물며 땅은 하늘 안에 있고 기세는 하늘의 계통에 속할 수 없다! 석가가 풍륜[2]이 수륜을 잡을 수 있고 수륜이 대지를 잡을 수 있다고 하는데, 이 이론은 매우 진실하여 소옹보다 낫다. 다만 풍륜이 하늘에 미치지 못하다고 말하는 것은 부족하다. 오늘날 이치로 헤아리면, 하늘의 운행에는 사나운 헛점이 있는데 강풍[3]이 생겨 물이 새지 않고 이어져 흘러갈 수 있다. 땅에는 골짜기에 허虛의 기氣[4]가 있어서 물이 들어갈 수 없기에 떠 있고 가라앉지 않으며 항아리가 뒤집어져도 물이 땅 위에 있는 것을 보면 알 수 있다. 하늘이 돌면 기의 작용도 회전한다. 허공은 기이고 기는 곧 작용이기에 "하늘의 운행은 기로서 하고 땅은 허의 기로 떠있다."고 말한다.

注

1 소자邵子는 소옹邵雍이다. 그의 견해는 『어초문답漁樵問答』, 『송원학안·백원학안百源學案』에 나온다.

2 불교는 하늘을 허공으로 인정한다. 풍륜이 일어나는 것은 하늘의 일이고 수륜이 생겨나는 것은 상류에서 점점 흘러내려 사주四洲를 생기게 한다. 풍륜은 수미산須彌山을 버티고 있다는 삼륜三輪의 하나로서 공륜空輪의 위, 수륜水輪의 아래에 있는 원륜圓輪이다. 수륜水輪은 땅 밑에 있으면서 대지大地를 받치고 있는 물로 아래에 풍륜風輪과 공륜空輪이 있다. 삼륜三輪의 하나이기도 하다.

3 강풍剛風은 강풍罡風으로 거센 바람이다. 높은 공간에서 분다.

4 왕정상, 『신언·도체편』: 氣, 物之原也.[기는 만물의 근원이다] 하였다. 기氣는 기틀[機]이고 기機는 기의機宜, 시기時機의 뜻을 지닌다. 『장자·지락至樂』, 『열자·천서天瑞』: 萬物皆出於機, 皆入於機.[만물은 모두 기틀에

서 나와서 기틀로 들어간다.]라고 하였는데 장담張湛 주에서 "機者群有
之始, 動之所宗.[기틀은 무리가 시작이 있어 움직이고 마치는 것이다.]"
라고 하였다. 기틀[機]은 실마리나 계기, 작용을 뜻한다.

소옹이 "하늘은 땅의 형체에 의지하였고 땅은 하늘의 기氣에 붙어있
어서 천지는 서로 의지하고 있다."라고 한 것을 논한다.

232

人心中不著一物, 則虛明, 則靜定; 有物, 則逐於物而心擾矣. 大學
所謂人有所忿懥, 恐懼, 好樂, 憂患, 則不得其正是也. 釋氏之虛靜
亦是盜得此意思, 但吾儒虛靜其心, 爲應事作主, 非釋氏專爲己身
而然. 程子曰:「無內外, 無將迎, 動亦定, 靜亦定, 廓然而大公, 物
來而順應.」豈禪伯虛靜而不欲交物者乎?

사람의 마음 중에 물物을 부착하지 않으면 허명하고 조용하다. 물이 있으
면 물을 쫓아 마음이 어지러워진다. 『대학』에 "사람이 분한 감정, 두려움,
즐거움, 우환을 가지고 있다면 바르게 할 수 없다"[1]고 한 것이 이것이다.
불교에서 허정 역시 이런 뜻을 훔친 것이다. 단지 우리 유교는 그 마음을
허정하게 하고, 사물을 응대하는 주인으로 삼았으니, 불교에서 자기 자신
을 위해서 오로지 그러는 것이 아니다. 정자[2]는 "마음에 안과 밖이 없고
보낼 것도 맞이할 것도 없다. 움직일 때도 안정되고, 고요할 때도 안정되
니, 넓고 공정하게 사물을 받아들인다."[3] 하였다. 어찌 선불교에서 허정을
이루고 사물에 닿지 않겠는가?

1 『대학』: 身有所忿懥, 則不得其正. 有所恐懼, 則不得其正. 有所好樂, 則不得其正. 有所憂患, 則不得其正.[사람이 성을 내는 바가 있으면 그 바른 것을 깨닫지 못하고, 두려워 하는 바가 있으면 그 바른 것을 깨닫지 못하고, 좋아하고 즐기는 바가 있으면 그 바른 것을 깨닫지 못하며, 근심하고 걱정하는 바가 있으면 그 바른 것을 깨닫지 못한다]

2 정자程子는 정호程顥를 가리킨다. 정호는 정명도이다. 『명도문집明道文集』, 2권, 「정성서定性書」에 나온다.

3 『장자·응제왕應帝王』: 至人之用心若鏡, 不將不迎.[지인은 마음 씀이 거울 같아서, 떠나보내려 하지도 않고, 맞이하지도 않는다.]라고 하였는데 성현영 소에 "將送物有去來而鏡無迎送, 來者即照, 必不隱藏[보내고 맞이하는 것은 물이 오고 가는 것이며 거울은 보내고 맞이하지 않는다. 오는 것은 비추지만 반드시 은밀히 보관하지도 않는다.]"라고 설명하였다.

⋮ 인심에 물이 닿아 있지 않으면 허명하고 고요하며 안정된다.

233

太祖平定天下之後, 以北平建都可以控制胡虜, 以問庭臣, 此聖人高出萬世之見也. 而翰林修撰鮑頻對曰:「胡主起自沙漠, 立國在燕今百年, 地氣天運已盡, 不可因也.」豈非風水之說乎? 今都燕百五十年, 天下太平如一日, 則地氣天運已盡之説, 敢爲欺罔, 可以誅矣.

태조[1]가 천하를 평정한 후, 조정의 대신에게 물어서 북평北平[2]에 도성을 건설하여 호로胡虜³를 통제할 수 있게 되었으니 이는 성인이 낸 만세의 견해보다 높게 드러낸 것이다. 한림원 수찬 포협鮑頰이 대답하며 말하기를, "호주胡主가 사막에서 일어나 연 땅에 나라를 세운 것이 지금 백 년이 되었으니, 땅의 기운과 천운은 이미 다한 것이다. 그 이유로 안 된다."라고 하였다. 이는 어찌 풍수의 이론이 아니겠는가? 지금은 도읍이 된 지 150년인데 천하가 하루 같이 태평하다면 지기地氣와 천운天運이 이미 다했다고 말하는 것은 감히 속인 것이니 죽일 수도 있다.

注

1 태조太祖는 명나라 태조 주원장(朱元璋, 1328~1398)이다.
2 북평北平은 북경의 옛 명칭이다. 명 성조成祖는 영락永樂 19년(1421)에 정식으로 북경으로 도읍을 옮기고 남경은 도읍으로 남겨두었다.
3 호로胡虜는 당시 북방 소수민족을 멸시하여 부른 명칭이다.

명 태조는 천하를 안정되게 한 뒤에 조정의 대신들에게 물어보고 북경에 도읍을 건설했다. 수찬이 풍수설을 가지고 이를 반대하였다.

234

或曰:「危亂之來, 在正人心.「危亂乃積勢而然. 治不遽治, 亂不遽亂, 漸致之也. 斯時也, 人心爲積勢奪者多矣. 曹氏之於漢, 司馬氏之於魏, 可睹矣. 苟會於亂, 雖孔, 孟其如之何? 故曰『危邦不入, 亂邦不居』, 夫危亂有幾, 預見而能返之, 使人心固結而不變, 此致治者也. 勢已抵於危亂, 非素負節義, 才足撥亂者, 不能返. 及變而始正人心, 儒之迂者乎!

어떤 사람이 말하기를, "나라에 위기가 왔을 때는 인심을 바로 잡는다."고 하였다. 위란은 형세가 쌓여서 그런 것이다. 다스림은 대번에 다스려지지 않고 위난도 대번에 난이 생기지 않으며 점차 이루어진다. 이 시기 인심은 세력을 쌓아서 찬탈하는 자가 많다. 조조가 한나라에서 그랬고 사마염[1]이 위나라에서 그랬던 것을 볼 수 있다. 정말로 혼란이 닥친다면 비록 공자와 맹자인들 그것을 어떻게 하겠는가? 그러므로 "위험한 나라에 들어가지 않고, 혼란한 나라에 살지 않는다."[2]라고 했다. 위기는 기미가 있으니 예견하여 되돌릴 수 있다. 사람의 마음은 굳건하여 변하지 않게 하는 것이 잘 다스리는 것이다. 세는 이미 위란에 맞닥뜨렸기에 절의를 저버렸고 재능이 혼란을 수습할 수 있는 자가 아니라서 돌이킬 수 없다. 급기야 변하여 인심을 바로잡기 시작하니, 유학자는 우둔한 자들이다!

注

1 위魏 문제文帝는 한나라를 강제로 선위 받았고 진晉 무제武帝 사마염司馬炎은 위를 강제로 선위 받았다.

2 『논어·태백』: 危邦不入, 亂邦不居.[위태로운 나라에 들어가지 않고 난리가 난 나라에 살지 않는다]

위란危亂은 형세가 쌓여서 그렇게 된 것이다. 미리 세를 예견하여 난을 수습해야 한다.

235

世儒曰:「靜而寂然, 惟是一理, 感而遂通, 乃散爲萬事」, 誤矣. 寂然不動之時, 萬理皆會於心, 此謂之一心則可, 謂之一理則不可; 一理安可以應萬事? 蓋萬事有萬事之理, 靜皆具於一心, 動而有感,

乃隨事順理而應, 故曰「左右逢原」者此也. 感之不同, 應之不同, 可推矣.

세상의 유학자가 말하기를, "고요함에서는 오직 하나의 이치가 있고 감응하여 비로소 통하면 흩어져 만사가 된다."[1]라고 하였는데, 이 말은 잘못이다. 고요히 움직이지 않을 때, 모든 이치가 다 마음에 모인다. 이를 하나의 마음이라고 하면 가능하지만, 이를 하나의 이치라고 할 수 없다. 하나의 이치가 어찌 만사에 응할 수 있는가? 대개 만사는 만사의 이치가 있고 고요함은 모두 하나의 마음에 갖추어져 있으며 움직여서 감응이 일어나니 일의 순리에 따라 응하는 것이다. 말하기를, '주위의 모든 일이 근원을 만난다.'[2]고 한 것이 이것이다." 하였다. 느끼는 것이 다르면 응하는 것도 다름을 유추할 수 있다.

注

1 『중용』, 머리글에서 "程子言, 其書始言一理, 中散爲萬事, 末復合爲一理.[정자가 말하기를, 중용의 글은 처음에는 한 이치를 말하였고 중간에는 흩어져 만사가 되었고 끝에는 합해져 한 이치가 된다.]"고 하였다. 정자는 정이程頤를 가리킨다.

2 『맹자·이루 하』: 自得之, 則居之安. 居之安, 則資之深. 資之深, 則取之左右逢其原, 故君子欲其自得之也[스스로 얻으면 거처함이 편안하고 거처함이 편안하면 쌓이는 것이 깊고 쌓이는 것이 깊으면 좌우에서 얻는 것이 그 근원을 만나고 그러므로 군자는 스스로 얻으려고 한다.] 좌우봉원左右逢原은 주위에서 모든 일의 근원을 만난다는 뜻이다.

성리학자들이 "고요함에서는 오직 하나의 이치가 있고 감응하여 비로소 통하면 흩어져 만 가지 일이 된다."고 한 것은 잘못된 이론임을

: 밝힌다.

236

世儒論復性. 夫聖人純粹靈明, 性之原本未嘗汙壞, 何復之有? 下
愚駁濁昏闇, 本初之性原未虛靈, 何所歸復? 要諸取論中人之性差
近之耳. 純以復性爲學問之術, 滯矣而不通於衆也.

유학자[1]가 '복성復性'[2]을 논했다. 성인은 순수하고 영명하니 본성의 근원
이 본래 더럽혀진 적이 없는데 무슨 본성을 회복하겠는가? 아래로 우매
한 사람은 순수하지 않고 혼탁하니 본성은 애초에 허령하지 않았다. 어
디로 회복할 것인가? 취하는 요점이 중인의 본성이라면 거의 비슷하다.
단순히 복성술[3]을 학문으로 삼는 것은 막혀서 여러 사람에게 통하지 않
는다.

注

1 세유世儒는 당나라 이고李翶를 말한다.

2 복성復性은 '본성本性을 회복한다.'라는 뜻이다. 당말 이고李翶가 복성을
주장하며 『복성론復性論』를 지었다.

3 『이문공집·복성론상』: 人之所以爲聖人者, 性也, 人之所以惑其性者, 情
也. 情既昏, 性斯匿矣, 情不作, 性斯充矣.[사람이 성인이 될 수 있는 까
닭이 바로 본성이다. 그리고 사람이 그 성을 미혹되게 만드는 까닭이
바로 정이다. 정이 혼탁해지면 성도 또한 그 혼탁함에 빠지게 되는데
정이 생기지 않으면 성은 충실한 모습을 지니게 된다.]

: 본성을 회복하는 것을 학문으로 삼는 것은 사람들에게 두루 해당하

⋮ 지 않는다.

237

中庸「喜怒哀樂未發謂之中」, 言君子平時有存養慎獨之功, 故未
發而能中爾, 非通論衆人皆如是也. 世儒乃謂人人未發皆能中焉,
非矣. 夫心性之於應事, 如形之影, 聲之響, 有諸此必見於彼矣. 衆
人未發而能中, 宜皆發而中節矣; 何世之人喜非所喜, 怒非所怒, 哀
忘其哀, 樂淫其樂, 發不中節者常千百乎? 時有二一中節者, 非天
之賦性中和, 必素達養性之學者; 不然, 既中矣, 何呼吸出入之頃,
而內外心 跡輒尔頓異, 不相關涉如此乎? 聖人又何切切教人致中
和乎? 由是觀之, 乃强於立言矣. 强言無實謂 之妄, 妄言害道, 且
以惑世, 賢者病之矣.

『중용』에 "희로애락이 발생하지 않을 때를 중中이라 한다."[1]라고 하여 군
자는 평상시에 존양과 신독의 공이 있어서 미발 시에 중을 행할 수 있다
고 말했는데, 많은 사람이 모두 이와 같다고 논한 것은 아니다. 세상의 유
학자는 사람마다 희노애락이 발현하지 않았을 때 모두 중을 행할 수 있다
고 말하는데, 그렇지 않다. 심성이 사물에 응하는 데에는 마치 형태의 그
림자, 소리의 메아리와 같아서 이것에 있으면 반드시 다른 것에 보일 것
이다. 많은 사람이 아직 감정이 발생하지 않았을 때 중中을 행할 수 있는
데 마땅히 감정이 일어나면 중절해야 한다. 어찌 세상 사람들이 기뻐도
기쁜 것이 아니고 화가 나도 화낼 것이 아니며 슬퍼도 슬픔을 잊고 즐거
워도 즐거움을 숨기겠으며 감정이 일어났는데 중절을 할 수 없는 자가 항
상 수천 명일 것이다. 때때로 한두 명의 중절이 가능한 사람이 있는데, 천
부적으로 심성에 중화를 부여받은 것이 아니라면 반드시 평소에 본성을

수양하는 법을 배워 통달한 사람일 것이다. 그렇지 않으면, 이미 중이 되었는데 어찌 호흡하는 잠깐 사이 안팎의 마음이 다르고 순간 자취가 완전히 다르니 서로 상관하지 않는 것이 이와 같은가? 성인은 또 어찌 절절히 남에게 중화를 가르치겠는가? 이런 이유에서 볼 때, 억지로 말을 만드는 것보다 낫다. 억지로 만든 말은 알갱이가 없는 망언이고, 망언은 도를 해치는 것이며 세상을 미혹시키는 것이니 현자의 병통이다.

注

1 『중용』: 喜怒哀樂之未發, 謂之中[희로애락이 생기지 않았을 때를 중이라 한다]

군자는 평상시에 존양하고 신독하는 공부를 한다. 그 때문에 미발에 중을 행할 수 있다. 하지만 중인은 가능한 자가 많지 않다.

238

「泰之九二『朋亡』, 咸之九三『朋從爾思』, 聖人欲其亡而不欲其思, 何也.」王子曰:「朋, 所親也, 棄疎遠爾昵比親近, 則非廣大之度. 心有所感, 惟朋從是思, 則非至公之道, 失人心, 乖治幾, 莫大於此. 道未光大, 不足以盡其致思之實.

"태괘의 구이효 '붕망朋亡'[1]과 함괘의 구삼효 '붕종이사朋從爾思'[2]는 성인들이 잊고 싶으면 그것을 생각하지 않는데 어떠한가?" 하니 왕정상이 말하기를, "친구는 친한 자이다. 뜻을 같이하지 않는 자는 버리고 자신과 뜻이 같은 자만 친하게 지내는 것은 넓은 도리가 아니다. 마음에 느끼는 것이 있는데 오직 친구만 그 생각을 따른다면 지극히 공적인 도리가 아니며,

인심을 잃게 되고, 기회를 틈타니 이보다 더 나쁠 수 없다. 도가 아직 넓지 않아, 그 생각 하는 것이 진실을 다하기에는 부족하다.

注

1 『주역·태괘泰卦』, 구이효九二爻: 包荒, 用馮河, 不遐遺, 朋亡. 得尚于中行.[거친 것을 감싸주고, 험난한 강을 맨발로 건너며, 먼 것을 버리지 아니하며, 붕당을 짓는 일이 없으며 중용의 덕을 실천하는 것을 숭상할 수 있다] 즉, 친구를 사귀려면 사덕을 펼쳐야 한다.

2 구삼효는 구사효의 잘못이다.『주역·함괘』, 구사효九四爻: 憧憧往來 朋從爾思.[자주 왕래하면 벗이 당신의 생각을 따른다.]

: 『주역』의 효사爻辭를 통해 벗과 친하게 지내는 도리를 설명한다.

| 지은이 소개 |

왕정상

왕정상(王廷相, 1474~1543)은 자는 자형子衡이고 호는 준천浚川이다. 하남성 의봉(儀封, 지금의 난고)에서 태어났다. 그는 명明나라 황제 아래 일인 자의 자리까지 오른 정치가였고, 명을 대표하는 문학가 전칠자 중 한 명이었으며, 기일원론으로 실학의 근저를 이룬 철학자였다. 그가 54세 되던 해 철학서 『신언愼言』을 지었고, 65세 때 또 다른 철학서 『아술雅述』을 지었다. 『신언』과 『아술』 두 편은 청대 실학자들에게 많은 영향을 끼쳤다.

| 옮긴이 소개 |

권오향

이화여대 문리대학 수학과
성균관대학교 문학석사, 철학박사
성균관대학교 겸임교수 역임
(사) 인문예술연구소 선임연구원
(현) 헤여인문예술 연구소 대표
인문예술학회 부회장
국가교육위원회 전인교육 분과위원

저서 및 역서

『실학의 태두 왕정상』 저 (우수학술도서 선정)
『시와 고사로 들려주는 그림이야기』 저 (세종도서 학술부문 선정)
『신언愼言』 역주
『세종은 과연 성군인가 우문에 대한 현답』,
『백가쟁명』, 『철학자의 창고』 공저

아술雅述

초판 인쇄 2024년 12월 20일
초판 발행 2024년 12월 30일

지 은 이 | 왕 정 상
옮 긴 이 | 권 오 향
펴 낸 이 | 하 운 근
펴 낸 곳 | 學古房

주   소 | 경기도 고양시 덕양구 통일로 140 삼송테크노밸리 A동 B224
전   화 | (02)353-9908 편집부(02)356-9903
팩   스 | (02)6959-8234
홈페이지 | www.hakgobang.co.kr
전자우편 | www.hakgobang@naver.com
등록번호 | 제311-1994-000001호

ISBN 979-11-6995-566-9 93150

값 27,000원